社区文库

社区治理现代化与智慧社区创新研究丛书

新时代 新生活

——2018中国智慧社区发展报告

汪碧刚 主编

中国社会出版社
国家一级出版社·全国百佳图书出版单位

图书在版编目（CIP）数据

新时代　新生活：2018 中国智慧社区发展报告 / 汪碧刚主编．
—北京：中国社会出版社，2019.7
ISBN 978-7-5087-6207-4

Ⅰ.①新…　Ⅱ.①汪…　Ⅲ.①社区建设—研究报告—中国—2018　Ⅳ.①D669.3

中国版本图书馆 CIP 数据核字（2019）第 164402 号

书　　名： 新时代　新生活——2018 中国智慧社区发展报告
主　　编： 汪碧刚

出 版 人： 浦善新
终 审 人： 李　浩
责任编辑： 孙武斌

出版发行： 中国社会出版社　邮政编码：100032
通联方式： 北京市西城区二龙路甲 33 号
电　　话： 编辑室：（010）58124839
销售部：（010）58124841
（010）58124842
网　　址： www.shcbs.com.cn
shcbs.mca.gov.cn
经　　销： 各地新华书店

中国社会出版社天猫旗舰店

印刷装订： 中国电影出版社印刷厂
开　　本： 170mm×240mm　1/16
印　　张： 17
字　　数： 300 千字
版　　次： 2019 年 8 月第 1 版
印　　次： 2019 年 8 月第 1 次印刷
定　　价： 70.00 元

中国社会出版社微信公众号

《新时代　新生活——2018中国智慧社区发展报告》
编 委 会

序 言

党的十九大报告指出，中国特色社会主义进入新时代，我国社会主要矛盾已经转化为人民日益增长的美好生活需要和不平衡不充分的发展之间的矛盾。站在改革开放40周年新的历史起点上，人民对美好生活的向往更加深刻，改革发展成果会更多更公平地惠及全体居民。顺应新时代人民过上美好生活的新期待，综合运用经济、行政、法律、科技、文化等手段，构建权责明确、服务为先、管理优化、执法规范、安全有序的社区治理体制，打造共建共治共享的社区治理格局，从而解决人民日益增长的美好生活需要和不平衡不充分的发展之间的矛盾。

肇始于2012年的智慧社区建设，目前已形成了一定的组织规模，并涌现出一批有代表性的建设模式和管理思想的智慧社区。自2016年开始，笔者开始主编并发布中国智慧社区年度发展报告，连续三届的主题分别是“一核多元，融合共治”“共建共治共享”“新时代，新生活”。笔者和团队即将完成《中国城市治理现代化评价指标体系研究》《中国社区治理现代化评价指标体系研究》《党建引领社区治理现代化评价指标体系研究》等多项重大课题研究，致力搭建“政、产、学、研、用、资”全链条全生命周期的社区治理（城市治理）的产业发展与服务平台。如今，智慧社区在国家治理现代化、“互联网+”的视野下，重新寻找正确定位并接受技术赋能，利用互联网技术加快转型升级，积极推动行业发展，发挥平台作用，从而整合社会治理资源，协调多元化的利益和社会矛盾，最终形成高效的社会治理格局。笔者认为，适应基层治理新特点和新规律，探索党建引领社区治理现代化新路径，推动党建和基层治理深度融合，是大势所趋。

智慧社区建设强调“以人为本”，以推动社区和谐发展为目标，让社区居民、相关企业等参与本地社区的管理和服务，创造和谐的社会关系、规范社会行为、化解社会矛盾，营造更加良好的社会环境，这与每一个居民都息息相关。

《新时代　新生活——2018 中国智慧社区发展报告》以习近平新时代中国特色社会主义思想为指导，诠释了“新时代，新生活”主题与背景，阐述了新时代背景下人民群众对美好生活需求的新变化、新挑战，并提出实现美好生活的新时代新路径——以智慧社区建设推动社区治理现代化，创新融合发展，不断提升居民生活质量。《新时代　新生活——2018 中国智慧社区发展报告》收录了 10 篇来自全国各地智慧社区建设的优秀案例，对其深入分析，结合当前我国智慧社区的实践探索，总结出目前我国智慧社区面临的问题、困境与未来发展方向，并提出相对应的改善建议与提升对策。

笔者曾专门发表文章对智慧社区建设过程中产生的问题提出意见和建议。在智慧社区服务平台构建方面，首先，需要完善顶层设计，加强基础设施建设，推进社区感知网络的设备改造，合理布局服务配套设备，维护好通信网络设施设备，提高系统集成与共享能力。其次，以物联网、云计算、移动互联网等新一代信息技术为手段对信息进行全方位高效率采集，构建统一的数据采集标准，让社区数据活化，在各应用中充分共享，最大限度地避免“信息孤岛”的出现，并且针对居民的需求建立广泛参与的社区网站和论坛，提升系统活力。在智慧社区治理方面，围绕社区治理的需求、法制建设，形成统一标准、统一平台、统一考评、多方参与的一体化社区运营模式；建立多元化的投资机制，尝试市场化运作，拓宽资金来源；有效整合信息发布、信息交流、社会管理、居民自治和社区管理数据库等功能；落实人才培养方案，理顺基层人员晋升机制，为基层留住人才。在智慧社区公共服务管理方面，应形成多元投资、利益共享、风险共担的管理机制，充分调动政府之外的其他部门开展公共服务的积极性，把社区智慧化网络潜在价值转化为现实的价值；引进有实力的专业公司，处理好公益服务与商业盈利的矛盾。公共服务的市场化不是以牺牲公益管理为代价的，而是用商业运作的有偿管理、增值管理来支撑为社区居民提供无偿服务。政府要发挥对商业运作的严格监管作用，把公益管理放在首位，协调商业便民服务、志愿者服务、政务管理等关系，打造产业链健全、配套服务完善的智慧产业集群，促进智慧社区可持续性发展。

新时代创造了新的社区生活。新的生活方式带来新的社区体验，社区需要人的关心和爱护，社区治理现代化让社区生活变得更美好。新时代孕育了新的发展动力。新时代的发展动力是人，是在社区生活的每个居民。实现人的全面发展是永恒主题，社区是为人的发展而服务的。新时代，广大居民在物质和精神层面有了更深层次追求，社区居民参与治理的程度将持续上升。

未来社区的一个重要目标是学习型社区。不论是信息化技术、社区需求还是社区矛盾和冲突都自我化解，社区的智慧化在于人的智慧化。未来社区的预见预警能力和学习能力均呈现超强及再生状态，关键在于运营。文化传统让城市和城市的社区生生不息。文化引领着城市的未来发展，传承让城市看得见过去望得到未来。未来社区是灿烂的中华文化的延续与演绎，是和谐有序、绿色文明、创新包容、共建共享的幸福家园。

得益于中国社区发展协会的指导帮助以及众多行业专家和一线工作者的资料提供和中国社会出版社、合肥市包河区人民政府的大力支持，本报告才能顺利出版，在此谨致谢忱。笔者和笔者的同事水平有限，谬误难免，敬请大家批评指正。

2019 年 7 月于未名堂

目　录

第一部分 | 背景篇

第二部分 | 案例篇

第一部分

背景篇

一、习近平新时代中国特色社会主义思想解读

（一）新时代思想立足于新生活，也孕育了新生活

“中国共产党第十九次全国代表大会，是在全面建成小康社会决胜阶段、中国特色社会主义进入新时代的关键时期召开的一次十分重要的大会。”①十九大报告，“提出了全局性、战略性、前瞻性很强的行动纲领”，“是当前和今后一个时期党和国家事业的总设计、总定向、总指引”，“具有划时代的里程碑意义”②。十九大是习近平总书记成为党中央和全党领导核心后召开的第一次党代会，它是我党在关键时间节点、重要历史时刻召开的一次伟大盛会，它对中华民族伟大复兴、中国特色社会主义伟大事业的前行和发展具有至关重要的意义。“新时代中国特色社会主义思想”在十九大报告中正式提出，并在十九大报告中占有重要的地位。

“以习近平同志为主要代表的中国共产党人，进行着划时代的理论创新、实践创新，创立了习近平新时代中国特色社会主义思想。这是马克思主义中国化的最新成果，是中国特色社会主义理论体系的重要组成部分，是被实践证明了的科学真理，是进行伟大斗争、建设伟大工程、推进伟大事业、实现伟大梦想的实践指南，是中国共产党人新时代的精神支柱和力量源泉，是我们必须长期坚持的指导思想。这是党的十九大最大的亮点，

---

① 第十八届中央委员会．中国共产党第十九次全国代表大会报告．人民出版社．2017：1.

② 人民网．十九大报告作出了“中国特色社会主义进入新时代”的重大判断，具有划时代的里程碑意义．（2017-10-19）［2019-04-22］．http：//cpc. people. com. cn/19th/n1/ 2017/1019/c414305-29595293. html.

是对党的发展的历史性贡献。”① 因此，准确理解并深入解读“新时代中国特色社会主义思想”的基本内涵是一项必要且重要的基础性工作。

“新时代中国特色社会主义思想”由“新时代”“中国特色社会主义”和“思想”三个关键词有机组成。其中“中国特色社会主义”基本内涵已经很明确，因此解读的重点主要放在“新时代”与“思想”两个关键词上。

“新时代”可谓是十九大报告中最闪光、最引人注目的热词。十九大报告中，“新时代”一词出现频率极高，共35次，其中出现在小标题中三次②。十九大报告庄严宣告：“经过长期努力，中国特色社会主义进入了新时代，这是我国发展新的历史方位”，它“是承前启后、继往开来、在新的历史条件下继续夺取中国特色社会主义伟大胜利的时代，是决胜全面建成小康社会、进而全面建设社会主义现代化强国的时代，是全国各族人民团结奋斗、不断创造美好生活、逐步实现全体人民共同富裕的时代，是全体中华儿女勠力同心、奋力实现中华民族伟大复兴中国梦的时代，是我国日益走近世界舞台中央、不断为人类作出更大贡献的时代”③。“新时代”是一个具有特定意义的“重量级词语”，这是权威机构、权威人物应对社会变化作出的战略性、全局性的变动。

思想更强调创新性的真知灼见，强调抓住事物本质和规律的正确认识。十九大报告中的“新时代中国特色社会主义思想”，在坚持辩证唯物主义和历史唯物主义，发扬和坚持马克思主义的理论品格和党的思想路线基础上，依据新的时代条件和实践要求，以全新的视野深化对共产党执政规律、社会主义建设规律、人类社会发展规律的认识，提出了习近平新时代中国特色社会主义思想。

十九大报告中明确指出，“我国社会主要矛盾已经转化为人民日益增长的美好生活需要和不平衡不充分的发展之间的矛盾”，“十八大以来，国内外形势变化和我国各项事业发展都给我们提出了一个重大时代课题，这就是必须从理论和实践结合上系统回答新时代坚持和发展什么样的中国特

---

① 《张德江俞正声刘云山分别参加十九大代表团讨论》，载《中国青年报》，2017-10-19.

② 新华网．“新时代”这个词很重要十九大报告中出现35次［N/OL］．（2017-10-18）［2019-03-01］．http：//www.china.com.cn/19da/2017-10/19/content_41756859_3.htm.

③ 第十八届中央委员会．中国共产党第十九次全国代表大会报告．人民出版社．2017：10.

色社会主义、怎样坚持和发展中国特色社会主义”，“围绕这个重大时代课题，我们党进行艰辛理论探索，取得重大理论创新成果，形成了新时代中国特色社会主义思想”①。

“新时代中国特色社会主义思想”就是指十八大以来，以习近平总书记为核心的中国共产党提出的，代表着党和人民实践经验和集体智慧的最新结晶，深化对共产党执政规律、社会主义建设规律、人类社会发展规律的认识，所形成的一系列治国理政新理念、新思想、新战略，是对它们的概括、总结和提升。这是“新时代中国特色社会主义思想”的核心意指。

“新时代”“新时代中国特色社会主义思想”以及人民对美好生活需求等产生的客观条件便具体体现在经济产值、国民收入、城镇化、民生建设、信息化建设、社会治理等方面。

改革开放以来，中国国内生产总值由 1978 年的 3678.7 亿元增长到 2017 年的 827121.7 亿元，翻了近 225 倍，年平均增长率为 9.5%，远高于同期世界经济 3.2%左右的平均增速，2018 年全年国内生产总值达 900309 亿元，比上年增长 6.6%。三次产业结构得以优化调整，第三产业比重突破 50%。进入 21 世纪以来，第三产业发展势头更为强劲，映射出中国近几年向数字经济、知识经济转型的趋势良好；投资对经济增长的拉动作用逐渐下降，消费在对国民经济的贡献率整体呈增长趋势，在 2016 年达到 66.5%。国民经济加快转型，增强了人民群众对美好生活的需求，人民群众对美好生活需求的持续上升已经成为新时代国民经济的发展动力。

2018 年中国大陆总人口 139538 万人，其中城镇常住人口 83137 万人，占总人口比重（常住人口城镇化率）为 59.58%，上海、北京、天津的城市化率高达 80%以上。城镇人口由 1978 年的 17245 万人增加到 2017 年的 81437 万人，城市数量由 193 个增加到 677 个，其中 200 万人口以上的城市由新中国成立初期的 0 个增长到 2017 年的 61 个，大中小城市趋于均衡发展。由于城市长久以来对人口、资源强大的吸引力，人民群众对美好生活的需求主要集聚在城市地区，并在集聚过程中持续发酵。城市化无疑是拉动内需的助推器，反过来，高质量内涵式的城市发展将为满足多元化、深

① 第十八届中央委员会．中国共产党第十九次全国代表大会报告．人民出版社．2017：19.

层次、动态化的对美好生活的需求提供保障、机遇以及空间。

较之过去，城市基础设施短板逐渐补齐，天然气、水、电、暖、道路、公共交通车辆、管道等基础设施规模持续扩张，公共服务能力迅速提升；教育事业全面发展，九年义务教育巩固率达 93.8%；我国建成了包括养老、医疗、低保、住房在内的世界最大的社会保障体系，基本养老保险覆盖超过 9 亿人①。2014—2018 年，平均每年城镇新增就业 1332 万人，城镇非私营单位就业人口平均工资每年增长 6195.6 元，全国农村贫困人口平均每年减少 1339 万人。城镇居民消费水平显著提升，2018 年城镇居民消费绝对额达 26112 元，是 1978 年的 76 倍，全国居民在食品烟酒上的人均消费支出占总支出的 28.4%，恩格尔系数再创新低，表明我国经济发展水平和居民生活水平在不断提高。自党的十六大以来，改善民生成为党的中心议题，“人民生活水平和质量普遍提高”成为社会建设方面的主要目标，民生事业蓬勃兴旺，特别是进入新时代之后，人民生活水平持续快速提升，增强了人们在民主、法治、公平、正义、安全、环境等各个方面的需求，对物质文化生活和精神文化生活提出了更高要求。

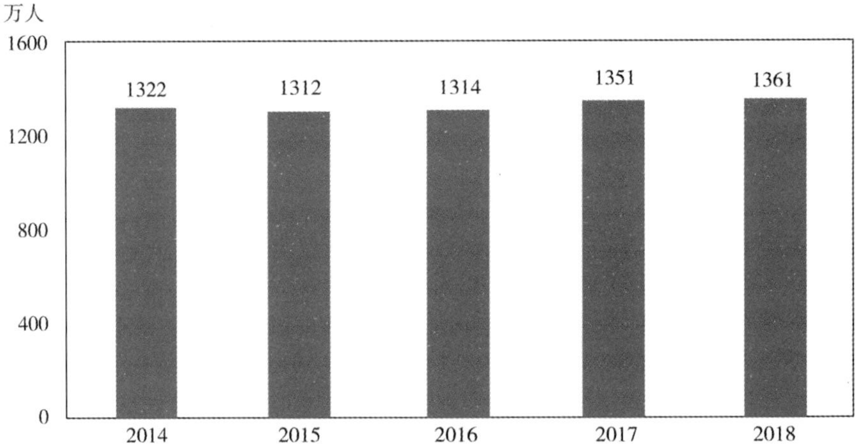

图 1-1　2014—2018 年城镇新增就业人数②

① 新华社．习近平：庆祝中国改革开放 40 周年大会上的讲话［EB/OL］．(2018-12-18)．［2018-12-18］．http：//www.gov.cn/xinwen/2018-12/18/content_ 5350078.htm.

② 国家统计局．2018 年国民经济和社会发展统计公报［R/OL］．(2019-02-08)．［2019-02-28］．http：//www.stats.gov.cn/tjsj/zxfb/201902/t20190228_ 1651265.html.

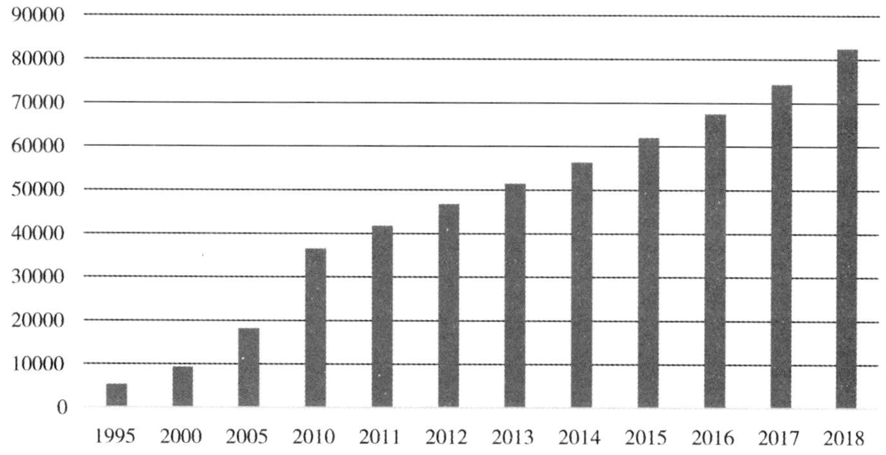

图 1-2　1995—2018 年城镇非私营单位就业人员平均工资（元）①

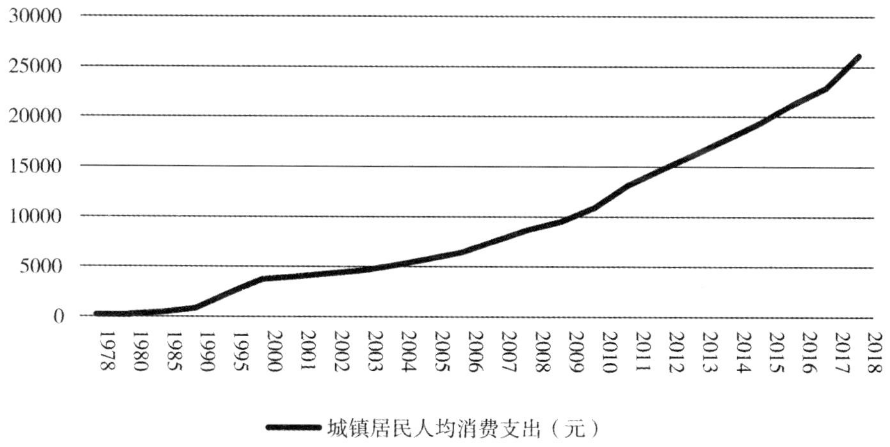

图 1-3　1978—2018 年城镇居民消费绝对额变化②

党的十八大以来，习近平总书记高度重视创新发展，在多次讲话和论述中反复强调“创新”③，动能转换、结构转型的新挑战新机遇深化了国家

① 国家统计局．中国统计年鉴 2018．[R/OL]．[2019-04-12]．http：//www. stats. gov. cn/tjsj/ndsj/2018/indexch. htm.

② 国家统计局．中国统计年鉴 2018．[R/OL]．[2019-04-12]．http：//www. stats. gov. cn/tjsj/ndsj/2018/indexch. htm.

③ 求是网．习近平的创新观．[2018-08-10]．http：//news. youth. cn/sz/201808/t20180810_11694643. htm.

对创造发明的重视与投入，2017 年全国高效发明专利个数达 306431 个，而 1995 年仅有 410 个；产品研发机构数量增长了 3 倍，研发经费从 32.3 亿元增加至 2644 亿元。创新驱动发展的国家战略激发了社会各个领域的探索创新，从理论到制度再到实践，内容涵盖科技、人才、文化。“大众创业、万众创新”浪潮逐渐在全国范围内蔓延开来，创新革命开始渗透入人们的日常生活，激发了人们对更加美好的生活的向往。

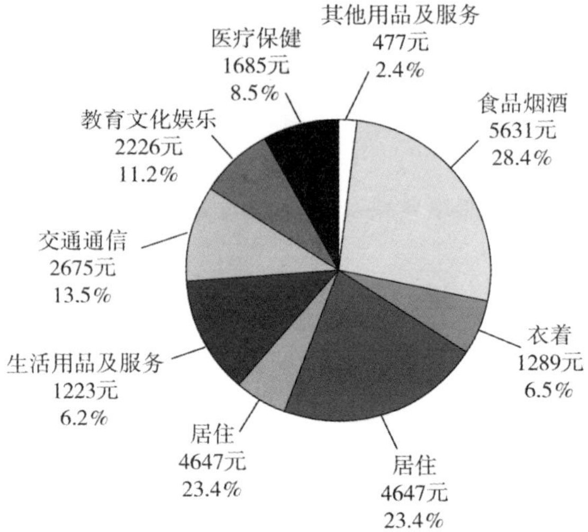

图 1-4　2018 年全国居民人均消费支出及其构成①

党的十九大以来，社会各界积极探索城市治理模式，基层治理优秀实践层出不穷，如北京市东城区“街巷吹哨，部门报到”的经验，浙江省诸暨市枫桥镇居民自治经验，上海市以“区域化”为核心、以服务为导向的党建引领经验，等等。信息技术在城市治理、社区治理领域的应用逐渐落地，全国各地投身于“城市大脑”“智慧社区”、大数据服务平台建设。2019 年，全国一体化在线政务服务平台全面对接启动，数据共享、统一平台将在不久的将来成为可能。

社会组织和自治组织不断涌现，尤其是社会组织的数量翻番，社会服

① 国家统计局 . 2018 年国民经济和社会发展统计公报 .［R/OL］.（2019-02-28）［2019-04-12］. http：//www. stats. gov. cn/tjsj/zxfb/201902/t20190228_ 1651265. html.

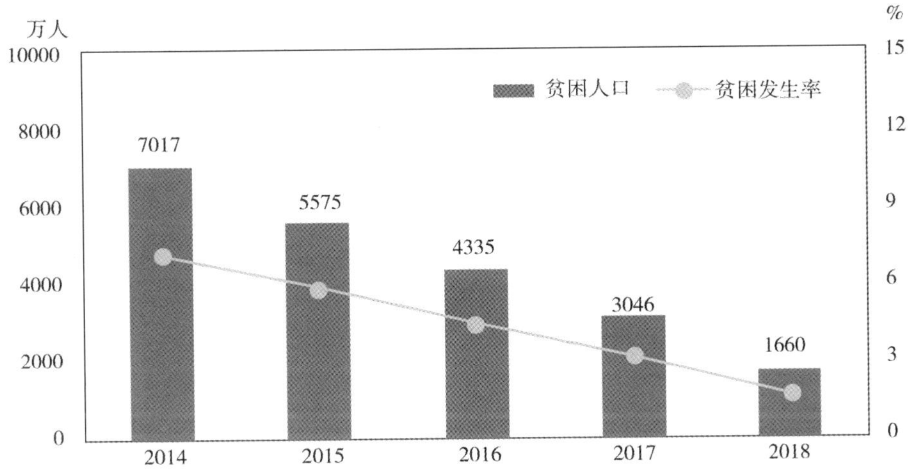

图 1-5　2014—2018 年末全国农村贫困人口和贫困发生率①

务事业费支出近年持续增长，此外，民政部门和社会组织接受社会捐款的数量总体上也呈上升趋势。社会服务形势的变化正契合当前中国社会结构的深刻变革，随着单位制的解体，社会组织在市场契约关系基础上的整合不同社会阶层和利益相关者群体的利益诉求、动员社会资源上更具优势，因此社会组织逐渐成为与社会民众更为直接的利益关联者②。社区党委和居民委员会发挥着沟通政府与居民的桥梁作用；维权类组织如业主委员会是业主权利和责任意识的觉醒体现；兴趣类社区社会组织在丰富居民文化生活，促进居民交往，增加社区社会资本中发挥重要作用；志愿类、互助类、治理类社区社会组织在改变社区结构碎片化状况、改善社会基础结构中发挥重要作用③。有鉴于此，社会组织将促进新时代社区治理的社会化、组织化、专业化水平的提升，是实现社区共同体的坚实力量。

一言以蔽之，新时代中产生了新思想，新思想下将指引新实践、新生活。党的十九大报告提出“中国特色社会主义新时代”最根本的因由、最

---

① 国家统计局．2018 年国民经济和社会发展统计公报．[R/OL]．(2019-02-28) [2019-04-12]．http：//www. stats. gov. cn/tjsj/zxfb/201902/t20190228_ 1651265. html.

② 尹广文，李树武．合作中的伙伴关系：社会组织参与城市基层社区治理的关系策略研究．中共福建省委党校学报．2015（10）：68-74

③ 尹浩．碎片整合：社区整体性治理之道［M］．社会科学文献出版社．2019：136.

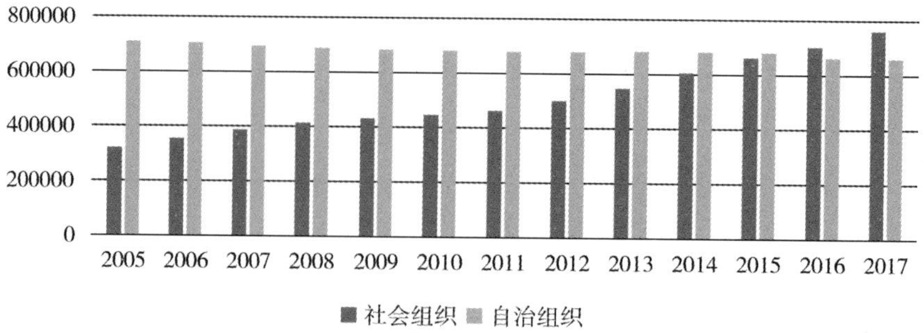

图 1-6 2005—2017 年社会组织和自治组织数量（个）①

重要的理据，即“我国社会主要矛盾已经转化为人民日益增长的美好生活需要和不平衡不充分的发展之间的矛盾”。国民经济发展水平、民生建设水平、国民消费水平、社会服务水平的持续提升，孕育了中国人民对美好生活的向往。社会主要矛盾发生了重大变化，历史主题也随之发生重大变化，再加上特殊的历史时间节点和特殊的历史使命，标志着“中国特色社会主义进入新时代”。“习近平新时代中国特色社会主义思想”明确了新时代我国社会主要矛盾是人民日益增长的美好生活需要和不平衡不充分的发展之间的矛盾，必须坚持以人民为中心的发展思想，不断促进人的全面发展、全体人民共同富裕，创造更加美好的新生活。

（二）人的全面发展是社会发展的最终目标

在党的十九大报告中，习近平总书记三次提到“促进人的全面发展”，在谈到新时代中国特色社会主义主要矛盾时，将“着力解决好发展不平衡不充分问题”与“推动人的全面发展”联系在一起，并进一步要求全党“永远把人民对美好生活的向往作为奋斗目标”，用意深远。

在《共产党宣言》中，马克思、恩格斯明确指出，共产主义社会的根本特征是实现人的全面发展。关于人的全面发展，马克思有两个重要论述。在《1844 年经济学哲学手稿》中，马克思首先揭示了人的全面发展的

① 国家统计局．中国统计年鉴 2018．［R/OL］．［2019-04-12］．http：//www. stats. gov. cn/tjsj/ndsj/2018/indexch. htm.

质的规定性："人以一种全面的方式，就是说，作为一个完整的人，占有自己的全面的本质。"① 关于人的本质，尽管马克思从不同方面有不同的界定，人的本质呈现出一个立体的复杂系统，但需要是人的本性②。此外，在《德意志意识形态》中，马克思、恩格斯描绘了一幅人的全面发展的图景："任何人都没有特殊的活动范围，而是都可以在任何部门内发展，社会调节着整个生产，因而使我有可能随自己的兴趣今天干这事，明天干那事，上午打猎，下午捕鱼，傍晚从事畜牧，晚饭后从事批判，这样就不会使我老是一个猎人、渔夫、牧人或批判者。"③ 马克思、恩格斯并非是对人的具体生活状态的细致描写，而是对人的一种自由的生存状态或生活样式整体性特征的原则性勾画。由此可见，人的全面发展实际上就是人类所向往的美好生活，其中人的需要理论构成马克思主义人的全面发展思想的基本内容。

习近平新时代中国特色社会主义思想，人民的美好生活与人的全面发展具有内在的统一性，美好生活是人的全面发展的现实前提，而满足人民美好生活需要是新时代中国特色社会主义的根本目标，这从根本上体现了马克思主义的价值取向和社会主义的本质要求，是马克思主义关于人的全面发展理论的中国化、时代化和大众化，从而进一步彰显了中国道路的世界历史视野和人类发展情怀④。

中国特色社会主义强调发展是解决一切问题的关键，认为发展是硬道理，是执政兴国的第一要务，追求的发展是"以人为中心"的发展，强调一切发展都要以广大人民群众的根本利益作为出发点和落脚点，一切发展都是为了实现人民的愿望、满足人民需要、维护人民利益。总之，一切发展最终都是为了实现人的全面发展。

现阶段，满足我国人民日益增长的美好生活需要的主要制约因素为发展不平衡不充分所带来的突出问题。创造美好生活以人的全面发展为前提。实现人的全面发展，要把人的发展和社会的发展高度统一起来，实现社会主义社会的全面协调可持续发展。社会发展是一个整体性的范畴，它

---

① 《马克思恩格斯文集》第1卷，人民出版社，2009：189.

② 《马克思恩格斯全集》第3卷，人民出版社，1960：514.

③ 《马克思恩格斯文集》第1卷，人民出版社，2009：537.

④ 张三元．论美好生活与人的全面发展［J］．理论探讨，2018，201（2）：22-28.

涵盖的内容极其广泛而丰富，既包括经济、政治、文化等各个方面的发展，也包括民生事业的发展和生态文明的建设，但不管哪些方面的发展及其在何种程度上的发展，最终都毫无例外地要归结为人的全面发展。社会的发展其目的就是为了实现人的发展，离开了人的发展来谈社会发展，也就背离了社会发展的实质与方向，从而失去了发展的价值和意义。社会的发展就是人的发展和为人的发展①。

在当代中国，要真正实现人的全面发展，必须按照党的全心全意为人民服务的根本宗旨，树立立党为公、执政为民的思想，切实代表好、维护好、发展好、实现好最广大人民群众的根本利益。以人的全面发展为最终价值目标，把发展作为主题、作为核心，把人的发展和社会发展高度统一起来，立足实现社会全面、协调和可持续的发展，通过造福人民而促进人的全面发展。

---

① 朱荣英．马克思人的全面发展理论的逻辑理路及其价值旨归——兼论促进人的全面发展是中国特色社会主义的最高命题［J］．河南大学学报（社会科学版）．2004，58（2）：8-15.

二、人民对美好生活的向往是奋斗目标

党的十八大以来，“美好生活”的概念上升到中国特色社会主义的核心思想和国家治理现代化建设的终极目标的理论高度，习近平总书记在多个国际和国内场合广泛提及，迄今为止，“美好生活”在习近平讲话中出现 90 余次，仅党的十九大报告中就出现 14 次。2012 年 11 月 15 日，习近平在中共中央十八届中央政治局常委同中外记者见面时指出：“人民对美好生活的向往，就是我们的奋斗目标。”[①] 2014 年 2 月 7 日，他在俄罗斯索契接受俄罗斯电视台专访时说：“中国共产党坚持执政为民，人民对美好生活的向往就是我们的奋斗目标。”2016 年《习近平总书记系列重要讲话读本（2016 年版）》中多次提及人民群众对美好生活的愿景不断提升的新时代背景和要顺应人民群众对美好生活的向往的新时代要求。2017 年 10 月 18 日，在党的十九大报告中，他进一步要求全党“永远把人民对美好生活的向往作为奋斗目标”[②]。2017 年 12 月 31 日习近平在党的十九届一中全会上的讲话中提到：“我们要始终以实现好、维护好、发展好最广大人民根本利益为最高标准，带领人民创造美好生活，让改革发展成果更多更公平惠及全体人民。”2018 年 11 月 17 日，习近平在亚太经合组织工商领导人峰会上指出：“让所有国家的人民都过上好日子，这才是最大的公平，是国际社会的道义责任。”2018 年 12 月 18 日，习近平在庆祝改革开放 40 周年大会上的讲话中进一步强调：“不断实现人民对美好生活的向往，是中国共产党人的初心和使命，也是改革开放的初心和使命。”2019 年 4 月

① 十八大以来重要文献选编（上）. 中央文献出版社 . 2014：70.

② 习近平 . 决胜全面建成小康社会，夺取新时代中国特色社会主义伟大胜利 . 人民日报 . 2017-10-28.

26 日，习近平在第二届“一带一路”国际合作高峰论坛开幕式上的主旨演讲中提到：“中国扩大开放的举措有利于满足人民对美好生活的向往，有利于世界和平、稳定、发展。”① 2019 年 4 月 28 日，在 2019 年中国北京世界园艺博览会开幕式上的讲话倡导“人们尊重自然、融入自然、追求美好生活”②。两天后，习近平在纪念五四运动 100 周年大会上告诫中国青年“要用勤劳的双手和诚实的劳动创造美好生活”③。据此，美好生活观已经融入中国经济发展、民主政治、社会和谐、生态文明、文化教育等各个领域，美好生活是中共执政党、各行各业劳动者、青年学生共同的奋斗目标。

人民对美好生活的向往是奋斗目标这一论断是在正确把握社会经济发展规律、中国共产党执政规律、新时代社会主义主要矛盾变化的基础上得出来的，是源于人民的实践且忠于人民的实践的群众观点和群众路线的逻辑必然和集中体现。美好生活的奋斗目标“符合当代社会历史潮流发展、符合中华民族特有历史文化境遇、符合当代中国人现实生活需要和精神追求”④。实现中华民族伟大复兴，是中华民族近代以来最伟大的梦想，在新时代背景下，中国梦被赋予更加接地气，更加贴近人民群众的时代内涵——对美好生活的向往。追求美好生活是人的本性使然，中国历史上从不缺乏人民群众追求美好生活的探索实践，从 14 年抗战、30 年反封建、到 40 年改革开放，中国人民在长期奋斗中培育、继承、发展起来的伟大民族精神，为中国发展和人类文明进步提供了强大精神动力⑤。“大鹏之动，非一羽之轻也；骐骥之速，非一足之力也。”新时代的新生活是广大人民群众创造出来的，离不开快递小哥、环卫工人、出租车司机以及千千万万辛勤的劳动者的无私奉献，创造美好生活需要站在人民群众的视角上，着

---

① 人民网．齐心开创共建“一带一路”美好未来——在第二届“一带一路”国际合作高峰论坛开幕式上的主旨演讲（2019 年 4 月 26 日，北京）．（2019-04-27）［2019-06-01］．http：//jhsjk. people. cn/article/31053291？ isindex = 1.

② 人民网．习近平：共谋绿色生活，共建美丽家园［N］．（2019-04-29）［2019-05-12］．http：//jhsjk. people. cn/article/31055863？ isindex = 1.

③ 人民网．习近平：在纪念五四运动 100 周年大会上的讲话［N/OL］．（2019-05-01）［2019-05-12］．http：//jhsjk. people. cn/article/31061050？ isindex = 1.

④ 章忠民，秦关．论在追求美好生活中构建当代中国人的精神世界［J］．学术论坛．2018（6）．

⑤ 习近平．在十三届全国人大一次会议闭幕会上的讲话［N］．人民日报，2018-3-21.

眼于居民生活中的点滴，“想群众之所想、急群众之所急、解群众之所困”①。

（一）什么是美好生活

新时代背景下，究竟什么是美好生活？

在习近平系列讲话的语境中，美好生活既是中国经济社会发展到新阶段的客观实际的主要动力来源，又是中华民族伟大复兴中国梦的一部分；既是党的立党为公、执政为民的执政理念的新时代内涵，又是以人民为中心的发展思想的集中体现；既是中国共产党人的初心和使命，又是国际社会的道义责任。美好生活的需要具体表现为人民群众对稳步增长的收入和更加平等的收入分配的需求；对优美生态环境和和谐宜居的居住环境的需要；对教育、就业、医疗、养老等优质民生服务的需要；对司法公信、政治民主、社会正义的需要；对更加丰富有益的精神文化产品的需要；对社会归属感和和谐友爱的邻里关系的需要。

中国学者对美好生活的探究多从唯物辩证、历史唯物主义等哲学角度出发。李磊认为，美好生活是三对关系的动态统一。美好生活是绝对运动与相对静止的统一。一方面，美好生活始终处于永恒的变化之中，人民群众对美好生活的理解和认识亦是如此；另一方面，在特定的历史阶段和现实语境，美好生活具有相对静止且固定的含义和解释。美好生活是无限与有限的统一。一方面，美好生活没有终点，没有边界，它可以是中国古人所描绘的“大同社会”，也可以是西方社会主义者所勾勒的“乌托邦”；另一方面，美好生活是源于实践又可以反作用于实践的，是基于特定时空下的客观条件所呈现的有限愿景。美好生活是主观感受与客观事实的统一。一方面，对生活是否美好的判断首先关涉人们的主观感受，而感受也因时空条件、个体差异等有所不同；另一方面，美好生活也具有基本的客观衡量尺度，满足人们的各种生活需要是美好生活的客观标准②。由此，对美

---

① 新华社．习近平在全国政协新年茶话会上的讲话［N/OL］．（2018-12-26）［2019-04-12］．http：//cpc. people. com. cn/n1/2018/1229/c64094-30496501. html.

② 李磊．2018. 习近平的美好生活观论析［J］．社会主义研究．2018（1）：1-8.

好生活的解析和探讨需要多维度、跨时空、深层次的研究支撑。

党的十九大报告指出，“我国经济已由高速增长阶段转向高质量发展阶段”，这是对新时代我国经济形势的重大判断。相比较过去，我国经济呈现三大新特征：经济增长减速，经济结构向消费型转变，创新成为经济发展的新动能。新时代现代化经济体系建设的一个重要背景是新一轮科技革命和产业革命，以信息技术为核心的各种技术的“交叉融合”催生的新要素、新产业、新业态、新模式、新市场、新服务促使传统经济向新的经济形态转变，包括新的生产力、新的生产关系①。新常态经济下的美好生活首先是一种高质量的物质文化生活，对美好生活的精神层面的需求建立在坚实的经济基础之上。为满足人们日益增长的对美好生活的需要，经济可持续性增长是前提，是解决不平衡、不充分问题的根本路径。经济可持续发展主要体现在增长速度稳定、经济结构合理、经济成果共享。新常态经济下的美好生活强调人在推动国民经济发展的主体角色，注重对人力资本的投入、挖掘和利用，通过促进发展成果人人共享以激发个体和集体的创造力，提升经济内生性增长动力。

相比较过去，居民在主导美好生活的主人翁地位得到充分的肯定与彰显。人民群众对美好生活的向往是新时代社会主义民主的根本遵循，新时代的民主政治更加注重治理，特别是基层治理，强调基层协商民主在提升居民生活质量和获得感、幸福感、安全感上的保障作用，强调以民主的共同价值为基础，“以最优的模式设计和最有效的手段去彰显人民当家做主和对多数人意志尊重的价值”②；基于共同价值、公共生活、社区共识的社区新邻里关系在基层民主政治发展中正在形成，居民与居民，居民与居委会，居民与企业、社会组织等多元主体之间的关系逐渐从冷漠甚至对抗向熟稔信任转变。“人”成为塑造和维系社区新邻里关系最关键的因素，在基层治理实践与探索中慢慢形成的“参与、宽容、理性的公共精神”③成为推动新时代社会主义民主进步和国家治理现代化最重要的精神支撑。

---

① 师博，张冰瑶．新时代、新动能、新经济——当前中国经济高质量发展解析．上海经济研究．2018（5）：25-33.

② 张明军．在新时代的实践中创新民主政治理论［J］．政治学研究．2018（2）．

③ 曹帅，许开轶．新时代基层政协协商民主的发展逻辑与实践旨趣［J］．广西社会科学．2018（5）：140-144.

党的十九大报告明确提出“不断满足人民日益增长的美好生活需要，不断促进社会公平正义”的发展任务和发展目标，二者存在相辅相成的互动关系。社会公平正义既是人们对美好生活向往的一个方面，又是满足美好生活需要的保障。在新型城镇化背景下，美好生活强调城市的包容性，特别是对新市民的包容，市民化是促进人本城镇化转型的关键，新市民的生活状态将深刻影响整个城市的生活质量和形象。不平衡不充分的发展是美好生活的另一大阻碍，在社会公平正义范畴之内，发展的不平衡不充分体现在居民收入分配的差距、不平等的社会保障、居民身份的等级划分、信息鸿沟等，影响着居民日常生活的方方面面。美好生活正是这些差异几乎完全消除的情况下呈现的一种公平正义内化为捍卫城市生活本质的力量的状态。

新时代背景下，人们日益增长的对美好生活的需求与不平衡不充分的发展的社会主要矛盾的转变迫使我们重新审视人与自然的关系，再次思考我们的生活方式对环境的影响。生态环境问题是社会矛盾的产物之一，但是绿色生态与美好生活并非是平行而对峙的关系，前者是后者的构成要素和基础保障，后者是推动前者发展的理想指引。美好生活又可称为绿色生活，绿色生活是生态文明顶层设计和制度体系保障下，基于人与自然和谐共处的社会价值观之上的，为满足对绿色生态的需求，居民自发性的低消耗、低排放的生产生活娱乐活动的集合。正如习近平总书记所说的那样：“我们要建设的现代化是人与自然和谐共生的现代化，既要创造更多的物质和精神财富以满足人民日益增长的美好生活需要，也要提供更多优质生态产品以满足人民日益增长的优美生态环境需要。”① 由此可见，现代化建设，实现人的自由全面发展不仅是建立在雄厚的物质基础之上，更依赖于人与自然以及人与社会之间的和谐关系。

文化是人的另一种存在方式，是美好生活的内涵所在。作为习近平新时代中国特色社会主义的重要组成部分，新时代文化自信思想不仅在宏观层面建立了以文化强国为路径和手段实现现代化强国的发展目标和方向，在中观层面指引着有内涵高品质的城市建设发展，而且在微观层面以人文

---

① 第十八届中央委员会．中国共产党第十九次全国代表大会报告．人民出版社．2017：34.

关怀的方式渗透进社区居民的日常生活之中①。从文化的角度，美好生活是一种理想、信念与信仰，是文化自信在人的生活中的意义所在，同时，中华文化通过美好生活方式对人的思维、心性与观念产生潜移默化的影响，实现其引领价值。以人民为中心、服务人民的中国特色社会主义文化为新时代的美好生活提供价值指引和文化给养，对美好生活的需求特别是对美好精神生活的需求促使中国特色社会主义文化不断创新与升华。从生活的角度出发，美好生活的实现需要塑造新时代文化价值观，即自信、自强、参与、创造。实现城市社区的美好生活要注重文化的引领作用，注重对人才资源的开发利用，提升社区治理主体的责任意识、归属意识、参与意识、创新意识。

习近平明确指出了追求和实现美好生活的路径，就是坚持中国特色社会主义道路，坚持改革开放，坚持发展导向，增进人民福祉。围绕解决好人民日益增长的美好生活需要和不平衡不充分的发展之间的社会主要矛盾，坚决贯彻创新、协调、绿色、开放、共享的发展理念，统筹推进“五位一体”总体布局、协调推进“四个全面”战略布局，推动高质量发展，推动新型工业化、信息化、城镇化、农业现代化同步发展，加快建设现代化经济体系，努力实现更高质量、更有效率、更加公平、更可持续的发展。我们要坚持以供给侧结构性改革为主线，积极转变发展方式、优化经济结构、转换增长动力，积极扩大内需，实施区域协调发展战略，实施乡村振兴战略，坚决打好防范化解重大风险、精准脱贫、污染防治的攻坚战，坚持创新是第一动力、人才是第一资源的理念，实施创新驱动发展战略，完善国家创新体系，加快关键核心技术自主创新，为经济社会发展打造新引擎。我们要加强生态文明建设，牢固树立绿水青山就是金山银山的理念，形成绿色发展方式和生活方式，把我们伟大祖国建设得更加美丽，让人民生活在天更蓝、山更绿、水更清的优美环境之中。

对美好生活概念的理解和把握是2018年发展报告的核心内容，它既是分析评价全国各地智慧社区实践的最重要的维度，又是指导未来智慧社区建设的最重要的标准。

---

① 刘波．习近平新时代文化自信思想的时代意涵与价值意蕴．当代世界与社会主义．2018（1）：97-104.

（二）新时代人民群众对美好生活需求的新变化新挑战

40年的改革开放见证了伟大的中国式飞跃，人民群众的物质生活资料和物质生活水平持续提升，美好生活的客观条件已具备。正如习近平总书记在庆祝中国改革开放40周年大会上所说：“中国用几十年时间走完了发达国家几百年走过的工业化历程。在中国人民手中，不可能成为了可能。改革开放40年来，制度枷锁被打破，人的活力被激发，个体命运在祖国日新月异的发展中得到了自我实现。”① 我国社会生产力、综合国力、人民生活水平实现了历史性跨越，我国基本国情的内涵不断发生变化，我们面临的国际国内风险、面临的难题也发生了重要变化。过去长期困扰我们的一些矛盾不存在了，但新的矛盾不断产生。辩证分析我国社会经济发展的阶段性特征，准确把握我国不同发展阶段的新变化新特点是正确理解美好生活含义、追求美好生活的基础。

1. 新时代——大数据时代

正是在中国前所未有的利好的发展环境中，人们对美好生活的向往孕育而生。日新月异的科技手段使部分美好生活的理想成为现实，也激发了人们对趋于更美好的向往和信心。新常态经济下，新的生产要素、生产力、生产关系正在形成。数据成为重要的生产要素，相比较传统的土地、劳动、资本等生产要素随规模的扩大效益递减，数据投入到设计、生产、销售、流通、服务等环节可以降低交易成本，提高生产效率，还可以产生规模报酬递增，因此，数据成为现代化国家和企业发展的核心竞争力，随着数据的爆炸式增长，各行各业对数据的需求也与日俱增。②

面对大数据发展的时代潮流，2015年，党的十八届五中全会首次提出“国家大数据战略”，《促进大数据发展行动纲要》强调了大数据对于中国经济社会发展的重要地位和时代意义，指明了中国大数据发展的科学理念

---

① 新华社．习近平：庆祝中国改革开放40周年大会上的讲话［N/OL］．（2018-12-18）［2019-03-01］．http：//www.gov.cn/xinwen/2018-12/18/content_5350078.htm.

② 师博，张冰瑶．新时代、新动能、新经济——当前中国经济高质量发展解析．上海经济研究，2018（5）：25-33.

和战略布局。2016年，《政务信息资源共享管理暂行办法》出台；2017年，《大数据产业发展规划（2016—2020年）》实施。习近平在党的十九大的报告中指出："推动互联网、大数据、人工智能和实体经济深度融合"，指明了大数据作为技术手段服务于国民经济发展、国民生活改善的科学定位。随着大数据国家战略配套政策的制定和实施，我国大数据技术产品的应用和发展环境正进一步优化，2018—2019年，政务领域、民生领域的大数据应用成为贯彻大数据国家战略的一个重点。从研究统计数据来看，大数据理念和技术正在加快数字化政府和政务信息化进程，截至2018年，全国正在运行的政府网站有22206家，32个省级政务服务平台体系已基本建成，政务服务事项总数量达108103项，29个省级政务服务平台建设开通政务服务移动端，大数据应用已经成为一种新生、高效的公共服务方式[①][②]。在大数据、云计算、物联网等新一代技术的支持下，智慧城市建设全面展开，根据德勤《超级智慧城市》数据显示，2018年智慧城市建设试点达500个，数量之多居世界首位，2018年中国智慧城市的市场规模达650亿[③]。智慧社区试点建设也正如火如荼，省级智慧社区试点、市级智慧社区试点逐渐增长，2018年山东省青岛市就已有260个社区接入智慧系统。

大数据时代的一个显著特征是互联网的迅速普及，根据《2018中国互联网络发展状况统计报告》显示，截至2018年6月30日，我国网民规模首次突破8亿大关，互联网普及率达57.7%。互联网的不断普及使得某些特殊群体受惠，互联网重新给予他们平等的与世界联系的机会，通过增强其就业能力、学习能力、生存能力，他们可以更好地融入社会、融入城市、融入社区，这对于新时代的智慧社区建设、社区治理工作来说意义重大。正如韦斯所说："城市面临的最大问题并不是效率问题，而是参与问

① 贺洪波．论习近平新时代国家大数据战略观［J］．重庆理工大学学报（社会科学）．2018，32（10）：127-135.

② 中央党校（国家行政学院）电子政务研究中心．2019省级政府和重点城市网上政务服务能力调查评估报告．2019.

③ 德勤．Super Smart City -- HAppier Society with Higher Quality（超级智慧城市——更高质量更幸福的社会）［EB/OL］．2018. https：//www2. deloitte. com/content/dam/Deloitte/cn/Documents/public-sector/deloitte-cn-ps-super-smart-city-en-180629. pdf.

题，即市政府与市民共享问题。”① 创造美好的生活离不开每个中国公民的参与，大数据时代数字化工具的普及和应用鼓励人们成为积极的市民，帮助市民建立持久、稳固的发言权，消除导致政府紧握权力不放，而市民很难参与切身相关问题时所面临的数据不对称。

大数据时代也是生活方式变革的时代。中国作为商业模式创新大国，在推动共享经济发展上作出了很多探索，深刻影响着居民的日常生活。据CBNData发布的《2017中国共享出行行业大数据观察》的报告显示，中国共享出行市场份额达67%，领先于世界共享出行行业②。共享单车、拼车、顺风车等共享出行方式分散了人们在高峰时段的出行需求，满足了人们对于低峰时段出行灵活性的需求。随着时代的发展，居民的消费理念和方式也在升级，逐渐向“轻资产”靠拢，通过互联网获得短时间内的使用权以优化出行方式是科技服务民生的一种体现，也是新时代智慧生活的一个方面。

2019年是5G元年，5G逐渐开始与人工智能、云计算、大数据等基础技术相结合，催生出全新的智慧应用，推动智慧城市、智慧社区建设，新一轮信息技术革命使得应用场景更加具体化，赋能基于微观视角的社区治理，“城市大脑”的神经触角逐渐向社区扩张。随着街道体制改革的不断深化，权力和资源向基层下沉，“社区大脑”将成为新时代基层治理的重要利器。集大数据决策分析、社区基础保障、居民生活服务、政务服务管理、应急科学指挥、事件协同处置等功能于一体的智慧社区神经体系为以人为本的社区治理提供数据决策支撑。

具体来看，大数据技术精准对接服务供需上的潜力巨大。大数据技术的发展盘活了城市运行中产生的数以千亿计的数据，多元开放的数据源、有效精准的算法分析赋能城市社区以提升其服务的精细化、专业化、智能化。比如，“掌上车秘”智慧停车共享车位大数据平台整合社区周边停车场资源，用“互联网＋物联网”技术实时监测车位情况，并通过App实现

---

① 保罗·诺克斯，史蒂文·平奇．城市社会地理学导论［M］．柴彦威，张景秋，等，译．商务印书馆，2005：43.

② 中商情报网．2017年中国共享出行行业大数据分析报告［EB/OL］．（2017-07-06）［2019-03-01］．http：//www.askci.com/news/chanye/20170706/180425102377_2.shtml.

车位可查询、可预约、可分享[①]。杭州市拱墅区小河街道试点“城市眼·云共治”平台，引入了AI技术实现对违规信息的自动化抓拍取证，系统可根据实时数据和信息，定期对不同片区、时段的违规事件进行统计分析，自动生成社区指数、街道指数等周报、月报，为社区治理、城市治理提供数据支撑，促进减员增效、精准施策[②]。

新时代的城市治理、社区治理是智能化与柔性的有机结合，科技的真正意义在于赋能。正如史蒂芬·戈德史密斯和苏珊·克劳福德所说：“随着大数据技术的发展，每个人都可以成为城市决策的一部分。”新时代市民的行为轨迹、兴趣喜好、社会关系等多维立体信息都可以通过互联网和物联网产生的大数据刻画出来，人在城市社区中的行为数据与人口、政务、基础设施、工商等数据整合在一起，形成庞大的城市全景数据。大数据时代下的智慧城市、智慧社区强调数据是城市决策、社区治理的基础，数据变成一种资产的同时，人也成为打造、管理、运用数据资产的核心因素。新时代的市民依托互联网、物联网、云计算等大数据技术更加深入地参与城市运行与社区运营，居民参与需求、意愿与能力的提升倒逼街道体制改革，无论是“权力下放”“街巷吹哨，部门报到”，还是“接诉即办”“三社联动”“居民协商议事”，又或是一体化政务服务平台、大数据管理服务平台，从政策、制度、机制到平台建设、业务流程，社区建设均以社区里居民的需求为导向，借此，会聚参与城市运行的各个角色及其所携资源，下沉社区，打造强大的市民生态系统，赋能居民参与城市和社区的发展，是数据驱动的新时代对于居民的意义所在。但是也要注意到，大数据发展及运用目前存在不广泛、不平衡、差异大等结构不合理现象，落实大数据为人民服务的宗旨还需要注意信息公平、隐私保护、数据鸿沟等人本问题。

2. 新变化——人们对美好生活的感知、理解及期许

美好生活需求与不平衡不充分的发展之间的矛盾的重要论断将普通群

① 人民网．大数据切准“民生痛点”“共享经济”助力城市美好生活［EB/OL］．（2019-05-13）［2019-06-27］．http：//gz. people. com. cn/index. html#.

② 杭州信访．拱墅区小河街道开出城市管理顽疾的一剂良药——“城市眼·云共治”［EB/OL］．（2018-12-07）［2019-06-27］．http：//www. sohu. com/a/280304798_ 120034145.

众的日常生活的感受与体验上升到决定国家整体的发展质量和发展目标的高度。随着市场经济基础日益雄厚，以契约关系为中轴，以尊重和保护社会成员基本权利和自由为前提的现代社会逐渐成形，社会成员的主体性和自主性逐渐得以实现，现代的社会生存信念和主体发展与自由权利意识成为构建新时代现代社会的价值基础。“国家”与“社会”之间的分离耦合关系将发生深刻变化，国家对社会资源的掌控权受到社会的挑战，影响个人生存和自由发展的力量不再单一指代行政权力，新的社会力量、社会群体、社会组织孕育而生，并且在动员、整合、控制社会资源上日渐活跃。现代社会作为国家和个体之间的黏合剂，在自由调节和组织社会生活的方面发挥着关键作用①。

社会在发展，个体也处于动态的变化之中。人们的感知能力、理解能力、思考方式和解决问题的方式随着时代的进步而发生改变。借助新一代信息技术，人们对于城市环境与社会问题的认知、感受和体验也发生了全方位、深层次的变化。越来越多不同的“声音”可以参与和影响社会事件的发生与发酵，社会成员对问题的感知实现即时化，对问题的理解与思考越来越多地受到外界声音的影响，个体的感知和体验也开始影响整个社会的情绪状态。即时性、可传性、动态性的感知是新时代新生活的一个重要特征，是社会创新变革与居民发生关系的重要渠道。比如，智慧社区作为新时代社区治理工具，其作用的产生依赖于居民对智慧社区的感知和体验，居民的感受是评价智慧社区建设成效的重要指标，也是智慧社区普及推广的主要推动力。

虽然每个人对美好生活的理解、感知和体验不同，但是有一点是共通的，新时代人们对美好生活的向往和需求是自发且持续的，这与过去受压制的需求与欲望具有本质上的区别，且这种性质的转变是居民身份的变化引起的。尤其是在居民集聚的城市地区，城市居民正在由城市公共服务的消费者向城市公共服务的共同生产者转变。社会民主具有人格基因和个体的主动参与意愿、期许，新时代的居民更加了解自己的需求，更加期望参与到关乎自身利益的公共决策之中。尤其是对于关涉自身利益、影响日常

① 袁祖社．社会发展的自主逻辑与个体主体的自由人格——中国特色“市民社会”问题的哲学研究．哲学动态，2001（9）：1-3.

生活的问题与矛盾，居民开始希望自己能够贡献解决方案，对自身参与社区治理能力提升的需求也与日俱增，智慧社区作为一种参与手段，在促进居民的转变、提升居民维护公共权益、提升服务社会的意识上逐渐发挥重要作用。

随着生活水平的提升，人们对获取及消费资源的欲望水涨船高，部分人对美好生活的构想建立在“快乐至上”“娱乐至死”的消费欲望之上。加之受到拉动内需的经济政策的影响，物欲日益横流的社会孕育出来的生活的目的不在其本身，而是被消费主导。与此同时，新时代也孕育了新的价值观念。社会地位与消费之间的耦合关系稍微减弱，新的就业方式、就业领域促生新的超越物质上、视觉表达上的身份认可方式。从城镇居民家庭人均可支配收入和消费结构数据可以看出，居民的生活正由生存型向享受型转变。“国民的生活意识会逐渐从追求物质价值观向精神价值观倾斜。”此外，随着国家综合国力的提升，国民的素质、见识、判断能力有有了很大的增进，“国民对改善生活环境、生活关系以及社会参与等方面的诉求和欲望逐渐高涨”①。消费观的转变反映了生活观的回归，城市生活的目的即为生活本身，新时代的居民对生活本质和品质的要求更高。借此，智慧社区被赋予更深层次的意义，它是居民回归生活者主体、实现个人价值、促进人的全面发展的平台。

“大众创业、万众创新”号召掀起人人创新和草根创业的新势态新浪潮，从社会、规模以上企业、小微企业到大学生，从精英到草根，社会大众协同众创已成为大势所趋。越来越多的公司在创新活动中采用众包模式这一新兴创新模式，充分利用众智、众包、众筹、众扶四大机制②，实现经济利益最大化。新时代的创新之源来自大众，众创作为一种创新文化，标志着“文化的中心从上流阶层逐渐转向大众”，国民在参与大众文化上的热情逐渐高涨。黄洁萍和曹安琪通过对知识型众包社会大众参与行为动机及激励机制的研究发现，社会众创行为与参与者沉浸愉悦、自我完善及

① 沈洁．“美好生活”的社会政策意义——研究“生活问题”．中国公共政策评论，2017（2）：1-11.

② 周博文，张再生．“大众创业、万众创新”的中国特色社会主义政治经济学解析．上海经济研究，2018（3）：23-37.

外在奖励三个因素正向影响感知收益，从而激发参与意愿[①]。新时代人民群众对自我价值实现以及个人全面发展的渴望和追求推动“大众创业、万众创新”，最接近大众的地方——社区，无论是现实社区还是虚拟社区，成为孕育创新的孵化器。

随着居民维权意识的提升，居民对于公共服务的提供者、参与者和获利者承担的社会责任要求更高。比如，在居民与物业公司这一对抗关系中，随着居民对物业管理的认知、需求和期望的不断提升，谈判杠杆开始向居民倾斜。由于传统物业偏管理轻服务的弊端导致居住小区生活品质下降，精英居民群体因而在体制机制不健全、利益冲突、自身资源有限等重重阻碍下自发成立业主委员会对抗或者另择物业管理公司，这一行为不仅反映了部分居民的维权意识，也体现了市场经济倡导的契约精神对中国社会以及国民的深刻影响。尽管业主委员会发展进程缓慢，并存在管理漏洞，但是社区自治组织这一新兴事物体现了居民对社区治理组织化的需求和期望。此外，对于新时代智慧社区建设来说，专业化的社区运行队伍对于保障居民的生活权益越来越重要，配套机制的完善更是保障居民权益的根本。

美好生活既是一种概括性的社会形态，亦是个体对于社会以及自身不同的表达形式。基于利益诉求的不同，每个人对美好生活的理解、感知和体验千差万别，我们对美好生活的向往是基于对社会主义主要矛盾更深层次的理解和认识的。

3. 新挑战——不平衡不充分的发展

发展也孕育了发展问题，不平衡不充分的发展逐渐上升为社会主要矛盾的一方，这也是客观条件的新变化之一。当前物质与政治、精神、社会、生态文明建设之间发展不平衡，一些领域的发展的质量和效益不高，不同的领域、区域、群体在共享改革发展成果方面存在着较大的差距。发展不充分主要表现在发展质量和效益上，如经济结构调整不充分、科学创新驱动不充分、社会保障不充分、生态改善不充分、人文关怀不充分。

城镇化步伐加快，社会结构发生深刻变化。2017 年城镇人户分离人口

---

① 黄洁萍，曹安琪．知识型众包社会大众参与行为动机及激励机制［J］．北京理工大学学报（社会科学版）．2018，20（4）：88-96.

有2.91亿人，流动人口2.44亿。社区居民“空挂”户籍行为不在少数，究其原因，区域、城乡之间不平衡不充分的发展是根本原因，城镇人户分离是基于公共资源及利益分享作出的合情合理的决定。加之国家相关管理制度、法律法规的缺乏与落后，这种个体逐利的行为一定程度上致使社区治理陷入困境，人户分离人口和流动人口的规模的扩大势必影响社区的稳定发展。这一社会现象也反映出“以个体意识、个体权利甚至个体主义为主要特征的后现代社会正在形成”①，如何正确应对人口流动的内生需求和外生需求是新时代社区建设的一大挑战。

从六次人口普查关于家庭规模比可以看出，小户型成为发展趋势，2017年，一人户、二人户家庭占比43%；人口老龄化趋势明显，2017年65岁以上老年人占总人口的11%，超出国际老龄化标准4个百分点，且老龄人口和老龄化速度均位居世界第一；离婚率自2015年超过结婚率，2017年离婚率相比结婚率高出4.5个百分点，预测比差将持续增大。城市社区不再是单一的、相似的社会群体的集合，而是具有不同的户籍、职业、生活习惯、家庭规模、社会背景等的住户的居住空间，城市社区成分日益复杂，社会管理难度因此逐渐加大。

此外，在社会结构转型时期，“陌生人社区”逐渐增多，伴随现代性对传统社会结构的冲击，市场主义、公平竞争和利益机制等日渐成为陌生人社会的主导性力量，伦理道德维系社区运转的纽带角色逐渐弱化，社区中的人面对越来越多的不确定性和不可预期性，从社区关系中逐渐脱离。社区治理也是基于人与人之间的信任、互助等传统伦理道德之上进行的一种德治，道德冷漠无疑是社区治理的一大障碍。

城市化引发的人文质量问题也日益突出。偏重物质资料增长的传统观念使得在城市中生活的人的人文需求长期不受重视，城市社区文化设施建设落后，文化多样性受到资本逐利的吞噬。公共文化服务供给体系一定程度上沿袭单位制，加之社区自身资源缺乏、行政管理体制制约导致其发育不成熟，社区文化供给出现行政化的现象，居民对精神文化的需求得不到满足，社区文化特色彰显不够。

信息技术在创新生产生活方式的同时也造成了一定的负外部性。外卖

---

① 何绍辉．陌生人社区：整合与治理．社会科学文献出版社．2017：59.

是一种新时代的互联网产物，而外卖的产物——外卖包装在疯狂成长的同时对环境承载力造成了极大的威胁。据中商产业研究院调查数据显示，2018 年上半年网上外卖订购用户和手机外卖订购用户总规模为 7.07 亿人，与 2015 年相比，用户数量上涨 4.89 亿，2018 年上半年外卖订购用户占整体网民比例为 88.15%。全国每天有超过 2000 万次外卖，由此产生的塑料袋可以覆盖 168 个足球场，约有 6500 万个外卖塑料盒被当作垃圾处理，这些塑料袋大都被送往垃圾填埋场或直接倒入海中，其中大多数使用不可降解材料。一个塑料袋的平均使用时间是 25 分钟，而每个塑料袋的自然分解至少需要 470 年①。以共享出行为代表的共享经济模式在盘活闲置资源，增加商业利润的同时也出现了由于缺乏监管导致的危害公共利益的问题②。

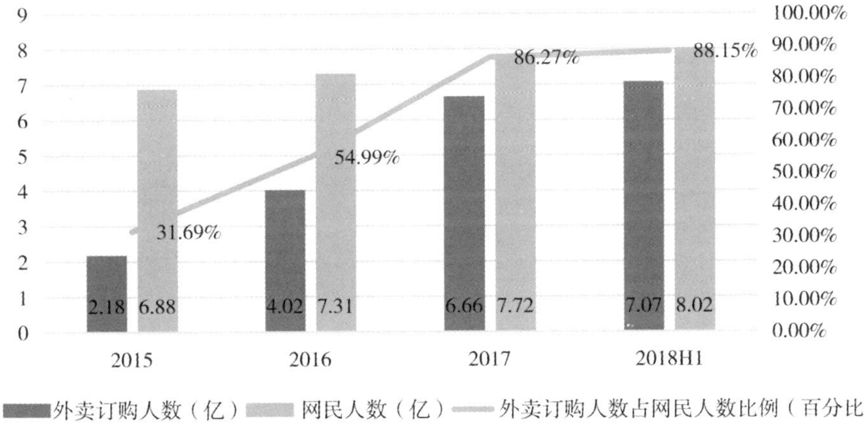

图 1-7　2015—2018 年上半年外卖订购人数增长③

党的十九大报告把绿色发展作为满足人民对美好生活向往的行动指南，也形成了鲜明表现新时代精神的绿色文化。当前生态文明建设正处于压力叠加、负重前行的关键期，已进入提供更多优质生态产品以满足人民

① 张萍，等．外卖包装对环境影响的调查研究．科技创新导报．2018（12）．

② 张家平，等．人口信息化与人口城镇化协调性及其时空演变．中国人口·资源与环境，2018（12）：168-176.

③ 中商情报网．2018 年上半年中国网上订外卖数据分析：用户规模为 3.64 亿人．（2018-08-22）［2019-03-01］．http：//www.askci.com/news/chanye/20180822/1513041129655.shtml.

日益增长的优美生态环境需要的攻坚期①。环保部公开发布的2015—2017年《中国生态环境状况公报》显示，PM2.5、PM10、二氧化硫持续缓慢下降的同时，部分城市空气质量出现反弹。此外，二氧化氮、臭氧浓度上升，城市大气环境整治难度增大。2018年全国降水pH年均值的平均值为5.58，相比2017年，全国城市发生酸雨频率大于50%以上的数量增多。2018年，319个地级以上城市中只有4个城市夜间区域声环境质量为一级，占1.3%，一半左右的城市夜间区域声环境质量为三级②。生态环境保卫战也是美好生活保卫战，保卫战的关键在于生态环境的持续改善，不计成本、反反复复的环境整治不仅影响效益的发挥，而且不利于满足人民日益增长的美好生活需求。

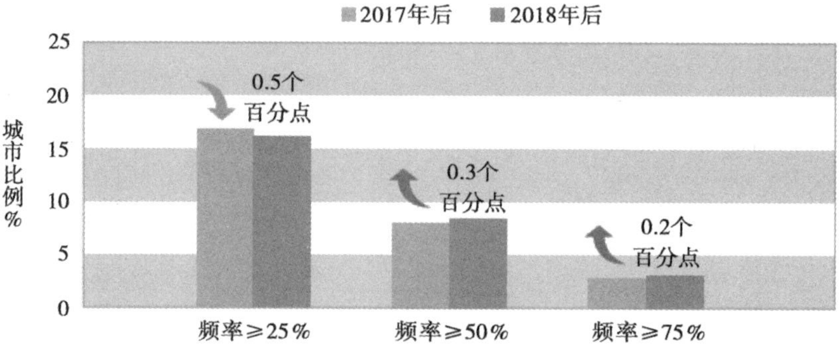

图1-8 全国城市发生酸雨频率③

城市社区孕育美好生活，但是千篇一律的住宅，独立的办公园区，过宽的马路，单一的土地用途，生产与生活分离，城市空间结构失衡导致社区失去了过去的活力。我国社区规划、社区治理起步较晚，社区建设普遍存在缺乏规划设计、社区环境维护较差、居民感知与体验度低、相关利益者矛盾协调困难、物业管理落后、社区生活空间逐渐缩小、社区社会资本凝聚力降低等问题，导致社区生活体的本色逐渐黯淡，影响居民生活质量。加之

① 每日经济新闻．我国全面打响蓝天、碧水、净土三大保卫战 到2035年生态环境质量实现根本好转［EB/OL］．（2018－06－24）［2019－03－01］．https：//baijiahao.baidu.com/s? id=1604169617437205670&wfr=spider&for=pc.

② 中华人民共和国生态环境部．2018中国生态环境状况公报．2018.

③ 中华人民共和国生态环境部．2018中国生态环境状况公报．2019.

新时代市民的需求逐渐由生存型向发展型和自我实现型转变，城市社区公共服务在政府供给能力不足的情况下出现供需失衡加重的问题，居民基本生活服务需求在社区得不到满足，个人发展型需求更是无法实现。社区具有有机更新的需求，社区中的人的需求也是不断动态变化的，对社区和人的需求的认知不足是城市社区建设不可持续、缺乏弹性的主要原因。

从根本上讲，发展不平衡不充分是社会基本矛盾运动的产物，是在中国经济社会发展过程中逐步形成的，一部分是受客观条件的制约，一部分是主观认识上的缺陷所致。当前，我国已经进入发展关键期、改革攻坚期、矛盾凸显期，我们面临的矛盾更加复杂，既有过去长期积累而成的矛盾，也有在解决旧矛盾过程中新产生的矛盾，大量的还是随着形势环境变化新出现的矛盾。新时代下，我们需要做的是在尊重社会发展规律和中国国情基础上，直面矛盾，放慢矛盾激化和演变的速率，运用矛盾相辅相成的特性，在解决矛盾的过程中推动事物发展①。新时代也是一个经济社会问题复杂而敏感的新阶段，新的问题促生新的需求且动态同步发展。随着单位制的解体，原来社会问题单位化转变为社会问题社区化，社区成为解决或缓解人文关怀缺乏、社会保障、困难帮扶、大众就业、社会老龄化、社会阶层化等社会问题的落脚点。居民生活的状态实际上反映的是整个社会的发展，随着信息技术的发展，社区居民对社会问题的感知被成倍地放大，同时社区孕育了大量的创新性的、有效的、低成本的解决方案，新时代解决社会问题因此需要深入社区，贴近群众，挖掘基层资源，在社区中解决生活的问题是“牵一发而动全身”式的提升社会整体效益的成本最低、效率最高、最接地气、最受欢迎的群众路线。

（三）美好生活既是发展目标，也是发展方式

1. 实现美好生活的基本内涵

美好生活指引我们始终坚持以人民为中心的发展思想，抓住人民最关

---

① 习近平．辩证唯物主义是中国共产党人的世界观和方法论［N/OL］．求是．（2019-01-01）［2019-03-12］．http：//theory. people. com. cn/n1/2019/0101/c83846-30497908. html.

心最直接最现实的利益问题，不断保障和改善民生，促进社会公平正义，让发展成果更多更公平惠及全体人民，不断促进人的全面发展。

美好生活既是发展目标，也是发展方式。美好生活作为一种发展目标体现在对将人的全面发展作为社会发展目标的马克思主义哲学内涵。美好生活作为一种发展方式体现在坚持以人为本的发展理念，以及尊重人民群众感受和体验、发挥人民群众积极性和创造力的群众路线。

美好生活虽然常常被解读为一种主观意识形态和只能无限接近而无法实现的理想状态，但是，习近平新时代特色社会主义思想坚持一切从客观实际出发，而不是从主观愿望出发。以往的探索经验告诉我们，仅仅依靠主观愿望的实践往往内容上虚无缥缈，流于形式，结果上劳民伤财，不可持续。无法贴近人民群众日常生活、不能根植于人民群众日常生活的实践是对客观实际把握程度不够的实践，其结果必然脱离人民群众对美好生活的向往。

美好生活并非是可以一蹴而就的，因此，我们认为新时代实现美好生活的基本内涵便在于缩小与美好生活的差距。

2. 城市社区是美好生活的发生地

工业革命时期仅有30%的世界人口居住在城市，2018 年世界人口有一半以上的人居住在城市，随着发展中国家城市化进程的快速推进，据推测，到2050 年，世界城市人口将达 67 亿。城市对人们的吸引力越来越大，这与人们对城市的美好生活的向往密切相关。

新时代带给我们重新审视城市意义的机会，新时代背景下，我们需要重新思考“城市为什么而建”“城市靠什么而兴”的时代命题。毫无疑问，城市是为人而建，因人而兴，但是在急促的城市化进程中，城市作为人的生活空间的含义逐渐被资本逐利吞噬，城市的日常生活空间被高架桥、商业中心、“现代景观”挤占。更有甚者，自然被视为发展的对立面、城市的背景色，钢筋混凝土架构的城市缺乏软性，缺乏自然之色。随着社会结构变化、城市心理变化和信息化的冲击，人与人、人对自然的关怀少之又少。提升对城市与城市生活的认知和感知，是改善城市发展质量和居民生活质量的重要前提。

新时代的城市亟待转型，低碳环保的建设模式、广泛且紧密的人文关怀、多元又独特的城市文化是现代城市转型的新常态、新要求、新期待。

城市转型的关键在于价值观的转变。城市的意义是人赋予的，城市也跟人一样具有生命力，城市的社区空间就是心脏，它的健康与否直接关系到整个城市机体的运作，将生命的意义赋予每个社区，是探索“城市为什么而建”“城市靠什么而兴”的时代命题的关键所在。有生命才有生活，人是生活的主体，生活是城市社区的真正意义所在。

智慧社区作为现代城市转型的阶段性产物，其内涵随着时代的进步不断充实完善，新时代背景下智慧社区的定义更加强调其作为创新社会管理模式的一种治理工具的角色，智慧社区通过信息技术使社区的各个应用场景能够根据居民的需求互联互通，能够实现对社区以及社区的人的全生命周期的可持续化管理。城市社区的生活空间质量由客观的物质环境和心理的认知环境构成，两者的和谐组合决定了高质量的社区生活①。智慧社区不仅是对社区客观的物质环境的升级，还通过新一代信息技术的应用，强化了居民对其的智能化、宜居性、人文性的满意度的感知水平，不断满足并且升级居民对于社区生活空间的物质形态要素和精神要素的心理期盼。

我们认为，“新时代新生活”是城市社区生活的重生，社区治理和智慧社区重新赋予城市社区以生活的含义，城市社区是美好生活的驱动力，是美好生活的发生地。

3. 提升居民生活质量是实现美好生活的路径

提高居民生活水平需要从人的生活角度出发。“进入新时代，对社会主要矛盾变化感受最深的应当是基层的普通群众，对于基层社会中‘不平衡、不充分’的发展最有发言权。”② 新时代解决不平衡不充分问题“需要从生存、生活（生计）、生命的生活过程，从劳动、生活、消费的生活结构中发现生活问题，解决生活问题”③。实现美好生活的具体路径是着眼于城市生活的点滴，以提升居民生活质量为落脚点。

生活质量是衡量国民经济健康水平、国际竞争力的重要指标之一。在

---

① 王立．城市社区生活空间规划的控制性指标体系．现代城市研究．2010（2）．45-54.

② 曹帅，许开轶．新时代基层政协协商民主的发展逻辑与实践旨趣［J］．广西社会科学，2018（5）：140-144.

③ 沈洁．“美好生活”的社会政策意义——研究“生活问题”．中国公共政策评论，2017（2）：1-11.

2019 年全球 71 个国家的生活质量指数排行榜中，中国居于下游。尽管中国对全球经济增长作出了很大的贡献，但是在居民生活质量上落后于国际平均水平，这势必影响中国在全球的国际竞争力，这也警示我们必须高度重视居民生活质量在塑造城市乃至国家形象的重要性。从国际与国内对生活质量指数方法的研究来看，影响生活质量的因素大致归结为物质基础、信息化、城市化、民生保障、社会公平，同时也反映了全面建成小康社会的主要任务——“紧扣我国社会主要矛盾变化，统筹推进经济建设、政治建设、文化建设、社会建设、生态文明建设，突出抓重点、补短板、强弱项”①。生活质量指数高的城市社区必然物质基础雄厚、生态环境优美、生活服务便利、邻里关系融洽。

居民生活质量这一全球课题提醒我们，基层问题的解决还需从基层寻找解决方案。破除满足人民日益增长的美好生活需要的主要制约因素，即不平衡不充分的发展问题，需要深刻理解居民生活与城市发展之间关系，从居民生活变迁中理解城市社区运行的基本规律，辨识不平衡不充分的发展在生活中的具体表现，从细节入手，借助互联网、云计算、大数据等新时代信息技术的赋能，将治理理念融入智慧社区建设，探索智慧社区与社区治理耦合发展的新路径。

---

① 第十八届中央委员会．中国共产党第十九次全国代表大会报告．人民出版社．2017.

三、新时代背景下的基层治理

（一）国家治理背景下的基层治理

党的十九大报告提出："加强社区治理体系建设，推动社会治理重心向基层下移，发挥社会组织作用，实现政府治理和社会调节、居民自治良性互动。"提出了关于社区治理的重大论断，为社区治理研究指明了方向。政策是指公共权力机构为实现政治、经济、社会、文化目标，解决突出的公共问题的总结性文件，对社区治理的相关政策进行解读，有利于梳理出在不同发展阶段、不同环境下所面临的政治、经济、社会、文化矛盾，梳理政策的发展脉络、实施情况、实施效果，总结社区治理的经验，探索社区治理新路径，形成社区治理的创新研究。

1. 基层治理的发展阶段

基层治理经历了从"单位制""街居制"到"社区制"的变革历程，与我国经济体制改革和政治制度改革密不可分，是社会变迁和社会转型的发展结果。

单位制通过对生产方式、生活功能的完善管理，如对入职、升迁、流动、住房、福利的全方位管理，身处在单位环境中的人群拥有了同样的特质，具备同时代下的同质标签，塑造了"单位人"这一特殊的生活共同体。单位制形成初期，"单位人"之间彼此高度的"身份认同"属性极大调动了人的积极主动性，单位制后期弊端逐步显现，单位制下的单位人具有封闭性、依赖性的特质，体制内的框架固化，难以适应于时代潮流更迭、社会不断席卷向前的发展状况。为刺激经济发展活力，资源不断释放至市场空间，物质激励、组织管理、绩效管理引入了社区治理过程中，单位制逐渐解体。

单位制的逐渐解体，基层社会进行再组织。《城市街道办事处组织条例》① 和《中华人民共和国城市居民委员会组织法》② 的出台，形成了由街道办事处和居民委员会构成的街居制。街道办事处是承接政府行政管理和基层社区自我管理的枢纽，居民委员会是行政划定的基层组织和群众自治型组织，街居制实现了政府对基层社会的治理，由于居民委员会的行政色彩浓厚，街居制开始向社区制转型。

社区成为新的基层单位。构建有序的社区秩序、解决面临的基层管理问题、满足社区居民多元需求成为社区治理的首要问题③。与此同时，农转居如火如荼地开展，农村开始推进社区试点，依赖法制建设指导农村社区治理。《关于深入推进农村社区建设试点工作的指导意见》④ 中提到了从法制角度探索农村社区治理，深化农村基层组织依法治理，发挥村规民约积极作用，推进农村社区治理法治化、规范化。加强农村社区普法宣传教育，提高基层党员、干部法治思维和依法办事能力，引导农村居民依法反映诉求、解决矛盾纠纷。指导完善村民自治章程和村规民约，支持农村居民自我约束和自我管理，提高农村社区治理法治化水平。

社区成为基层治理新的联结方式，社区居委会职能逐步完善，规定“城市居民委员会是居民自我管理、自我教育、自我服务的基层群众性自治组织”。居委会作为基层群众性自治组织，拥有的权限无法应对社区中频发的冲突事件，不能调和社区利益冲突，如业主大会、业委会、业主监督委员会与物业公司之间广泛存在的利益冲突，社区矛盾升级与邻避冲突等问题，使得居委会频繁介入社区治理事务中，此时迫切需要新的体制来

---

① 中国人大网．城市街道办事处组织条例．［EB/OL］．（1954-12-31）［2019-03-01］．http：//www. npc. gov. cn/wxzl/wxzl/2000-12/10/content_ 4276. htm.

② 中国人大网. 中华人民共和国城市居民委员会组织法［EB/OL］．（1989-12-26）［2019-03-21］．http：//www. npc. gov. cn/wxzl/gongbao/1989-12/26/content_ 1481131. htm.

③ 黄晓星，蔡禾．治理单元调整与社区治理体系重塑——兼论中国城市社区建设的方向和重点［J］．广东社会科学，2018（5）：196-202.

④ 中共中央办公厅、国务院办公厅印发《关于深入推进农村社区建设试点工作的指导意见》［EB/OL］．（2015-05-31）［2019-03-04］．http：//www. gov. cn/xinwen/2015-05/31/content_ 2871051. htm.

解决社区治理问题。中共中央办公厅、国务院办公厅印发《关于加强城乡社区协商的意见》[①] 中提出社区是社会的基本单元，加强城乡社区协商，有利于解决群众的实际困难和问题，化解矛盾纠纷，维护社会和谐稳定；有利于在基层群众中宣传党和政府的方针政策，努力达成共识，汇聚力量，推动各项政策落实；有利于找到群众意愿和要求的最大公约数，促进基层民主健康发展。社区协商为社区治理提供了新的解决途径，创新了解决矛盾纠纷方式。

2. 基层治理的模式变革

由于居委会承担过多行政职能，远离了作为群众自治组织的职能；治理层级多，出现行政管理成本高、服务效率低的弊端；《城市街道办事处组织条例》被废止，各地开始撤销街道办事处，构建扁平化基层治理体系，形成了“一社一居”“一社多居”的模式。全面撤销街道办事处，减少街道管理层级，简化办事流程，提升办事效率，赋予社会组织与居民议事会一定程度权利，提升了参与程度。但无论是“一社一居”模式，还是“一社多居”模式，均是将街道职能转化由社区服务中心提供，仍处于试点阶段，尚未实现大规模的推广，属于社会体制创新的范畴。

鼓励创新机制来促进社会体制创新，如提倡了“三社联动”的方式，增强社区服务功能。《中华人民共和国国民经济和社会发展第十三个五年规划纲要》[②] 中提倡通过“三社联动”的方式，增强社区服务功能。通过建立社区、社会组织、社会工作者联动机制。受到国家发展战略推动，围绕“三社联动”工作模式与机制展开，社区组织发现需求、整合项目、社会组织承接项目、专业社会工作团队参与的“三社联动”社区工作机制，提供科学、专业、多元化的社会服务[③]。“三社联动”带来基层工作队伍行政化产生的“内卷化”问题，说明社会体制需要不断推进变革。

---

① 中共中央办公厅 国务院办公厅印发《关于加强城乡社区协商的意见》［J］. 中华人民共和国国务院公报，2015（22）：6-8.

② 中华人民共和国国民经济和社会发展第十三个五年规划纲要［EB/OL］.（2016-03-17）. http：//www. xinhuanet. com/politics/2016lh/2016-03/17/c_ 1118366322. htm.

③ 侯利文，杨威威. 关系向度与推进逻辑：新时代社会体制创新与社会治理创新——“新时代社会体制创新与社会治理创新”会议综述［J］. 华东理工大学学报（社会科学版），2018，33（1）：108-116.

基层社区治理体制不断创新，出现了上海模式、沈阳模式、江汉模式等试点模式。上海模式依照《加强街道、居委会建设和社区管理的政策意见》[①] 精神，发挥“两级政府、三级管理、四级网络”作用，实现基层权力下放，街道、居委会将在市政管理、社区服务、精神文明建设、社会治安综合治理、街道经济组织发展等方面承担更多的任务。上海模式的特色与铜陵撤街模式相反，上海模式[②]的特点是行政主导对街道放权，强化街道职能。“两级政府”指的是市政府、区政府，“三级管理”指的是市政府、区政府、街道办事处对社区的管理，强调党和政府的指导作用，强化政府向街道层面的行政管理重心下移。

沈阳模式在上海模式与铜陵模式的基础上，重新定位社区范围，将社区定位街道办事处之下、居民委员会之上的行政级别，将社区划分为板块型、小区型、单位型和功能型社区四类，坚持建立“议政分离”的新型社区组织体系，建立了决策、执行、议事和领导层四个层次。沈阳市建立了社区党组织、社区居民代表大会、社区协商议事委员会、社区居委会的治理体系。通过议行分设、分权让利的方式，完善了社区居委会的职责，形成了社区自治的治理实践。沈阳模式的不足之处是缺乏理论指导、缺乏群众基础。

江汉模式运用行政管理、社区自治、街道统筹协调三者相结合的方式治理。区政府负责决策，将通过财政购买公益岗位的“八大员”模式，转化为依托社区公共服务工作站的综合服务和综合协管体系。建立以“街道社区服务中心”为平台的大部门协作体制，街道设立“一室四部”，分别为党群办公室、综合服务部、综合管理部、社会经济发展部、党群事务工作部，综合管理社区事务。

为解决经济、社会发展面临的矛盾，最大限度激发社会发展活力，推动社会有序发展，需要进行社会体制变革，其核心内容是处理好政府与社会之间关系变化、社会活动的组织方式、居民参与方式等内容。其目标就

---

① 中共上海市委、上海市人民政府关于加强街道、居委会建设和社区管理的政策意见［EB/OL］.（2006-11-06）［2019-03-26］. http：//www.shzgh.org/node2/node4/n1021/n1026/n1074/u1ai105028.html.

② 刘玉东. 街道职能改革与社区治理模式建构比较研究［J］. 北京行政学院学报，2015（6）：24-30.

是要设计出最大限度影响人们社会行为的制度，规范和激励人们的社会行为[①]。社会体制创新相对滞后，社会治理方式过于僵化，将影响社会和谐，甚至危及社会稳定。

上海模式、沈阳模式、江汉模式的探索中，采取撤销街道、强化街道职能不同举措，但在实际基层治理过程中均未能取得良好效果，或面临上下级联动不及时，或模式过于繁复导致政府职能的弱化，城市基层治理面临对于街道的定位难题。

3. 基层治理的关注热点

对于基层治理的发展方向，不同学者进行了相应的探索。刘智勇[②]提出基层治理朝着“社会化”发展完善，从而提高社会治理社会化、法治化、智能化、专业化水平。朝着信息化发展，鼓励信息资源共享。2016 年 9 月 19 日，《国务院关于印发政务信息资源共享管理暂行办法的通知》[③]中提到围绕经济社会发展的同一主题领域，由多部门共建项目形成的主题信息资源，由主题信息资源牵头部门负责编制并维护，通过各级共享平台予以共享。鼓励采用信息化手段，以信息化为支撑，加强和创新社会治理，推进社会治理精细化、精准化。2016 年 12 月 27 日，《国务院关于印发“十三五”国家信息化规划的通知》[④] 中提到运用信息化手段创新社会治理，推进智慧社区建设，完善城乡社区公共服务综合信息平台，建立网上社区居委会，发展线上线下结合的社区服务新模式，提高社会治理和服务水平。

关注于不同主体积极参与治理，如老年人参与社区治理。2017 年 1 月

---

① 杨宜勇. 全面开启中国社会治理现代化新征程［J］. 人民论坛·学术前沿，2018（3）：56-66.

② 侯利文，杨威威. 关系向度与推进逻辑：新时代社会体制创新与社会治理创新——“新时代社会体制创新与社会治理创新”会议综述［J］. 华东理工大学学报（社会科学版），2018，33（1）：108-116.

③ 国务院关于印发政务信息资源共享管理暂行办法的通知［EB/OL］.（2016-09-05）［2019-03-04］. http：//www. gov. cn/zhengce/content/2016-09/19/content_ 5109486. htm.

④ 国务院关于印发“十三五”国家信息化规划的通知［EB/OL］.（2016-12-27）［2019-03-04］. http：//www. gov. cn/zhengce/content/2016-12/27/content_ 5153411. htm.

25 日，《国务院关于印发国家人口发展规划（2016—2030 年）的通知》①充分发挥老年人参与经济社会活动的主观能动性和积极作用。鼓励老年人积极参与家庭发展、互助养老、社区治理、社会公益等活动，继续发挥余热并实现个人价值。鼓励对各类主体的统筹协调和有效监管。2017 年 2 月 20 日，中共中央办公厅、国务院办公厅印发《关于加强乡镇政府服务能力建设的意见》② 明确充分发挥社会工作专业人才在乡镇公共服务提供中的作用。推动乡镇政府加强政策辅导、注册和办公场所协助、项目运作、人才培训等工作，支持社会组织发展。鼓励发展专业合作、股份合作等多种形式的农民合作组织，扶持社会力量兴办为民服务的公益性机构和经济实体。

关注精细化治理发展。2017 年 6 月 12 日，《中共中央、国务院关于加强和完善城乡社区治理的意见》③（以下简称《意见》）的出台，首个城乡社区治理纲领性政策的诞生，加速了社区治理的法治化、专业化、科学化、精细化水平和组织化程度的发展进程。

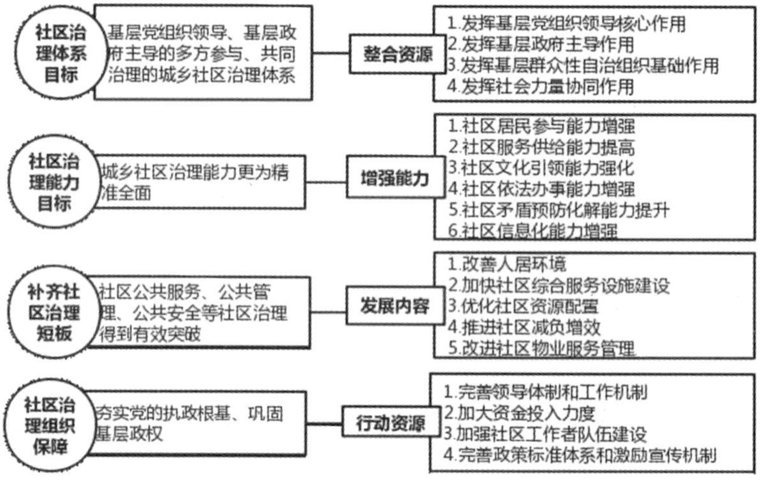

图 1-9　《中共中央、国务院关于加强和完善城乡社区治理的意见》的政策解读

① 国务院关于印发国家人口发展规划（2016—2030 年）的通知［EB/OL］.（2017-01-25）［2019-03-04］. http：//www. gov. cn/zhengce/content/2017-01/25/content_ 5163309. htm.

② 中共中央办公厅 国务院办公厅印发《关于加强乡镇政府服务能力建设的意见》［EB/OL］.（2007-02-20）［2019-03-04］. http：//www. gov. cn/zhengce/2017-02/20/content_ 5169482. htm.

③ 中共中央　国务院关于加强和完善城乡社区治理的意见［EB/OL］.（2017-06-12）［2019-03-04］. http：//www. gov. cn/zhengce/2017-06/12/content_ 5201910. htm.

《意见》中对基层党建工作作出了重要批示，为促进城乡社区治理体系和治理能力现代化，提出了指导思想、基本原则和总体目标。《意见》的政策解读，为健全完善城乡社区治理体系、不断提升城乡社区治理水平、着力补齐城乡社区治理短板、强化组织保障提供了指导方案。

孙涛[①]认为城市基层党建和社会治理价值追求一致、工作对象重合、工作方式互补、工作内容交叉，具有高度耦合性。社会体制创新的最新实践是完善城市基层党建，强化市、区、街道、社区四级联动。这一重要创举是站在新时代背景下，充分把握时代特征、人民对美好生活的需要和治理工作相结合的重要实践，将党建、治理与服务相结合，是党和政府强力推进的社会体制创新的重要内涵，这一路径选择对社会治理工作指明了方向，也对下一阶段的组织建设、党员管理、治理结构、服务群众、工作职责提出了要求。

中共中央办公厅印发的《关于加强和改进城市基层党的建设工作的意见》[②] 中首次提出城市基层党的建设（以下简称城市基层党建），要求加强和改进城市基层党建工作，把城市基层党组织建设成为宣传党的主张、贯彻党的决定、领导基层治理、团结动员群众、推动改革发展的坚强战斗堡垒，对于坚持和加强党对城市工作的全面领导，夯实党在城市的执政基础，推进城市治理体系和治理能力现代化，具有重要意义。城市基层党建具有独特的政治优势、组织优势和领导优势。突出政治导向、明确治理目标、破解复杂的治理难题、凝聚多元的治理力量[③]，实现党建与基层治理深度融合。

（二）基层治理与社区治理的新特点新挑战新方向

2017 年 10 月 18 日，中国共产党第十九次全国代表大会上，习近平总

---

① 孙涛．新时代城市基层党建引领社会治理创新路径探析［J］．新疆大学学报（哲学、人文社会科学版）．2018，46（4）：27-34.

② 中共中央办公厅印发《关于加强和改进城市基层党的建设工作的意见》［EB/OL］．［2019-5-17］．http：//www. gov. cn/xinwen/2019-05/08/content_ 5389836. htm.

③ 李永海．区域协调发展中的超大城市治理— 以党建引领北京疏解提升工作为例［J］．甘肃社会科学，2018（5）：160-166.

书记宣布："经过长期努力，中国特色社会主义进入了新时代，这是我国发展新的历史方位。"中国特色社会主义进入了新时代，这是一个重大判断。

1. 新时代基层治理的新特点

（1）治理重心下沉到基层

新时代、新生活背景下，治理重心逐渐向基层赋权。一是驻街道工作力量的指挥调度、考核监督等下放给街道。二是确保加强对社区的工作支持和资源保障，统筹上级部门支持社区的政策，整合资金、资源、项目等，以社区党组织为主渠道落实到位。持续推进社区减负工作。完善社区工作事项清单，严格社区工作准入事项。市、区分别建立发文联审制度，从源头上减少不合理的下派社区事项；确需社区协助的工作事项，应按照"费随事转"的原则给社区提供必要的经费和人员保障。三是通过"街道吹哨，部门报到"等工作机制，实现重心向基层下移。北京市出台《关于党建引领街乡管理体制机制创新 实现"街乡吹哨、部门报到"的实施方案》中强调加强党对街道乡镇工作的领导。落实街道乡镇对相关重大事项提出意见建议权、对辖区需多部门协调解决的综合性事项统筹协调和督办权、对政府职能部门派出机构工作情况考核评价权。"街乡吹哨，部门报到"和"街巷长"制度打开了综合治理局面，成员包括街巷长、副街巷长、执法员和小巷管家，分别由机关工作人员、执法人员、社区工作者和社区志愿者担任。部门按照职责分工选派执法人员下沉到街、巷，实现综合治理。北京市要继续推进"吹哨报到"向社区延伸以健全完善机制，厘清部门、街道、社区职责权限，明确职责清单，严格社区工作准入，进一步为社区减负。四是鼓励社会组织、多元主体的广泛参与。

（2）基层机构设置综合化

基层机构设置向综合化发展，《中共中央组织部关于进一步加强和改进街道社区党的建设工作意见》[①] 整合街道党政机构和力量，统筹设置基层党建、公共管理、公共服务、公共安全等综合性机构。抓好区域化党

---

① 新华社·中共中央组织部关于进一步加强和改进街道社区党的建设工作的意见［EB/OL］.（2019-05-08）［2019-05-30］. http：//shb. beijing. gov. cn/2009/1030/448. shtml.

建，做实街道、社区党建工作协调委员会，下大力气抓好商务楼宇、非公企业、商圈市场、网络媒体等领域的党建工作。无独有偶，2019年2月16日，《中共北京市委北京市人民政府关于加强新时代街道工作的意见》[①]中提出街道一般设置党群工作、民生保障、城市管理、平安建设、社区建设和综合保障6个内设机构和1个街道综合执法队。编制规模较小的街道可进一步综合设置。内设机构负责人可由街道党政领导班子副职兼任。突出街道面向群众的特点，按照服务功能综合设置窗口类、平台类和活动类街道所属事业单位。改革富余干部担任社区专员，加强基层工作力量。同步优化整合区级职能部门内部机构设置，围绕街道机构改革完善运行机制，推进面向基层的政务服务流程再造，确保工作顺畅高效有序。做实社区居委会下设6个工作委员会，增强联系服务群众、组织居民自治、民主议事协商等能力。加强职能部门内部整合和优化提升，一个部门社区最多填报一个表格（系统）。推进社区服务站改革，探索"一站多居"，调整人员配置，优化服务方式，推行"综合窗口""全能社工"模式。实行社区全响应服务机制，推行错时延时、全程代办、预约办理和"互联网+"服务，方便居民群众办事。基层机构设置朝综合化的新特点发展，改变过去各自为政的局面。

（3）评价机制发生转变

建立以居民满意度为主的考核评价机制，改变过去的工作绩效的考核标准。建立街道发展综合评价体系，定期以街道为单元对公共服务、城市管理、生活品质、环境卫生、营商环境、景观风貌等进行综合评价，加强对街道工作的整体把握和分类指导。健全由区委、区政府统一组织，以辖区居民满意度为主、以社区和职能部门评价为辅、监督检查和第三方评估相结合的街道工作考核评价机制，职能部门不再单独考核。

北京市区（县）委区（县）政府要加强对职能部门落实"街乡吹哨、部门报到"工作情况的督查，并作为重要内容纳入绩效考核。街道定期组织驻区单位和居民代表对区级职能部门及其派出机构进行考核评价，考评结果占被考核部门绩效权重的三分之一左右，同时作为干部人事任免、调

---

① 千龙网．中共北京市委北京市人民政府关于加强新时代街道工作的意见[EB/OL].(2019-02-23)[2019-03-12]. https://baijiahao.baidu.com/s?id=1626514205711631762&wfr=spider&for=pc.

动、奖惩的重要依据；对水、电、气、暖、电信等公共服务企业服务情况进行监督，评价结果纳入公共服务企业绩效评价。以工作效果为导向，统筹规范督查检查考核工作，实现基层考核评价简洁精准高效。引入社会评价机构，科学确立群众满意度评价体系，确保考核客观、公正、有效。建立统一的考核评比指标体系，各职能部门不再单独组织对社区的考核评比。建立以社区居民群众满意度为主要评价标准的社区考核机制，取消对社区的"一票否决"事项。基层治理把党的领导是否得到加强、办事效率是否得到提高、人民群众满意度是否提升作为衡量试点工作成效的标准。

2. 新时代基层治理的新挑战

（1）新时代需要强化基层党建

过去党建停留在街道、社区党建上，未能充分覆盖非公企业、"两新"组织、商务楼宇、园区、商圈等新的经济形式。党建发展的不及时易出现党建真空地带，不能实现以党建带群建促社建①。城市基层党组织作为社会治理的领导核心，在新时代社会治理中要发挥总揽全局、统筹协调的作用。城市基层治理中面临三大难题：一是党建统筹规划不足，缺乏总体设计、系统推进不够；二是城市街道、社区党组织的"块"与单位党组织、行业党组织的"条"之间相互独立，各自为战，工作碎片化，互联互通难度大，纵向与横向有待充分发挥社会资源整合功能；三是街道、社区统筹协调能力弱。社会体制创新需要充分认识到加强和改进城市基层党建工作的重要性、紧迫性。坚持和加强党对城市工作的全面领导，夯实党在城市的执政基础，推进城市治理体系和治理能力现代化。

（2）新时代需要实现有效治理

随着新型城镇化快速推进，城市社会结构、生产方式和组织形态发生了深刻变化。从城市社会结构变化上看，传统封闭的社会结构向现代开放的社会结构转型，中国城市人口激增并快速步入老龄化阶段，中产阶层或者中等收入群体扩大，物质与政治、经济、社会、生态文明建设之间发展不平衡，利益矛盾冲突不断加剧，给城市治理带来了新难题。从生产方式变化上看，乡村融入现代都市改变了旧有的二元对立情形，改变了传统

① 方世南．融合推进城市基层党建工作研究［J］．党政研究，2018（1）：27-32.

“精益生产方式”的主导地位，取而代之的是专业化、市场化分工发挥重要作用。在新时代社会主要矛盾是“发展不平衡不充分”而非传统的“落后社会生产”[①]。从组织形态变化上看，治理事务密集且频发，组织形态需要与治理事务特征、治理资源状况实现更高程度匹配。

此外，过往社会治理过程中形成对权力垄断的错误认知，政府被认为是资源的垄断者，可直接或间接负责社区公共事务提供的全过程[②]。在这种认知情况下既加大了政府职能管理的难度，还形成了居民对政府供给的被动接受，导致政府供给与公众需求的脱节。如居民对社区居委会的期待值过高。社区居委会的定位是社区居民自我管理、自我教育、自我服务的基层群众性自治组织。但在实际社会治理活动中，常被认为是政府职能的延伸，政府将大量行政事务下放到居委会，使得居委会疲于完成政府及其派出机构街道办事处下派的行政事务，无暇处理社区问题，不能满足居民对社会治理的需求。各地试点中出现撤销街道办事处和强化街道办事处的分水岭，基层治理中对于街道、社区定位认知出现模糊，不利于街道、社区工作的开展。

（3）新时代需要提高服务质量

社会体制创新需要服务为先。解决好城市问题是处理好人民日益增长的美好生活需要和不平衡不充分的发展之间的矛盾的最具现实意义的落脚点之一。人民对美好生活的需要日益增长、对美好生活的向往日益强烈、对城市生活品质的要求不断提高、对城市问题的体验感受逐渐被放大，迫切要求充分发挥党的组织优势，不断提升党的城市工作水平，需要提供高效、便捷、精准的服务。城市问题需要由社会体制创新来解决，新时代是在不断发展的时代，是承载着人民的期望不断前进的时代，新时代的城市治理要在发展中解决好提供服务的问题。

3. 新时代基层治理的新方向

（1）以社区为基本单元，全面推动城市基层党建

---

① 贾后明．论社会主要矛盾转换与经济社会体制创新的持续动力——兼论中国特色社会主义政治经济学话语体系的时代构建［J］．经济纵横，2018（11）：9-15.

② 刘超．社区治理体系建设中的文化认知：功能、困境及出路［J］．吉首大学学报（社会科学版），2018，39（3）：114-121.

2018年2月，中共北京市委办公厅、市政府办公厅印发了《关于党建引领街乡管理体制机制创新 实现“街乡吹哨、部门报到”的实施方案》，将其作为提升城市治理体系与治理能力的重要举措。通过加强基层党建，充分发挥街道和社区党组织的作用，让党员积极参与社区工作和服务群众。构建高效的基层管理体制，解决居民生活面临的实际问题。中共中央办公厅出台了《关于加强和改进城市基层党建工作的意见》①，进一步明确街道、社区党组织的主要职责。进一步建立健全社会领域党建工作管理体制，构建全市社会领域党建工作分类分级管理体系。不断创新社会领域党建工作管理体制，逐步形成党委统一领导、组织部门牵头、社会工委具体负责、各有关部门密切配合的分类管理与分级负责相结合的社会领域党建网络化管理体系。

城市基层党建工作的政治优势，包括强大的宣传优势。通过多渠道、多方式宣传引导、教育培训、典型示范等方式提高思想认识，教育引导党员干部旗帜鲜明讲政治，落实好街道、社区党组织负责人的培训学习工作。通过宣传解读城市基层党建的内涵、意义、要求，营造社会体制创新的浓厚氛围，引导各主体履行相应职责。选取典型案例进行推介，促进城市基层党建工作的良性发展。此外利用信息交互平台，及时与居民实现有效沟通，向居民传播城市基层党建工作内容的同时，切实了解居民需求，围绕居民利益相关问题，解决好改善民生问题，满足居民实际需求，并号召居民参与城市基层治理，提高居民参与城市基层治理的自觉性。满足居民对美好生活的需要是城市基层党建工作的奋斗目标，在推动工作时紧密结合居民需求，坚持以人民为中心，着力解决人民群众关心的公共安全、权益保障、公平正义等问题，不断增强人民群众的获得感、幸福感、安全感，提供更优质、便捷、精准的服务，不断提高居民满意度。

城市基层党组织在社会治理中担负着领导核心责任，应发挥推动发展、服务群众、凝聚人心、促进和谐的作用。城市基层党组织是党的各项政策的最终执行者，搞好城市基层党组织建设，是提高党服务人民群众的

① 新华网．中共中央办公厅印发《关于加强和改进城市基层党的建设工作的意见》[EB/OL].(2019-05-08)[2019-05-09]. http://www.xinhuanet.com/politics/2019-05/08/c_1124468803.htm.

水平，改善党群关系的具体举措，是推动党的事业顺利发展的基础。作为党的全部战斗力的基础，作为组织群众、宣传群众、教育群众、服务群众的桥梁和纽带，基层党组织是服务社会的第一线，是践行全心全意为人民服务宗旨的载体。新时代城市基层党建工作要应对新形势、新任务的变化和挑战，适应发展社会主义市场经济和全面建成小康社会的需要，体现以“人民为中心”的执政纲领，保持共产党员先进性，要靠城市基层党组织，要加强城市基层党建来落实。

（2）社区治理与智慧社区深度融合

新时代背景下，智慧社区与社区治理在动力需求、服务对象、根本目标、工作原则、本质特征等方面高度契合，具备深度融合的动力和潜力。党的十九大提出的建设创新型国家和推动国家治理现代化以及社会主要矛盾的变化为智慧社区与社区治理提供了宏观的政策指引和动力机制，新时代的国家治理现代化需要创新驱动，需要深入基层，“大众创业、万众创新”的号角吹响，创新的、接地气的基层方案接踵而至，新时代智慧社区建设更加注重创新的本源即生活，以大众创新精神引领社区建设，用基层的智慧解决美好生活需求与不平衡不充分发展之间的矛盾，这也是二者的根本目标。具体而言，居民的获得感、幸福感、安全感是智慧社区和社区治理的出发点和落脚点。

首先，社区里的“人”是智慧社区和社区治理共同的服务对象，不仅如此，居民还是二者的行为主体，居民的参与对于智慧社区建设和社区治理工作越来越重要，将直接关系到根本目标的实现。近几年智慧社区市场的发育成长逐渐倾向与居民生活的深入融合，从地产企业由开发投资商向生活服务运营商的转型趋势可以看出，社区服务的市场规模不断扩大，提供优质的人居生活体验和服务为市场经济所倡导，服务居民的理念同时也是社区治理的本源，这为智慧社区与社区治理融合发展提供了市场空间。

其次，国家发改委于 2018 年提出了新的概念——“绿色智慧社区”并总结了绿色智慧社区的建设要求。从智慧社区到绿色智慧社区，新时代智慧社区建设将更加注重“绿色、高效、安全”，更加强调人、社区、社会、自然四者之间的和谐共处。全国智能建筑及居住区数字化标准化技术委员会正在编制全国统一的绿色智慧社区建设标准，这是解决当前智慧社区缺乏顶层设计的一有力探索，其中“绿色智慧社区试点指标体系（试行）”从资源环境、生态宜居空间、绿色智慧服务、社区治理、绿色低碳生活五个维度构建绿色智慧社区建设的评价指标，说明了社区治理是智慧社区建设实现“安全、便民、高效、互通、协同”的一个重要方面，两者的深度融合逐渐被上升到建设标准和国家政策的高度，反映了新时代智慧社区的发展趋势。

再次，坚持党建引领，以居民需求为导向是二者共有的基础原则，在智慧社区标准尚未统一、技术产品繁多复杂、建设主体各自为政的现实情况下，党建的引领作用发挥对于把握智慧社区服务于民生的发展方向至关重要。此外，新时代的社区同时面临社会结构转型带来的人口管理的新挑战和街道机构改革特别是权力下放的新机遇，党建与基层治理深度融合成为新的党建工作的趋势和重点。党建在引领智慧社区和社区治理的动力机制、方式方法以及最终效果上具有一致性。满足居民的需求是智慧社区和社区治理的共同目标，问需于民作为一种工作原则和方法需要再次被强调。

最后，系统性是二者共有的特征之一。系统革新是促进社会发展的关键，智慧社区作为智慧城市的重要组成部分，是对城市发展理念、模式、方法的系统性革命，从家庭到楼宇再到社区，从硬件基础设施铺设到配套软件的开发应用再到整个社区的运营维护，不仅需要协调生态环境中的众多利益相关者，而且需要整个社会相关体制机制的改革以保障其落地并产生效益。社区治理作为社会治理的最小单元，是政府管理的革新性转型，是一个需要人力、资源、信息、资本、制度的高度配合才能完成的系统工程。

实践中，社区治理与智慧社区融合发展体现，或者说，应该体现在何处？

社区治理与智慧社区融合发展首先体现在对居民需求的感知与回应。从“七有”，即“幼有所育、学有所教、劳有所得、病有所医、老有所养、住有所居、弱有所扶”，到“三感”，即“获得感、幸福感、安全感”，再到“五性”，即“便利性、宜居性、多样性、公正性、安全性”，党中央对社会治理和民生保障工作的要求的不断深化与细化和将其融入控制性详细规划、地方政策的意图反映了感知和回应居民需求已经成为新时代街道社区工作的重要任务。居民的需求主要从社区产生，社区场景极具丰富性，包含多个主体、多种业态、多级业务，社区居民需求因此具有多样化、复杂化、细节化的特征。又因为社区的成形背景、动力因素、形态规模、文化历史的不同，不同社区的居民的现存需求及动态变化也不尽相同。然而社区是最贴近居民生活的单元，社区层级在对居民需求的感知和识别上具备先天优势，但是却未被充分利用，主要原因在于对居民需求不够重视，需求识别手段应用率低，社区信息化水平低。新时代的智慧社区建设需要坚持以居民的需求为导向，以智慧社区的一个建设内容——智慧养老为例，智慧养老产品种类繁多，从烟雾探测器、生命体征监测手表到一键呼叫器、智能轮椅，社区养老确实已经达到一定的智能化水平，但是，这些智能化设备是社区老人真正需要的吗？武汉市社区智慧养老服务需求调查显示，老年群体在日常生活中对“医疗、饮食、购物”的服务需求较多，偏重医疗的智慧养老建设实际上尚未充分了解老年人绝大多数时间在社区的活动轨迹和生活需求，随着年龄的增大老年人学习和接受能力下降这一现实也阻碍了一些智慧产品的普及。社区不仅提供了老年人安享晚年的居住空间，还应该是感受社会的人文关怀，丰富老年人的精神文化生活的一个缩略空间，这就需要智慧社区多从居民生活的角度思考，需要融入“治理、服务、共享、融合”的理念。

其次，社区要想真正实现智慧化，关键在于居民。智慧社区不仅是关于基础设施、公共服务等影响生活质量的方面，更关乎居民为城市贡献群众智慧的能力、渠道和意识。此外，社区是“重心下移、权力下放”政策的落脚点，社区治理的核心在于居民参与，而社区居民的需求与日俱增，如何将这些需求合理化、规范化，使居民需求的自我满足契合社会主义核心价值观，不成为阻碍公共利益实现的消极需求是新时代智慧社区建设需要深入探索思考的。社区是有温度的，社区生活和社区治理不仅需要指标，更需要人的参与和体验。智慧社区提供了居民创造生活和参与社区治理的新方式，智慧社区为突破当前社区参与的困境，在互联网的利用上具有独到之处，通过搭建统一的社区信息平台，并将微信、微博等各种社交平台接入，居民不仅可以及时全面地了解关于社区及社区活动的信息，而且可以自由组建虚拟社区，社区中的边缘群体也受益于智慧社区搭建的各种互联网平台，能够接触到原本只有对当地户籍居民、产权所有者开放的信息，并参与到相关社区建设和社区活动中。智慧社区除了在硬件设施上塑造居民参与的有利环境，还应该进行利益相关的制度设计，将社区事务与居民生活紧密联系，使社区事务决策与居民生活质量挂钩，给予他们充分的话语权和参与权。这也是社区治理进入智慧社区建设的契合点，在居民参与这一命题上，社区治理提供了从理念到制度机制再到实践的创新思维和方法，针对每个智慧社区的特点，树立“以民为本、需求导向”“一核多元、融合共治”的治理理念，因地制宜地建立和完善社区治理主体架构和对话、信任、协商、共享等机制，发挥党建引领社区治理的带头作用，广泛动员党员及社区党组织，引导居民和谐有序地参与社区治理事务。社区治理为智慧社区的真正意义上的实现提供了理念上、机制上、组织上的基础保障，反过来，智慧社区也为更广泛更充分的社区参与提供了技术和环境支撑。

新时代背景下对美好生活的向往也对居民自身文化素质提出了更高的要求，如何使居民有序、有效地参与社区建设是社区治理和智慧社区深度融合要解决的新时代任务。文化治理在社区层面的作用主要体现在塑造价值观念、传承传统文化、规范行为方式、教育引导群众、维护社区稳定等方面①。社区文化有利于社区凝聚力的形成，智慧社区通过搭建各种各样的应用场景，使科技融入居民的日常生活，对社区空间、邻里关系、服务内容、居民参与等施加新的影响，从而引领新的生活观念与方式，这是智慧社区的文化引领作用。

居民在社区是为了当下生活，也是为了更美好的未来生活。社会主要矛盾的变化对智慧社区的另一个新要求是要更好地融入居民生活，提高每个居民的感知度和体验度，因而生活服务成为新时代智慧社区建设的一个重要的切入点。面向每个人的生活这一着力点也体现了新时代中国民生体系“适度普惠”的特征。着力于“人人都有”，引导和鼓励广大群众通过勤劳致富改善生活，促进民生事业发展由“负担论”“并列论”彻底转向“互动论”是新时代对民生建设的要求②，智慧社区创新了民生供给的新理念新方式，强化了民生资源的可持续性、可支付性，促进了民生事业的全

---

① 陈颜．论城市社区文化建设［J］．西南民族大学学报（人文社科版），2005（1）．

② 王道勇．改革开放以来中国民生事业发展经验及基本趋势［J/OL］．党政研究（2018-10-08）［2019-03-12］．http：//www.qstheory.cn/llqikan/2018-10/08/c_ 1123529430.htm.

社会参与，智慧社区同时也为贯彻落实“便利性、宜居性、多样性、公正性、安全性”的新时代街道工作要求提供了新手段。早在2014年住房城乡建设部组织编制的《智慧社区建设指南（试行）》中，智慧社区就被赋予了提高保障基本公共服务均等化，改进基本公共服务的提供方式。总的来说，智慧社区的民生意义与社区治理的民生意义一致，社区的智慧与社区治理的现代化将通过服务民生，解决居民生活中的迫切问题，体现智慧的价值。

（3）基于“一核多元、融合共治”建设智慧社区

在日益复杂的社会治理形势下，居民、社会组织应当更多参与基层治理，积极承担责任和发挥作用，积极投身于公共事务中，不断提高基层治理参与度。社会治理的总体工作思路向“一核多元、融合共治”转变。“1+3”即“一核多元、融合共治”。“1”是指党的领导，“3”为概数，即“多”的意思，是指社会多元力量。“1+3”突出强调以党的领导为核心，充分调动街道办事处、社区党组织、居民委员会、小区业主委员会、物业管理公司、辖区社会单位、社区中介服务组织以及社区居民等多方力量，持续参与社区工作，最终形成“党委领导、政府负责、公众参与、凝聚合力、多元共治、跨界联盟”的一核多元、融合共治的社区治理创新体系。加强基层政府、社会组织、社区组织和企业力量在基层治理过程中平等协作促进行政机制、自治机制、协同机制在社区层面有效衔接。把增强社会活力作为推进社区治理的核心任务，创新社区治理机制。通过建平台、建机制、建品牌等措施激发社区和社会活力；把统筹社区发展作为推进社区治理的基本要求，加强社区基础设施、服务设施和信息化设施建设，实现组织联建、队伍连带、服务联动和资源联姻，提高社区治理的水平；把扩大群众参与作为推进社区治理的根本方法。

智慧社区建设包含四个维度，即设施、治理、服务和生活。在“一核多元、融合共治”社区治理体系下建设智慧社区的模式将设施的智慧化管理视为基础保障，突出治理和服务的两个重要维度，同时以居民生活为切入点，提升治理和服务效能。“一核多元、融合共治”建设模式正确把握我国正处于并将长期处于社会主义初级阶段这一基本国情，正确处理共建、共治、共享之间的平行并列关系，提出智慧社区需要一边建设、一边治理、一边分享。新时代塑造美好生活需要坚持以人民为中心的群众路

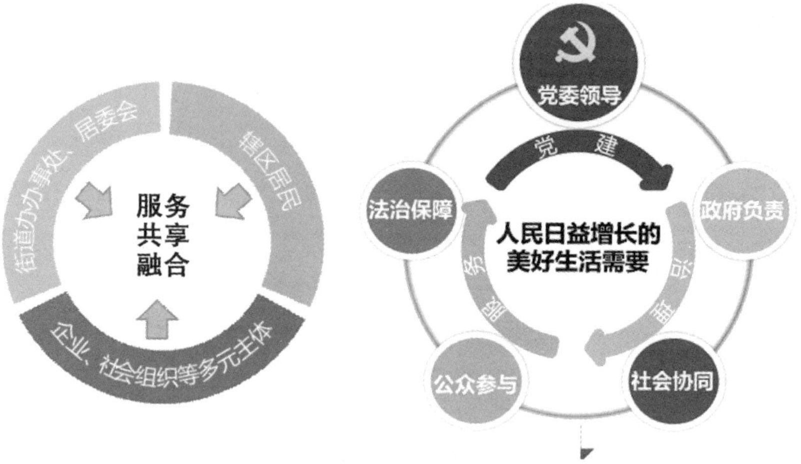

图 1-10 “一核多元、融合共治”的社区治理创新体系

线，社区是居民的生活空间，社区治理以居民需求为导向，以提升居民的幸福感为目标。立足于社区治理的智慧社区建设路线更易得到人民群众的衷心拥护和积极参与。

“一核多元、融合共治”建设智慧社区模式的核心是建立综合治理平台，促进信息和资源共享，架设数据桥梁，收集、整合、分析、处理、利用不同类型的数据，包括居民需求、行为数据，电子政务数据，各级部门之间分散的数据，充分运用数据治理思维，保持数据的互联互通，实现共享协作。完善党建功能、治理功能、提供居民服务功能。通过综合治理平台来实现统一指挥调度、统一执法执行、统一认知管理、统一流程机制、统一考核监察，构建横向到边、纵向到底、协调联动、无缝衔接、主动预防的城市治理智能化运行体系。智慧社区建设需要通过坚持问题导向，综合运用经济、行政、法律、科技、文化等手段，构建权责明确、服务为先、管理优化、执法规范、安全有序的社区治理体制，提升智慧社区的治理和服务功能。

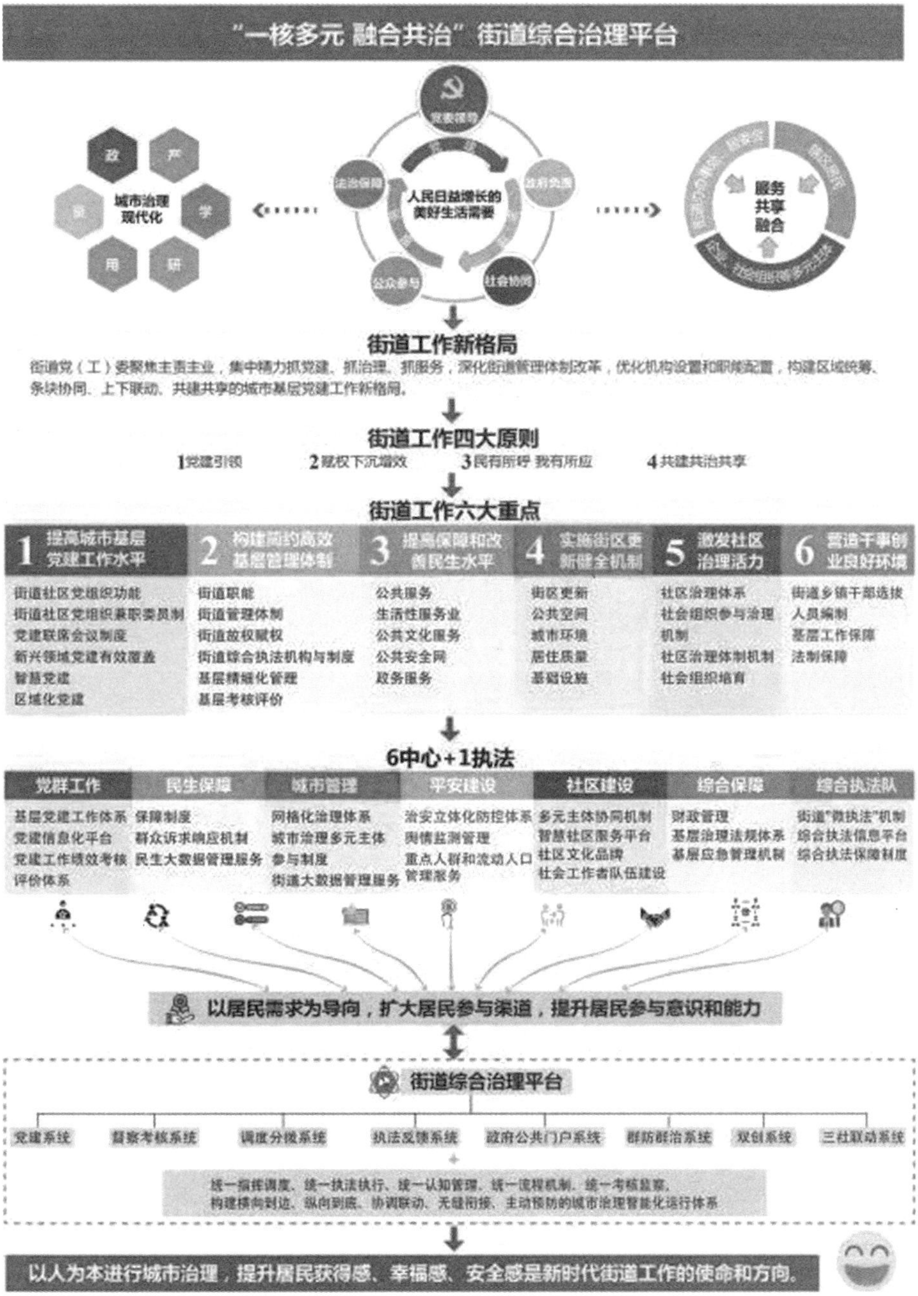

图 1-11　“一核多元　融合共治”街道综合治理平台

第二部分

案例篇

四、安徽省合肥市包河区方兴社区：智慧社区建设与治理深度融合创新探索

党的十九大明确提出打造共建共治共享的社会治理格局。加强社会治理制度建设，完善党委领导、政府负责、社会协同、公众参与、法治保障的社会治理体制，提高社会治理社会化、法治化、智能化、专业化水平。社区是社会的基本单元，社区治理是社会治理的重要基础，也是国家治理的重要基础。智慧社区的建设为创新社会治理、改进服务方式、提升治理能力提供了方向。《国务院关于推进文化创意和设计服务与相关产业融合发展的若干意见》提出加快数字内容产业发展，推动智慧社区、智慧家庭建设。国家测绘地理信息局关于《加快推进智慧城市时空大数据与云平台建设试点工作》要求加快推进智慧城市建设和数字城市推广应用。智慧社区的发展需要未雨绸缪，既要符合智慧社区的经济发展趋势，同时要匹配智慧城市的战略需要。新时代新生活是在习近平新时代中国特色社会主义思想指导下和在对新时代城市社区的定位和功能全新且充分的把握的基础上，以居民的需求和满意度为导向，以更加美好的生活为理想指引，以治理理念为核心，形成的对人与人、人与社区、人与自然之间的全新的探索框架。合肥市方兴社区为贯彻落实全面深化信息化的目标，提出“以产业化运作+平台支撑”的模式，将社区重点工作、居民需求及社区发展水平紧密结合的智慧社区建设模式，为新时代背景下智慧社区的建设模式提供理论借鉴与实践参考。

（一）依托智慧社区建设，创新治理体制机制

合肥市方兴社区成立于 2015 年 5 月，为包河区政府直属事业单位，正

科级建制。方兴社区位于滨湖新区核心区，西起庐州大道，北达锦绣大道，东至上海路，南临方兴大道。辖区面积 11.8 平方公里，规划人口 30 万。辖区涵盖省级政务中心办公区、生活区和景观区，形成了完整的省级政务功能区。方兴社区秉承多元共治、居政分离、智慧治理的原则，以“一委一会一中心”三位一体的组织架构为体制基础，科学地运用“智慧”，将刚性的城市管理与柔性的社会治理有机综融，创立了基层城市治理的“大综管”模式。通过整合执法力量，对辖区内市级、区级执法单位及管养单位进行整合，同时对派出所、交警、城管等不同部门的辅助执法队员实行统一录用、统一培训，形成社区“综管员”队伍。在“大综管”模式下，市容、交通、环保等原本分属不同部门的职责被统一整合到一个中心，不同部门的执法人员被统一整合为综管员队伍，使得各执法管理部门不再“单兵作战”，形成了综合执法管理合力，执法人员从一岗一责向一岗多责转变，避免了条块分割、执法人员少的缺陷。

生动地开展了智慧型社会服务与社区文明建设，打造“一站通”社会服务管理平台，建立睦邻生活馆，开通多渠道服务终端，全方位提升服务效率与精准性，加强智慧化的道德文明建设。积极创新智慧经济服务机制，搭建智慧创客平台，开发智慧农贸系统，实施精准的智慧帮扶。方兴智慧社区建设业已形成科技含量高、治理高效、管理到位、服务精细的新格局、新模式，成为合肥市暨安徽省智慧社区建设的样板。

成立伊始，方兴社区就在全市率先确立了智慧社区建设的发展思路，并同安徽大学社会与政治学院进行“校-地”合作，积极从事智慧社区建设的创新实践。智慧社区建设是一个系统工程，其目的是借助“智慧”最为快捷地方便居民生活，最低成本地进行高效的基层社会治理，最大可能地满足居民多元化的社会需求，最大范围地实现信息资源的共享，最大限度地促进社会阶层的融合以减少社会冲突。2015 年，方兴社区在全省率先出台《合肥市“智慧方兴”试点社区建设发展规划（2016—2018 年）》，以网络化、信息化和智能化作为智慧社区建设的基本方向，以平安法治社区、智慧创新社区、睦邻美丽社区、生态低碳社区和国际化先行社区的“五型社区”为建设目标，以期将社区打造成一个“管理层级最少、管理成本最低、管理效率最高、居民生活最优”的先进社区。社区自挂牌成立以来，紧扣“智慧方兴，首善社区”的总定位，积极推动智慧社区建设。

在3年多的时间里，方兴人砥砺前行，不断创新，取得了诸多令人瞩目的成就。简单来说，可以将方兴社区的智慧社区建设分为三个阶段。

第一阶段：物理层面阶段（2015年1月至2016年6月）

建设初期，方兴社区成立了智慧社区实验室，通过了安徽首个智慧社区建设规划〔《合肥市“智慧方兴”试点社区建设发展规划（2016—2018年）》（合国资办246号）〕，计划在3年内实施9项工程——平安社区、智慧小区、智慧城管、智慧政务、智慧医疗、智慧教育、智慧商务、智慧交通、智慧景区。此阶段的智慧社区建设着力于软件平台及电子显示屏等硬件设备建设，为后期各种创新奠定了坚实基础。但作为新生事物，“智慧社区”建设仍处于初步探索时期，其理念、目标、实现路径等根本性问题有待进一步深化与讨论。由于对智慧社区本质认识存在局限性，方兴社区在建设过程中存在将“智慧社区”等同于“智能社区”的倾向，在一定程度上导致了筹资难、项目落地难，智慧社区建设进退维谷等问题。

第二阶段：执行层面阶段（2016年7月至2018年1月）

在安徽大学、合肥工业大学、中国科学院城市环境研究所等学术科研机构专家的指导下，方兴社区对智慧社区建设进行了更深层次的思考，不断总结智慧社区建设以来的经验教训，深刻认识到：以人为本是智慧社区建设核心要义，社区治理体制机制创新是智慧社区建设之魂，网格化管理是智慧社区建设之本，信息化手段是智慧社区建设必要支撑。智慧社区建设中要避免一个物理陷阱——不能用计算机的语言程序解决社会问题，应找准两点——痛点与堵点，深入思考三个核心的问题——智慧是什么、智慧为什么、智慧怎么办。

因此方兴社区在不断进行体制机制创新的基础上，明确了“整合资源、借用外力、以我为主”的工作思路，成立三个中心，明确职责边界：以综管中心为抓手落实推动刚性管理，以社区服务中心为平台为居民提供公共服务，以社区创客中心为载体推动社区治理产业化。此外，在各居民区积极推动区域化党建进小区，打造党建引领、多元共治、居民自治的社会治理新格局。

第三阶段：人文层面阶段（2018 年 2 月至今）

为进一步切实推进智慧社区建设工作，2018 年 2 月 1 日，由安徽《决策》杂志社牵头，邀请诸多业内知名专家，举办了智慧社区研讨会，为方兴智慧社区建设出谋划策。同月，方兴社区被安徽省民政厅、安徽省经济和信息化委员会列为省级首批智慧社区建设试点单位。

近一年的时间里，智慧社区建设首先着力于提升服务能力，将信息化平台定位于“硬盘”和“CPU”角色，使服务更高效、更便捷；其次，积极拓展服务路径，通过微信扫码、智慧方兴 App、无线合肥 WIFI 等信息化手段，为辖区广大居民提供全时空、全覆盖信息化服务平台；最后，完善服务体制机制，使服务管理标准化、流程化、可视化。2018 年，方兴社区又创新性地提出“四库+一库”概念（具象化建设人口库、法人库、地理空间库和城市部件库，创新设立感知应用库），持续更新、完善管理服务标准，优化工作流程，80%的事项通过平台自动感知分流，极大地提高了反应速度和工作效率。

智慧社区路径的探索，方兴社区认识到体制机制创新是智慧社区建设之魂，网格化服务管理是智慧社区建设有效载体，信息化平台建设是智慧社区建设的有力支撑。

（二）建设内容

1. 康园菜市场——智慧农贸

菜市场每个商户配备智慧电子秤和商户显示屏，上方显示商户信息、当天菜价、每周价格，发挥了数据采集功能，后端检测中心对食品的进出频次、质量进行检测，同时连接客流采集器和第三方配送平台，为居民的放心购买提供安全保底。检测数据将实时上传至信息平台。居民在购买食品时扫描二维码，可查询真伪信息，防止虚假信息影响消费者权益。方兴社区建立完善的机制保障食品安全，以流程化管理方式完善建设需求。通过对商户进行培训上岗、以评选记分标准对商户实行定期考核、要求商户作出公开承诺、对上下供货商进行统一管控，建立“一户一档”快速追溯机制，让居民吃得放心，买得安心。康园菜市场的环境整洁明亮，品质有保障，居民的线下体验良好，客流量居高不下，商户也开始有笑容了。此外，康园菜市场还与四大电商平台合作，包括美团、饿了么等提供送货上门服务。康园菜市场逐渐树立了品牌形象，刺激了居民日常消费量，成为附近备受好评的菜市场之一。方兴社区在党建引领下，发挥市场主体作用，以专业团队+公司运营机制，以智慧、健康的理念积极打造智慧农贸。

2. 健康促进与教育实践基地

健康促进与教育实践基地从人的需求出发，提供了居民健康自测设备，将健康数据连接至心理健康自主系统，为居民提供相应的膳食、运动推荐，膳食推荐会根据时令节气变换作出相应调整。基地中有禁毒宣誓区、心理辅导室、上课区和阅读区。在禁毒宣誓区，人脸拍摄识别后会在大屏幕上显示吸毒后的照片，吸毒前和吸毒后的强烈对比照，起到很好的戒毒宣传效果。心理辅导室为纾解居民生活压力、缓解居民矛盾提供公益服务。基地也发起了一些居民可参与的公益项目，如居民衣物捐赠。除了公益项目外，基地也提供一些营利服务，如提供家庭医生签约服务。方兴社区共有 74 名工作人员，9 个居委会，实现了扁平化管理。

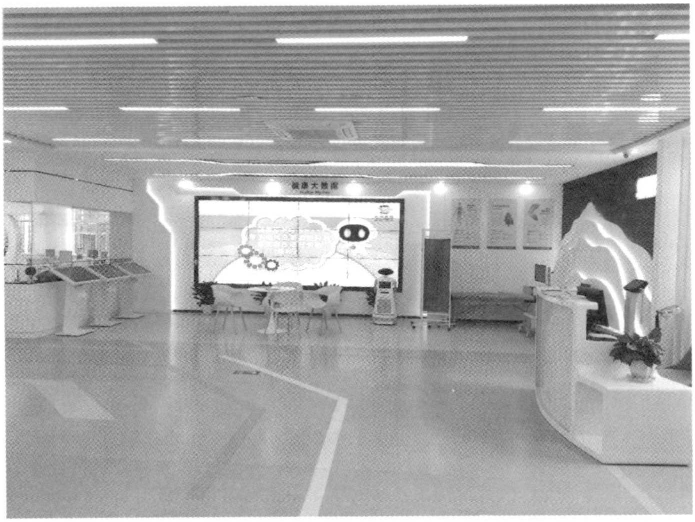

图 2-1 健康促进与教育实践基地

3. 智慧门禁

方兴社区的康园小区是回迁小区，离地铁站口走路不到10分钟，在规划过程中就考虑到居民生活便利问题。小区入口处配备有智慧门禁系统，实时捕捉进出口的车辆的牌照信息、居民的出入信息。安装智能识别器后，每次经过门禁就会自动识别。智慧门禁对人们进出进行记录，如果居民长期没有刷卡出门，信息源收到信息后会上门询问，照顾居民的生活安全。监控室中采用高清大屏无死角监测，遇到问题时能够通过广播喊话的方式提供应急处理。

4. 智能充电桩

智能充电桩是创客的一个项目，解决了瞬间功率过大导致充电自燃的问题。小区中可免费停车，充电则通过扫描二维码的方式付费。1 元钱可以充电 4 小时，支持远程中断充电。

5. “新媒体工作室”

针对社区管理和服务力量不足的情况，社区发动各部门工作人员、网格信息员和志愿者等，建立一支信息员队伍，并于 2018 年 4 月成立了社区新媒体工作室。工作室的载体包括 35 个微信群和 30 个 QQ 群，35 个广播、15 个视频终端、15 个电子屏和 103 个宣传栏，将信息触角延伸至社区各个角落。新媒体工作室及时收集舆情信息，运用大数据分析舆情，社区及时进行核实和处置，凡线上解决不了的问题，线下进一步追踪处理，直至让居民满意。“小区养的狗多，吵得我们中午不能休息。”“猫狗随地大小便，遛狗不用牵引绳，既不安全也不卫生，万一伤到人怎么办……”前不久，关于养犬的话题在方兴社区居民的微信群、QQ 群中刷屏，不少居民表示担心。新媒体工作室很快发现这一舆情并及时上报，随后社区工作人员联合志愿者，在万科蓝山、巴黎佳源等小区广泛开展文明养犬宣传活动，并邀请律师等专业人士开展法律知识宣传，使社区文明养犬、卫生状况有了很大改观。

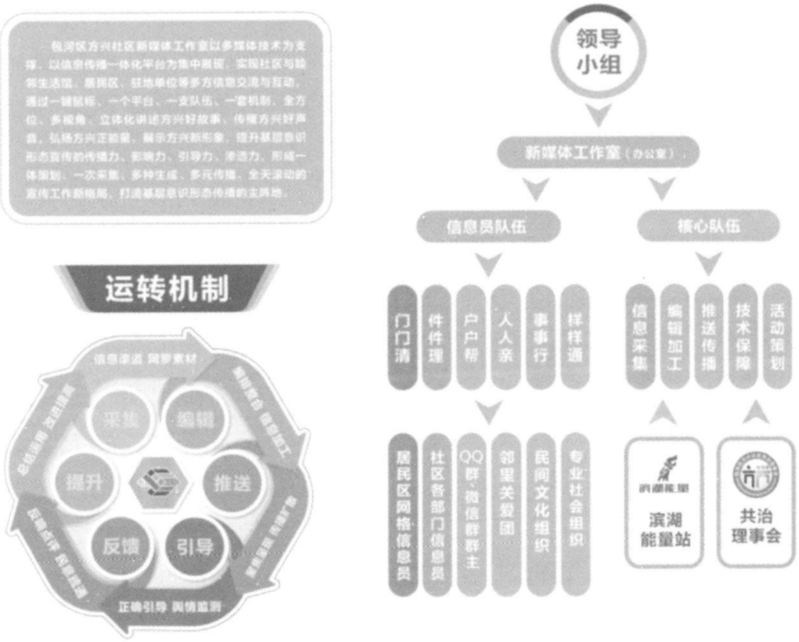

图 2-2　新媒体工作室运转机制与架构

6. 社区治理创客中心

方兴社区和包河区委共同建设社区服务内容，有 7 家社会组织入驻，开展围绕青少年和社区居民的创客服务，着重培养创新意识启蒙，孵化创新项目。社区治理创客中心是科技部、工信部认证的全国双创组织，多次获得青少年创新大赛的奖项。科学实践：首先社会组织进入高校，填充素质教育课程，为青少年授课。青少年的课余时间会来到社区治理创客中心，参与手工制作。创客中心让青少年自己动手制作玩具，采用 3D 打印机将立体形状拆分成平面结构，以安全无毒、可降解的玉米淀粉为材质，防止青少年误食玩具。小玩具的成本低廉，普通的玩具约为 10 元，但培养了青少年对科学的无限热爱。一名初二的同学，获得了世界级的机器人比赛冠军，国家级、省级奖项不计其数。每周五、周六，青少年管弦乐团在创客中心排练，社会组织在创客中心参与实训学习，安排暑期活动，孵化了专门从事心理辅导的社会组织，为小、中、高考学生减压，为困难学生进行心理疏导。创客中心还设置了插画、茶道、香道等培训班，丰富居民的文化生活。创客中心陈列了普法漫画书、卡通制作品，通过系列文创作品为青少年的法制教育打下基础，安徽大学法学院也参与了此间合作，进行普法教育。

社区将综治维稳信访中心、数字城管、天网工程等 7 大平台系统进行整合，将社区 500 多个天网工程探头、530 余个居民区探头、130 部移动手持视频等纳入社区综合指挥平台，实现“一个平台受理、一个平台分流、一个平台反馈、一个平台考核”。为方便监督管理，社区还设置了近 1400 个统管二维码，普通居民可通过扫描二维码，对社区管理和服务质量进行监督，并能直接向社区指挥中心反映问题。通过整合资源，运用信息化手段，社区治理实现了低成本、高效率。与传统街道或社区相比，方兴社区管理部门减少了 80%、人员减少 70%，每平方千米管理服务人数减少约 67%。

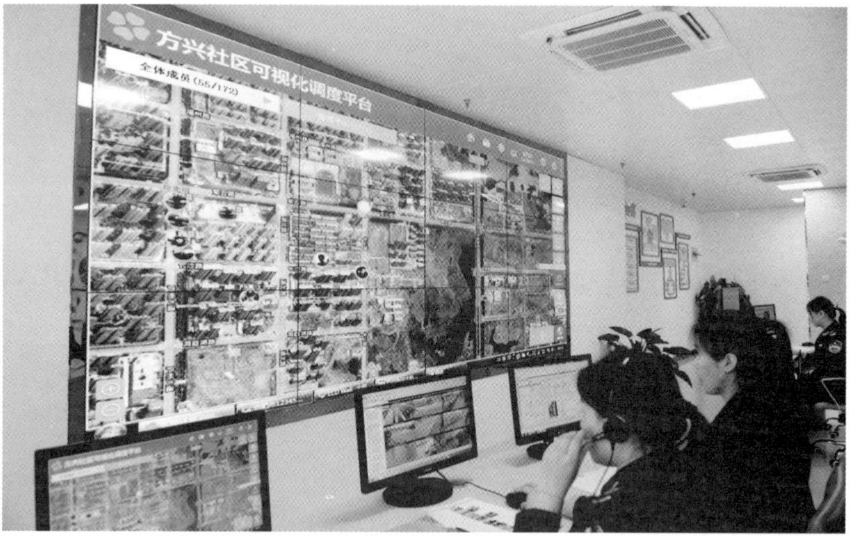

图 2-3　方兴社区可视化调度平台

7. 社区服务中心

社区服务中心打造“一站通”社会服务管理平台，该平台负责办理公安、民政、人社、计生等各类行政审批及在社区办理的各项事务，实现

“一站受理、一点办结”。

图 2-4　方兴社区服务中心

8. “共治理事会”

方兴社区成立了安徽省首个由党委指导下的“共治理事会”，激发社区各单位、全体居民参与管理的内生动力。共治理事会由辖区企业、学校、小区物业等 47 家单位和 27 名居民代表组成，实现多元共治、居民自治。以前每天都有很多居民在滨湖康园小区大门口跳广场舞，音乐声音很大，散场时间晚，噪声严重影响附近居民休息和学生学习。针对这一情况，社区 14 名热心居民组成广场舞降噪小分队，每天安排 2 个人巡查，如今广场舞地点已移到小区外面的广场，并调低音响声音，居民不再投诉了。

（三）智慧社区建设模式创新——产业化运作+平台支撑

智慧社区的发展速度和战略地位非常重要，应当通过鼓励创业的方式刺激当地的社区教育、居民就业和居民娱乐来促进社区和谐。可适当利用信息基础设施来改进安全、卫生、医疗等公共资源，但不应过分强调信息技术和基础设施，应当通过动员社区居民对未来的憧憬和共同愿景来营造商业环境。智慧社区的社区服务生态系统，构建了基于物联网和大数据的智能社区系统模型和体系结构，对上游供货商、物流、服务提供商和社区居民进行管理，构成了智慧社区的服务生态系统。国内智慧服务的产业化运作在智慧服务领域已初现端倪，智慧养老服务产业化进展迅速。智慧社区建设的阶段从社区规划到应急管理均可实现产业化运作，以社区治理一体化平台作为产业化运作的支撑，推动社区治理的体系建设和现代化建设。

1. 智慧社区的运作路径——产业化运作

政、产、学、研、用、资是一个协同网络，主体之间彼此相互协同，构成复杂系统。在全链条式产业化运作中，搭建协同创新平台有利于信息共享，政府要加快建立平台共享机制。社区治理一体化平台的建设以融合居民诉求为主，围绕提供智慧服务的各部门间协同办公，产业化运作模式能够完善合作管理机制。

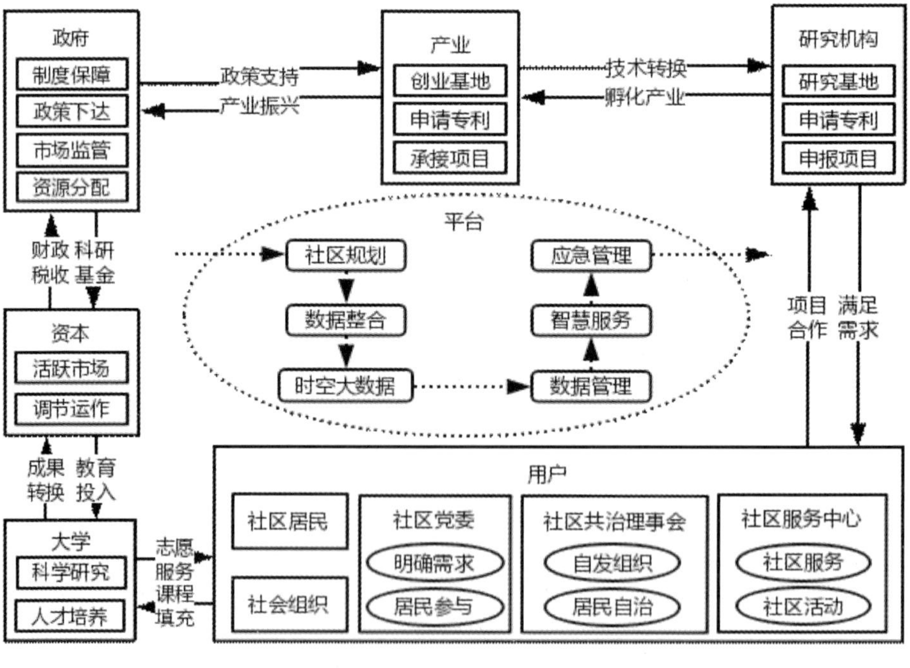

图 2-5　智慧社区产业化运作的实施图

政、产、学、研、用、资结合起来实现产业化运作，如图 2-5 所示。政府为智慧社区提供政策下达、制度保障、市场监管和资源分配打通壁垒，实现产业振兴。资本通过股票、基金、债券等金融方式来活跃市场，调节智慧社区建设的财务运作。产业负责建立创业基地，通过申请专利、承接项目来经营运作。大学提供人才培养，注重科学研究。研究机构与大学、产业三者之间关系密切，传统观念中，大学负责人才培养，研究机构负责申请专利与申报项目，产业负责工业化生产。当前环境下三者之间职能有重复与交集之处，大学、研究机构、产业均可通过申请专利、申报项目来获得资金回报。区别之处在于高校偏重于学术型项目，企业以实践项目为主，研究机构是两者之间的过渡阶段，为产业输送人才，为大学提供就业渠道。研究机构孵化产业，产业与研究机构实现技术转换。用户包括社区居民、社区党委、社区共治理事会、社区服务中心、社会组织等。大学为社区居民提供志愿服务，社区社会组织则可为大学填充素质课程。产业化运作的中心始终是用户，建设智慧社区的最终目标是满足居民需求，创建宜居社区。

2. 智慧社区的共享平台——社区治理一体化平台

以产业化运作+平台支撑的模式，将政、产、学、研、用、资结合起来，以供应链的形式实现上、下游的合作治理、共同治理，全方位打通阻碍智慧社区建设中的壁垒，避免信息不畅导致的重复办公和资源浪费，提高服务效率。社区治理一体化平台的实施图如图 2-6 所示，发挥任务派遣、沟通桥梁、辅助决策的支撑作用。

社区治理一体化平台是整合了社区规划、数据融合、时空大数据、数据管理、智慧服务、应急管理 6 项功能的迭代式更新平台，社区规划是智慧社区建立的初始阶段，按照社区规划功能建设智慧社区的基础设施，结合探头、车载视频、手持视频、传感器、通信设备、卫星定位等监测设备全方位搜集各类设施的基本信息，便于第一时间修补、巡查、处理事务，对接基础设施区域内居民诉求，保障社区居民自治的权益。对社区内居民诉求进行数据融合，建立时空大数据，对数据进行生命周期管理，最终按照智慧城市体系标准提供智慧社区服务。社区治理一体化平台中提供应对突发事件的应急管理，最终根据居民对智慧服务、应急管理的反馈，重新进行社区规划并改进后续服务，为智慧社区建设迭代与更新提供改进与拓展空间。平台上会提供“政、产、学、研、用、资”全链条产业化运作接口，为协同办公提供数据支撑。

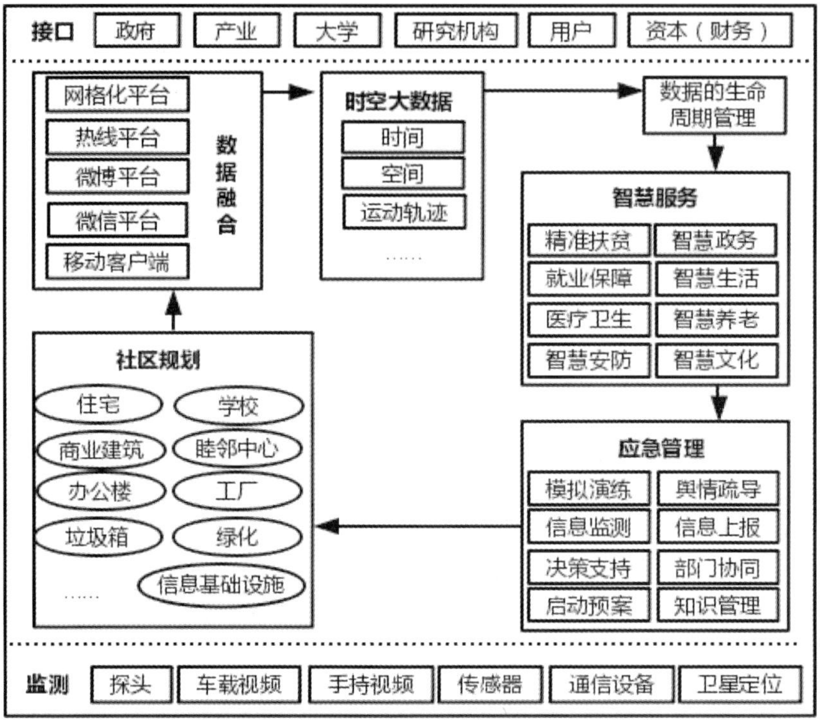

图 2-6 社区治理一体化平台的实施图

社区规划功能利用遥感影像、实景三维模型和人工设计相结合的方式实现 3D 展示社区建成图像，运用建筑信息模型（BIM）软件技术结合地理信息系统（GIS），模拟社区规划设计。社区内的建筑包括住宅、商业建筑、办公楼、工厂、睦邻中心、学校等建筑，社区内的设施包括通信设施、Wi-Fi 覆盖的信息基础设施、水电管道设施、绿化基础设施、垃圾箱等设施，社区规划功能根据模拟建筑外观的光照效果、通风效果、建筑周围人流量情况，为建筑和设施提供具备前瞻性的空间布局方案。

数据融合功能实现多源居民诉求信息的收集和整理。该功能从网格化平台、热线平台、微博平台、微信平台、移动客户端收集居民诉求信息，全方位融合居民真实诉求，提供精准的智慧服务。网格化平台为网格员主动收集的信息，其中网格员由专职、专业和兼职人员组成，专职网格员为承担具体网格化治理任务的专职工作人员；专业网格员指街道在编在岗人员；兼职网格员由职员制、老党员、退休干部、楼院组长等成员组成。热线平台、微博平台、微信平台、移动客户端是居民反馈信息的重要媒介，将多源信息融合起来才能还原居民真实需求，避免信息的遗漏和失真偏离居民需求，影响居民参与程度。

时空大数据功能以高细粒度的时间、空间、属性等维度建立数据库。以地图形式将社区内基础设施作为数据标记，通过时间、空间、运动轨迹等属性建立时空大数据，结合人口库、法人库等数据库扩展数据维度，最终实现的效果是跟随时间序列变化，以可视化形式展示社区内运动轨迹、智慧服务、居民诉求等动态演化过程。时空大数据的共享和信息联动，能够解决自成体系、内容冲突、缺乏衔接等问题，是消除部门壁垒、强化政府职能的重要手段。

数据管理功能是指对数据进行生命周期管理，从数据的创建、收集、整理、分析、利用以及清理删除整个过程进行周期性管理，按照标准的数据存储格式与操作规范进行数据定期管理维护。科学的数据管理，可节省数据存储时间、减少操作难度、避免数据冗余、节约存储空间、降低因操作不当产生的无效数据、提升数据分析利用的效率。实现对历史数据的快速检索与追溯、对实时数据的更新与迭代，对未来数据的预测与判断。

智慧服务功能中主要提供 8 种服务，分别为精准扶贫、就业保障、医疗卫生、智慧安防、智慧政务、智慧生活、智慧养老、智慧文化。精准扶贫服务的目标是对社区内特殊群体进行精准的帮扶救助；就业保障服务的目标是对失业、未就业居民提供就业咨询、就业培训、职业推荐、职业规划，解决再就业问题；医疗卫生服务为居民提供相关医疗保障，建立健康档案；智慧安防服务为居民进出提供智慧门禁与安全防范服务，对突发事件的预警和信息通报；智慧政务服务通过智能化终端简化政务流程，改进基层公共服务方式；智慧生活服务提供各类衣、食、住、行生活服务信息，改善居民社区生活；智慧养老服务通过居家养老、社区养老、机构养老相结合的方式，提供生活照料、康复服务、心理慰藉、社会交往等服务；智慧文化服务为社区居民提供文化教育服务，定期举办教学、培训、文化活动，丰富社区居民精神生活。

应急管理功能提供模拟演练、信息监测、决策支持、启动预案、舆情疏导、信息上报、部门协同、知识管理等选项辅助妥善应对突发事件。社区需要定期进行模拟演练，提升部门协同解决突发事件的能力。通过监测设备对重点区域进行高密度、广范围的监测，到达安全警戒线后自动预警。决策支持选项会预计突发事件的伤亡范围与舆情热度，为有关部门提供决策支持。启动预案选项根据以往的惯例和经验提供解决方案。舆情疏导选项会通过多源发布信息，疏导突发事件造成的恐慌情绪。信息上报选项用于信息上报，部门协同选项用于多部门协作共同应对突发事件。知识管理选项用于总结突发事件中的经验和教训，形成建立韧性社区的知识库。

3. 智慧社区建设标准化，厘清工作四周边界

围绕社区治理突出问题，通过建立基础信息库、搭建治理数据模型、优化工作流程等措施，推动社区治理更高效、更精准。

建立“四库+一库”。丰富社区治理综合信息平台内容，具象化建设人口库、法人库、地理空间库和城市部件库，创新设立感知应用库。人口库涵盖辖区内7万居民和工作人员信息职责等12类信息；法人库涵盖辖区内836个企业和驻地单位、46个项目工地等基础信息；地理空间库涵盖基于辖区一张图，所有属性对象的地理空间位置；城市部件库涵盖辖区内1.7万个城市部件的相关属性信息；基于四库数据，实现一个平台调取、一个平台支撑，打破了数据壁垒。创新感知应用库，数据是围绕业务开展的应用感知，通过日常数据的收集分析，建设一个可拓展、能学习的人机交互系统平台。系统对于居民反复提出的诉求问题，自动更新并调整相应工作流程，拓展后台数据信息。

推行数据标准化。依据实际工作情况、服务实现以及相关责任人，整理建设10类247项管理、10类34项服务、8类创新等共三大类数据标准，并将每条标准与相应工作责任人管理。当居民通过扫描二维码上报信息时，相应的责任人即会收到短信，及时解决居民的各类诉求。

优化工作流程。通过制定“七查六感知”工作要求，开展企事业单位自查、日常巡查、专项检查、专家检查、执法检查、系统自查、群众助查7项检查以及外因感知、系统自感知、业务流程感知，一级感知、二级感

知、三级感知6项感知，实现80%的工作由系统自行生成。例如，通过雨雪天气的外界因素，系统会自动调用应急管理模块预案并向相关责任人推送短信，提高工作效率。

4. 智慧社区便民服务平台，主动推送让居民广泛参与

围绕社区治理精准发力，通过各类数据收集应用，从三个方面建设智慧社区。

在协调管理层面。做强社区综合指挥调度平台，整合综治维稳信访、安全监管、市场监管、小区管理等10个模块。通过社区一张图，对人、事、地、物、情等实行精准定位、精准管理，一张图网尽社区管理各类信息，运用后台数据库的完善和云端分析，实现信息化与网格化有机融合。例如，在综治维稳信访工作中，依托一张图能精准了解到辖区特殊人群的分布、社区管理员工作开展情况，以及每个小区的纠纷上报情况，为领导对工作的决策提供了依据。

在共享服务层面。依托楼栋二维码，搭载社区服务“微平台”，打造“线上不打烊”的“十服务”平台，根据承接办理的社会服务事项不同特点以及辖区各年龄段不同群众的服务需求，例如贴心服务，系统按照全生命周期原则，分为6个生命阶段。通过源头数据信息采集的资料比对，对于符合办证申请的对象主动对接服务，开展“主动上门送证入户”服务，针对不同阶段不同的群体，分类归纳出各类办事指南，提供全方位服务。

在社会创新层面。社区搭建平台，企业入驻“唱戏”。与各类企业合作建设8项创新项目。如智慧充电桩在康园小区试点效果良好，从源头上解决了居民区充电难，电动车充电易发事故等问题；方兴云治理平台在基层宣传、意识形态工作中发挥着重要的作用，通过多渠道发现各类居民区的矛盾问题，及时化解各类矛盾，截至目前已收集舆情信息1357条，化解居民区矛盾312个。

（四）5G时代智慧社区工作展望

随着网络的发展、数据处理能力的突破，对信息的搜索、整合、分享高度集成化。社区内所建设的各种网络平台将依托物联网、全新一代互联

网技术和便携式移动通信技术，将社区内人与物在信息方面高度集成、智能感知和综合。社会将因此而跨过占有时代，进入共享时代。随着海量设备的增长，未来的5G网络不仅承载人与人之间的通信，而且还会承载人与物以及物与物之间的信息交流，这将使个性化、定制化的应用服务成为常态。情境感知技术能够让未来5G网络主动、智能、及时地向用户推送所需的信息。在社区智慧服务中，社区工作人员通过每户居民智慧化的日常生活消费以及其他相关渠道获取居民的生活与工作信息，即可分析每户居民的喜好与行为倾向、服务需求，做到精准、暖心服务。除了上面分析的六大建设外，在即将到来的5G时代，基层社区工作将有三个重点需要关注。

1. 加强基层党的建设，为现代化社区治理体系筑牢战斗堡垒

随着5G时代的到来，个人乃至区域性社会与其他地区甚至国际社会更加全方位地深度互嵌。海量的信息尤其是高度仿真的虚拟现实，容易将社会成员的思想和价值观进一步地碎片化、异化，因此社区治理的重心将由物化的需求满足转向精神层面的价值引领，对人自身的建设将成为社区服务的重点。社区治理模式也将由“物化”服务的需求治理向“人化”教育的思想治理转变，并逐步向更具根本意义的价值观模塑的文化治理迈进。在这过程中，必须牢固树立党的建设理念，确保在社会充分网络化的时代，社区工作始终沿着正确的政治方向前进，通过扎实推进网络化社会的党组织建设，实现人、事、物在正确的价值导向下进行积极的互联互通，把社会主义核心价值观和党的执政理念，春风化雨般地融入每个居民的思想深处。唯其如此，才能保证5G时代的社会人心不散，秩序不乱。

2. 积极利用区块链技术，促使社区服务体制顺应5G时代的发展需求

区块链技术是生产关系和信用关系的革命，它将超越金融领域，进入社会治理系统，在身份认证、公证、仲裁、审计、物流、医疗、投票等方面发挥着重要的作用，该技术有可能成为“万物互联”的一种最底层协议。它的“去中心化”，随着“万物互联”为标志的智慧服务的进一步发展，技术化（同时也是制度化）地保证了人们社会行为的基本诚信，在此基础上街镇一类的“服务中心”等县区政府派驻机构将失去其基本功能和

存在的合法性，促使县区政府可以更加扁平化地为居民直接提供服务，而且一切过程皆公开透明可追溯，杜绝了权力被不当使用的情况。同时也会导致居民区层面的行政化彻底去除，居委会等社会组织就能够专注于居民自治工作了。

3. 社区治理产业化

在5G时代，理念将成为社会治理和其他社会行动的关键。社会治理可以真正按照“1+3+x”模式实现产业化，而不再是纯粹消费社会资源的活动，它成为可以创造内生资源和市场价值的新兴行业。这里的“1”代表社区治理理念的营销，“3”是社区治理方案、人员培训、硬软件等三个支撑，“x”为文化引导及相应的文化产品。产业化的社区治理机制是社区搭建平台，企业入驻“唱戏”，政府、社会力量和市场组织在严格的制度约束下，密切互动，携手共建，在此过程中企业将逐步成为基层社会治理的核心力量之一。

（案例提供：安徽省合肥市包河区方兴社区党委书记沈先财）

五、打造“掌上四合院” 走好新时代群众路

——北京市丰台区方庄地区党建引领基层社会治理创新

“街乡吹哨、部门报到”工作在全市启动后，按照市委、区委工作部署和要求，地区工委坚持以党建引领基层社会治理创新，在居民楼里建立功能型党支部，以社区微信群建设为重要载体，把高楼打造成“掌上四合院”，主动问民需、汇民智、解民忧、聚民心，办好居民家门口的事，走好新时代党的群众路线，对超大城市的基层社会治理展开积极探索。

（一）工作背景

方庄地区位于北京市丰台区东北部，南二环与南三环之间，是北京市首个整体开发建设的居住小区，北邻东城，东望朝阳，是20世纪80年代北京市第一个整体开发建设的大型居住社区。地区总面积5.53平方千米，常住居民3.04万户，常住人口8.8万，有居民住宅楼223栋，辖区内有社区居委会16个，机关企事业单位55家，“两新”组织735家，商务楼宇工作站7个，地区工委下辖社区党委16个、机关党总支2个、楼宇党总支1个、非公企业党总支1个，共有基层党支部150个，党员4537人。

随着微信的迅速普及，根据腾讯公司官方数据，目前微信用户已经突破10亿，仅就方庄地区而言，据不完全统计，100人以上的微信群就多达5000多个，覆盖人群数十万之众。方庄地区居民结构多元，整体素质高，对新鲜事物的接受能力强，线上线下交流互动活跃，对美好生活的品质追求高，在城市环境、教育就业、医疗养老、体育文化等方面提出了很多好的建议。

习总书记要求各级党政机关和领导干部要学会通过网络走群众路线，

经常上网看看，了解群众所思所愿。他在谈到城市治理时指出，要走出一条符合超大城市特点和规律的社会治理新路子，要运用互联网、大数据等信息技术手段，提高城市科学化、精细化、智能化管理水平。通过深入学习领会习总书记讲话精神，方庄地区工委深刻认识到，在信息化时代，通过网络走群众路线，是党领导基层社会治理的一条重要途径，是解决城市基层治理“最后一公里”难题的有效方法。

随着城市精细化管理和基层社会治理任务的不断加重，一些难点问题开始显现。一是基层党组织资源整合能力不强，单位党建和地区党建处于封闭模式，好的资源无法共享，公共服务供给不足。二是社区层面存在“想管又不会管、管不好”的问题。利用微信群打破传统模式，对区域内条块之间、体制内外的资源进行横向重组，构建多元主体共同参与的基层社会治理格局，使党员真正成为基层社会治理的生力军和先锋队。

（二）主要做法

1. 建立微信群组，实现工作覆盖

一是依托组织架构建立党建群组。将工委下属的 170 个基层党组织、46 个回街道报到单位党组织以及辖区非公企业、党建协调委员会成员单位全部纳入党建群组，集中整合了 4200 余名本地党员、3400 余名回社区报到党员、2500 余名驻区单位党员以及 600 余名流动党员的力量，实现地区工委与 300 个基层党组织和 1 万余名党员的直接联系。

二是依托楼栋建立楼栋群组。机关和社区干部改变坐班式工作状态，通过线下“面对面”“心贴心”的群众工作，建立和拓展了一个个微信群，对方庄地区 223 栋居民楼实现了全覆盖，初步实现了街道、社区和广大群众的直接实时联系，带动了机构扁平化和服务扁平化，为快速有效发动群众打下了坚实基础。

三是依托群众需求建立议事群组。围绕社区环境建设、停车管理、老旧电梯改造、老年餐、绿地养护、楼内堆物堆料清理等重点难点工作及群众关切话题，建立议事协商微信群近 100 个，引导党员群众有序参与解决社区热点难点问题，汇民智，解民忧，有效提升了群众参事议事的主动

性，形成政府与群众零距离互动的治理格局。如芳群园二区 2 号楼居民提出粉刷楼道小广告、修复方庄购物中心西侧凹凸不平的地面的需求，群里的 15 名党员将全楼 14 层所有的小广告全部粉刷干净，使楼道焕然一新，10 多年的坑洼路面也填平了。

图 2-7 群众议事

四是依托专业特长建立兴趣群组。在地区和社区层面，建立教育科技、医疗健康、文体娱乐等多个兴趣群组，把有共同爱好的人凝聚在一起，让喜欢的人做喜欢的事，通过精准对接特长和兴趣爱好，增加活动通知的覆盖面，提升社区活动的参与率，增强社区“黏性”。

针对各社区微信群多且杂，管理难度大、效率低的现状，结合社区网格化管理平台优势，专门研发了“智能群管系统”，借助系统，可实现群消息同步发送、定时发送、关键字抓取、敏感内容提醒等，这些实用的功能，有效减轻了管理过程中的负担，提升了服务的效能。

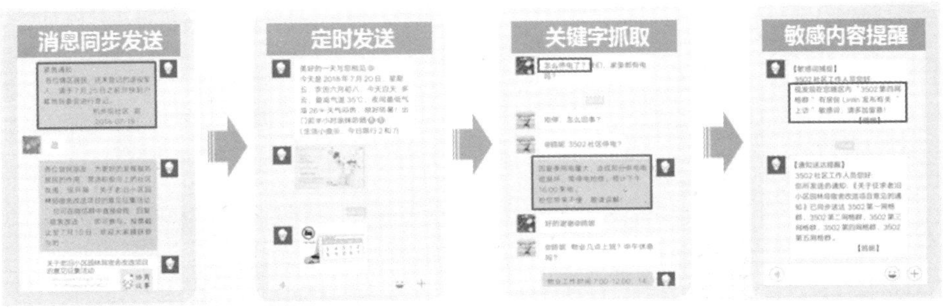

图 2-8　智能群管系统

目前，方庄地区共建立各类微信群 471 个，覆盖党员群众近 3 万人，覆盖居民户 70% 以上，通过技术支撑，初步实现了地区工委与群众扁平化、零距离、全天候沟通联系服务的目标。

2. 注重作用发挥，形成工作机制

一是区域化党建新格局正逐步形成。依托办事处和社区两级区域化党建协调委员会，微信已经覆盖到了方庄社会领域党建工作的方方面面。利用微信平台，地区工委按照“征集需求—讨论协商—确定项目”程序，将辖区单位党组织的服务需求与服务资源进行对接，整合出八大类精品党建服务项目。北京市档案局的“走进档案”系列活动、市检二分院的普法讲座、市二中院的法律服务站、东方医院的健康顾问团等项目通过微信群随时预约，实现清单式服务。

二是群众诉求“一键响应、点对点反馈”机制正逐步形成。群众通过微信群“吹哨”反映民生诉求，方庄地区工委办事处线下“报到”解决问题。方庄地区建立并完善了从问题发现、分析研判到处置反馈的闭环流程。基层党支部书记、楼门长、社区管楼干部对于微信群内居民群众提出的问题诉求，第一时间作出处理回应。能够解释说明和直接协调解决的，立即解决。不能解决的，一键上报至社区党委平台或地区工委平台。由社区党委或地区工委分析研判并作出处理。处理结果 12 小时内必须在微信群内向居民群众如实反馈说明。2018 年 3 月以来（截至 2019 年 3 月 10 日），共解释回答政策咨询类问题 3100 余个，受理各类民生类诉求 2200 余个，综合执法平台共计接收各类问题线索 792 件，所有问题均在社区及街道层

图 2-9　法律服务站

面得到回应和解决，提高了群众满意度。

三是民主协商机制正逐步形成。在微信群的强大支撑下，方庄地区工委围绕群众反映强烈的重点难点工作，组织居民齐聚“微会议室”，问民需、汇民智、解民忧、聚民心，引导群众主动参与社区议事协商。大家围绕楼门建设问题积极开展交流讨论，形成了在职党员图书漂流、居民楼内物品置换、楼门治理、抵制高空抛物等多个互助事例和楼门公约。在解决芳古园一区第二社区门禁修复、芳群园二区停车管理、芳城园一区老旧小区改造问题中，地区工委和社区党委在各类群体中组织开展了多次线下座谈交流和线上征求意见，探索了新时期依托微信群开展议事协商的工作机制。

四是社会参与机制正逐步形成。在万人量级的微信在线群众支撑下，方庄地区工委实现了社会动员的精准化推送。“方庄大讲堂”、周末百姓大舞台、古一一社区插花讲课、紫芳园社区骑行活动等一批精品活动，改变传统动员方式，将活动预告精准推送到相关兴趣群组中，广大居民根据自己的兴趣爱好，有选择地报名参加，实现了供需精准对接。

五是网络舆论引导主动发声机制正逐步形成。依托微信群，方庄地区工委一方面积极开展网上正面宣传；另一方面及时把握舆情导向，在全国两会、幼升小、足球“世界杯”、普吉岛沉船事件期间，以及社区重点难点工作中，密切关注群中舆论导向，适时加以引导，回应群众关切。与社区党委和各基层党组织联手形成全方位、多层次、多声部的主流舆论矩阵，主动发声，积极引导区域舆论走向，转变传统被动解释的舆情工作状态。

（三）深化党建引领，创新社会治理

一是精准对接，广泛开展组团式服务。地区工委通过微信群将3400多名回社区报到在职党员组织起来，首先开展了“三亮”活动（亮身份、亮职业、亮特长）。根据党员特长和群众需要，各社区组建了70余支在职党员服务队，开展组团式服务，并对外公布了8大类、12项服务清单。依托强大的党建微信群矩阵，居民群众可以提前预约。首都医科大学东方医院在职党员健康服务队累计服务群众超过3000人次，北京市第二中级人民法院在职党员“防校园霸凌”宣讲团在地区11所学校开展了宣讲。

二是发挥党员专业优势，举办方庄大讲堂活动。充分发挥在职党员专业优势，举办方庄大讲堂，先后邀请60余名在职党员来办事处和各社区开展专业讲座，现场参与人数超过5000人次。2018年8月以来，在部分大讲堂活动中引入网络直播，网上观看人数场均超过1300人。

三是建立功能型党支部，做实党建引领。以“地缘”为纽带，把每栋楼里的在职党员、退休党员和流动党员融合组织起来，成立楼栋功能型党组织，支部建在了居民楼里。回社区报到的在职党员成为“邻居身边的党员”，活跃在自己所居住楼栋的日常管理服务等事务中。充分发挥在职党员职业优势，灵活设置安全、环境、健康、文体、亲子、助老等委员。楼里的群众有需求，身边的党组织有回应，做到了小事不出楼栋，问题就地解决。党支部和党员主动向楼内居民亮明身份、作出承诺、干出实事、接受监督，自觉带领楼内居民共建共治美好家园。

图 2-10　成立楼栋功能型党支部

（四）取得成效

1. 拓宽了党组织引领基层社会治理的路径

楼栋功能型党支部把在职党员在 8 小时外再组织起来，与楼内退休党员、流动党员融在一起，服务居民，使群众时时处处都能感受到党的存在和服务。制度化安排在职党员担任本楼的功能型党支部委员，推动党员服务身边熟悉的邻居群众，让在职党员参与基层治理工作，发挥在职党员的职业背景和岗位特长，为基层治理引入更多社会资源。如北京市第二中级人民法院在职党员“防校园霸凌”宣讲团在地区 11 所学校开展了宣讲，首都医科大学东方医院在职党员健康服务队累计服务群众超过 3000 人次，交通系统的一名在职党员为小区内交通微循环建设出谋划策，消防系统的一名在职党员在清理堆物堆料过程中运用专业知识帮助社区做群众工作，城市管理系统的一名在职党员在下雨天一一核实确认了小区内的积水点，并逐一提出了改造方案。

2. 转变了基层干部工作理念和作风

利用微信手段服务联系群众的新理念，倒逼街道干部和社区干部必须转变以往“朝九晚五”“机关坐班式”的工作状态，脚步为亲，走出办公室，深入群众，街道所有干部和社区书记、主任全部分片入群，为群众解决问题。改变了传统层层上报的工作模式。干部在微信群中了解老百姓真实诉求、解决老百姓身边烦恼，工作作风发生了深刻变化。

3. 实现了“民有所呼、我有所应”

依托“吹哨报到”机制，坚持以问题为导向，问题发现、处置更加及时有效，重点难点工作取得新突破，利用综合执法中心实现执法全覆盖，形成合力解决地区重难点问题。紧紧围绕拆除违法建设、整治“开墙打洞”、治理背街小巷、清理地下空间、治理散乱污企业以及安全隐患排查等重点工作下功夫，做到节奏不变、力度不减、工作不断，全面推进。尤其是根据群众需求，利用腾退地下空间打造的“美家美库”自助式微仓储空间项目和365生活管家平台项目满足了居民需求，深受群众称赞。

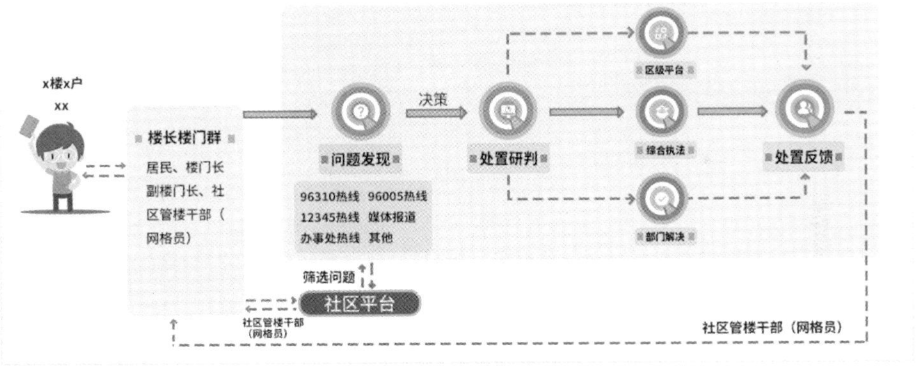

图2-11　综合执法

4. 提升了居民群众的获得感幸福感安全感

通过“街乡吹哨、部门报到”机制，地区党员群众通过微信群反映的各类问题诉求均在社区及街道层面得到回应和解决。干部和群众在“掌上四合院”内共同商量楼内事务，共同建设美好家园。方庄居民的归属感越来越强，社区真正成了大家的“家”。作为人口密集、设施老化、城市管理运行问题较多的老旧社区，方庄地区各类热线投诉（12345、96005、

96310 等）和媒体反映问题数量与 2017 年同期相比下降了两成多。2018 年方庄居民安全感满意度在全区排名稳步提升，一季度第 14 名，二季度第 8 名，三季度第 6 名，年底最终排名第 3。

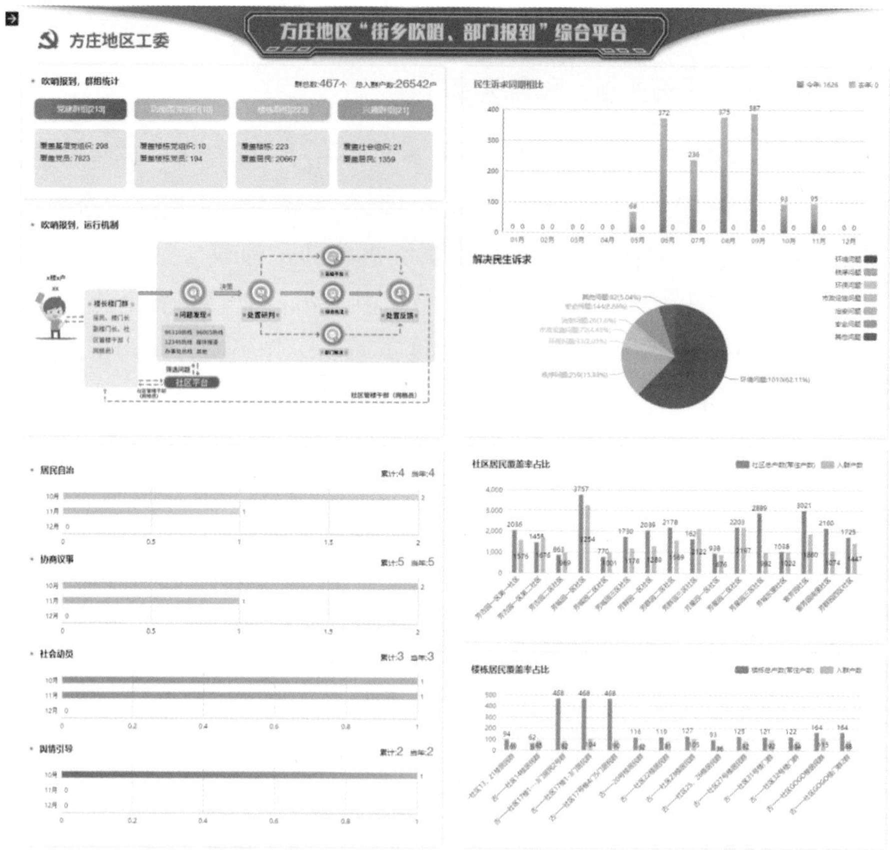

图 2-12　民生大数据

（五）成果展望

方庄地区依托小鸥科技有限公司的先进信息化手段，推动党建引领基层社会治理创新过程中迈出了坚实一步，但为群众谋福利永远在路上。倾听人民呼声，虚心接受人民监督，在服务中不断完善自己，是方庄地区工委办事处始终不变的初心。

服务群众无止境，改革永远在路上，这是时代赋予的光荣使命。方庄地区将高扬改革创新的时代精神，逢山开路、遇河架桥，善始善终、善做善成，将推动基层治理体制机制改革的点滴实践，汇聚成推进国家治理体系和治理能力现代化的浩荡洪流，在新时代展现新形象，实现新作为！

（案例提供：河北小鸥科技有限公司 CEO 陈彦涛）

六、二十载“文化传承+互联共享”和谐社区的实践探索

——北京市房山区西潞街道北潞园社区党建引领与基层治理深度融合创新之路

（一）背景

北潞园社区始建于1999年，位于区府所在地良乡的西北角，占地面积94公顷，由北潞春、芳、华、冠、馨5个家园和一个公园区组成，现有住宅楼135栋，居民8900余户，人口约3万。北潞园社区于1999年成立党支部，2011年升级为党委，党委成员7人，是一支以离、退休老党员为主的基层组织，下设6个党支部，现有党员409名，在职报到党员1568名，2018年成立北潞园片区联合党委。

北潞园社区面临各种问题并亟待解决，主要表现为以下五个方面。

1. 政府的投入不足

在社区的日常管理中，资金的支持是非常重要而且必要的。社区的资金来源形式过于单一，政府对于社区建设的资金投入相对较少。北潞园（春）始建于2000年，是北京地区最早的经济适用房住宅区，物业费执行的政府指导价，当时的物业费标准为每平方米每月0.55元，虽然在2006年政府相关部门进行了调整，但到目前为止为每平方米每月0.65元，但多年来的物价上涨及用工成本的涨幅远远大于物业费的调整，使得物业管理者的积极性明显降低，管理水平日益下降，造成原本在建设部挂号的“绿色生态小区”变成了目前环境劣变的老旧小区，物业的实际服务与居民的

实际需求的矛盾日益增加，从而使得社区管理工作的难度加大。这样一来，社区管理无法长期良性进行运转，这样不利于高质量的工作完成，也不利于提高基层社区工作者的积极性。

2. 社区居民自治程度低

北潞园（春）社区人口多，人员结构复杂，受教育程度多样，真正了解社区管理工作的居民并不多。而社区基层的工作人员整日疲于完成上级的各项任务，无暇听取了解社区居民的想法和需求（就是了解了也没有能力解决），这就导致绝大部分居民不了解社区具体的内涵和职能，不明白自己就是社区管理的主体，缺乏自我管理意识。长此以往，社区管理的事情变成了基层工作人员的事情，居民群众对这些本应积极参与的事情无动于衷。

社区居民没有自治管理的意识，没有自觉自愿地参与社区事务和公共服务。这种情况造成的负面影响形成一种恶性循环，磨灭了社区居民心中原有的自治权利和微弱的自治意识，社区居民自治意识较弱，更多的是“坐享其成”，等待着政府及社区给自己提供各种服务和消费。比如社区中私搭乱建现象、乱养宠物现象、毁坏环境现象、车辆乱停乱放等现象。

3. 社区管理工作队伍专业化程度低

社区管理工作辐射范围较为广泛，涉及具体事务较为繁复且专业化和综合性较强，这就需要社区工作者具备相应的社区管理方面专业知识与之匹配。然而，目前北潞园（春）缺乏专业的社区管理工作者，而且年龄结构偏大，对相关工作的政策性理解不深，向居民群众进行宣传和服务不够到位，使得社区管理工作的开展和服务质量深受影响。

4. 社区党建文化匮乏

北潞园片区联合党委下属 13 支文化队，但是缺少专业指导，导致“软实力”提升空间有限。同时，缺乏相应针对性强的活动场地，不便于活动开展。二是文化阵地单一。社区活动局限于北潞园内，对社区内的党员群众宣传教育较多，缺乏到其他兄弟社区和基层单位交流研讨。

5. 社区组织管理法律制度不近完善

就北潞园社区而言，街道上级部门职责交叉而导致管理混乱的现象频出。社区的管理工作繁重重复，而社区也无法建立相应的管理制度，导致社区的职责范围模糊，与物业公司、政府部门、第三方之间的联动关系和权力边界不清晰且无明确规定，导致出现工作推诿、权责不均的乱象。

（二）主要做法

对以上问题，北潞园社区坚持自己的文化特色，依托文化传承，促进党建引领与基层治理深度融合，以文化引领社区治理和社区发展，并将社区文化品牌创建理念植入社区党建工作中，以“街乡吹哨、部门报到”为平台，打造社区区域化党建为引领的现代化社区综合治理试点。

1. 健全组织架构

成立北潞园片区联合党委。在北潞春党委、北潞园党委两个党委的基础上建立，设有北潞春党支部、北潞芳党支部、北潞华党支部、北潞冠党支部、北潞馨党支部、老干部党支部6个支部。北潞园片区联合党委是由北潞春党委、北潞园党委、房山公安分局西潞派出所党支部、北京昊远隆基开发总公司党委、北潞园学校党支部、北京今日东方劳务派遣有限公司党委、同济门诊党支部、北京市房山区职业教育中心党支部、北京爱贝艺术幼儿园党支部、96602部队党委等12个单位构成。由街道工委组织部长解美玲兼任北潞园片区联合党委书记，选派街道优秀后备干部任北潞园片区联合党委副书记和北潞春党委书记，北潞园党委书记为副书记，其他单位为委员的片区联合党委。

明确片区联合党委职责、工作机制和运行模式。片区联合党委“社区党建研究中心 、社区党建品牌培育中心、社区党建交流中心、社区党建指导中心 、社区党建服务中心、社区党员培训中心”的六大中心职责。建立了“需求征集，博采众长；议事协调，加强统筹；双向服务，互促共赢；资源共享，综合利用；评价监督，提高服务”的党建工作机制。采取 城市联建，相融共建；社会联治，资源共建；服务联手，公益共建；人才联

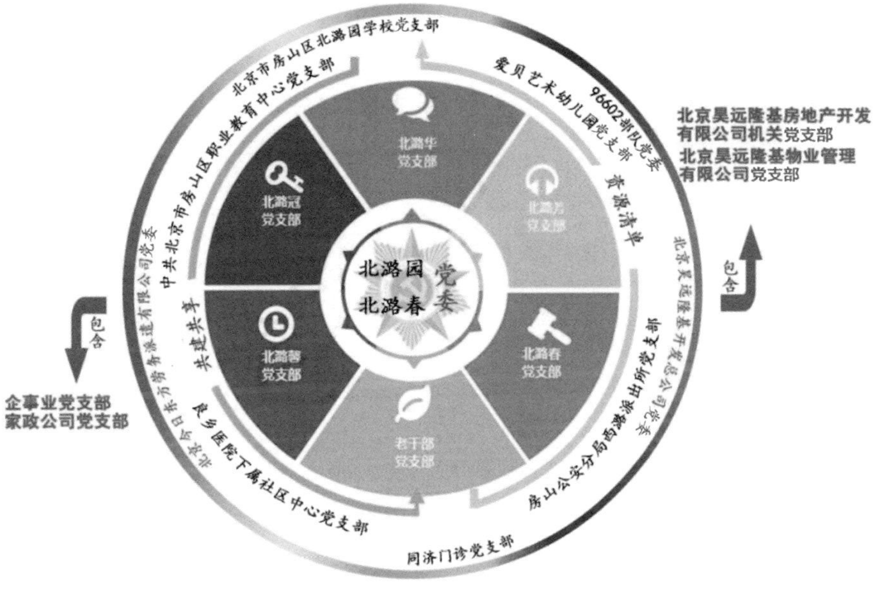

图 2-13　北潞园片区联合党委

育，培养共建；党建联动，平台共建的“五联”运行模式。创新社区治理工作体系。五“圆”工作体系对应着北潞春、北潞芳、北潞华、北潞冠、北潞馨“五个家园”，实现了体系运行有序、有效。第一圆为：片区党委为圆心（中枢大脑）。第二圆为：北潞园、北潞春 2 个党委为统领。第三圆为：社区居委会、社区服务站、党群活动中心为 3 个实施主体。第四圆为：建立党建专班（区域化党建工作组、社区老干部服务工作组）、法治专班（社区治安与综合治理工作组）、德治专班（社区文化道德建设工作组）、自治专班（社区建设与物业服务工作组、公共卫生生态建设工作组）4 个专班为实施队伍。第五圆为：党员代表（党小组长）、物业公司职员、下属委员会成员、子中心网格员、楼门长 5 类人员具体落实。

2. 依托社区“子中心”，完善社区治理网格化服务管理

为实现党建引领下的“街乡吹哨、部门报到”工作有效开展，北潞园片区建成整合社会资源和区域资源、合理配置区域内各单位网格化服务管理工作的“子中心”。一是创新“双向”考核完善运行机制。开展街道对

图 2-14　五圆工作体系

图 2-15　社区成立家园卫士党员先锋队

社区和“子中心”对相关科室的双向考核，创新落实“街巷吹哨，部门报到”工作，实现“社区吹哨、街道科室报到”，确实发挥子中心的作用。建立人员考核制度。一方面对于片区联合党委组织人员的业务水平、服务意识、创新程度等内容进行考核，另一方面对于片区内其他成员单位的参与情况、提供服务情况等方面进行考核。二是规范子中心运行模式。北潞园片区联合党委结合“子中心”建设，成立社区综合治理领导小组，小组成员包含机关单位、部队机构、事业单位、企业单位、非公企业、便民服务单位。社区综合治理小组一般定期每月召开2次联席会，如遇特殊情况，提前调整会议时间。“子中心”按照家园分为5个专职工作组，每组设专职网格长一名，楼门长担任网格员。“子中心”由街道城市管理指挥分中心统一指挥，对分中心集中指派发到本区域内的案件，及时进行分类、处置，并将案件处置情况按照规定向分中心反馈，按“线上、线下”工作流程明确区域内各单位网格化服务管理工作事项及工作职责，做好问题处理、结果反馈等工作。

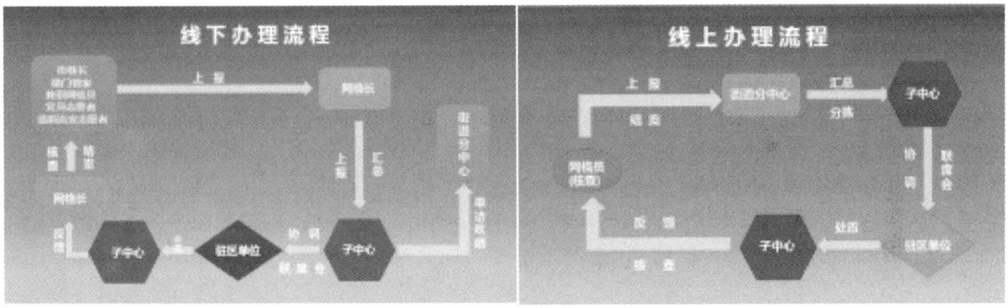

图 2-16 “子中心”工作流程

3. 立足社区文化，创新社区服务内容、扩大居民参与

以群众需求为导向，创新服务和活动载体，依托社区活动室、文化广场等设施，以重大节日、纪念日为契机，开展内容多样的党建文化活动。结合社区实际情况，组建社区京剧班、少儿乐器、舞蹈班等，使社区的文化气息越来越浓厚，关爱“一老一小”，让老人舒心，让孩子开心，让家人放心，提升居民生活幸福感，增强党建文化凝聚力。依据居民的需求社区组建了空竹表演队，并为社区居民举办了4场“社区周末大舞台”演出。依托社区文体队伍这个文化活动的平台，开展了“书画展”“知识讲

座”“欢乐重阳”“文体赛事”系列活动，实现了每周都有小型文体活动，每月都有大中型文体活动的发展目标。两节期间，社区组织游艺会、联欢会、座谈会、乒乓球、象棋比赛等丰富多彩的多项活动。每年的正月初四、初五、初六组织社区戏曲队举办戏曲大拜年活动，最远的观众驱车1个小时左右来观看，受到了大家的一致好评。平时积极配合同事围绕社区的活动队开展全年的书法、舞蹈、合唱、太极、门球等活动，多次参加街道、区一级的各种比赛，并获得比较好的成绩。社区展览是彰显和沉淀社区文化，培养社区文化自信的一种重要的文化形式。北潞园社区的“纪念长征胜利80周年”书画展是北潞园社区的第三次书画展。这次书画展展出的作品与长征胜利80周年的数字对应，设计展出80幅书画作品。展出的作品大部分是书法班、书画班学员的习作，这就从侧面展现了北潞园社区居民的文化素养之高。也有房山区书法名家的大作，房山区书协主席侯振海，副主席陆敬辉、孙秋泽、蔡泽峰，毛体书法研究会副主席高进军等名家，也为这次书画展挥毫泼墨，学员与老师同台竞技，居民与名家相辉映，是这次书画展的一大特色。

加强文化教育。为切实加强社区文化建设，社区工作人员在入户宣传中，对社区老年大学加以宣传，让更多的居民加入进来学习文化、增加知识、沟通邻里感情，充分利用老旧小区的社区老人资源，如时间、人脉、阅历等，重视老年人社区参与主力军的地位，培育老人参与社区治理的意识和能力。此外，通过文化教育宣传，吸纳更多的党员群众加入社区联防队伍和志愿服务队，同时通过社区宣传栏、图书角、微信圈等为居民提供普法资源，建立打防一体化治安网络，促进和谐社区建设，加强社区居民学法、普法、用法、守法，提升居民生活安全感。此外，促成昊远隆基物业公司党支部和北潞园学校党支部联手，共建“学生劳动实践基地”，使未成年人在活动中，受到爱党、爱国、爱社会主义思想的熏陶，传播正能量。联合昊远隆基房地产开发总公司党支部、昊远隆基物业公司党支部和启航社会治理研究中心，开展“共建绿色家园”在职党员绿植补种活动，打造北潞园生态家园，提升居民生活的获得感。此外，北潞园社区把提高居民的道德素质，提升精神文明建设作为构建和谐社区的关键。每年都开展评选“五好家庭”“文明居民楼”“十大居民道德模范”“孝心”等活动。经常组织辖区各单位负责人、党员和居民代表视察脏、乱、差地段，公开评议不文明行为，对症下药，进行整改，努力提升居民的道德水准。

社区文化阵地得到加强。近几年社区文化建设空前重视，加大了文化建设力度。还利用黑板报、宣传橱窗等传统载体，组织力量，采取灵活的方式方法，深入引导居民文明行为，积极主动引导居民破除迷信，移风易俗，改变陋习，树立文明新风，先后组织书法一条街、文化一条街、科普一条街、文体工作一条街等有效地扩大先进文化的感染力，促进居民转变观念。“科普文化街”的设置，让居民懂得雾霾天气如何应对、节约水资源的重要性、室内火灾怎么办等这些枯燥乏味的问题，被43幅形象鲜明的卡通图案诠释得非常细致，这种既贴近生活又实用的绘画方式，让日常的安全小贴士变得“活泼可爱”。此外，“益民书屋”工程建设步伐加快。“益民书屋”工程在上级领导的统一部署下，在原有的社区图书室的基础上逐步完善，所有书籍统一编号、登记、上架方便居民借阅。

图2-17　社区文化阵地建设

党建引领社区治理现代化的关键是发挥党组织和党员的先锋模范作用。在社区，社区书记的带头人的角色至关重要，决定着党建引领与社区治理融合的广度和深度。近几年，社区中老年文艺演出队伍如雨后春笋，发展十分迅速，纷纷利用现有设施广泛开展文艺演出活动，活跃居民的业余文化生活。对各活动点文化队伍的基本情况进行造册登记，建立台账，并安排专业骨干现场辅导、组织演出、提供信息。辖区内有各类文体队伍14支，文体队伍水平不断提高。北潞园社区党委组织14支文体队伍可以体现出社区党组织在社区文化建设上的重视和投入。河北梆子艺术团原是在广场露天演唱的戏曲爱好者，是社区领导把这些戏曲爱好者安排在冬天有暖气、夏天有空调的室内，不只是改变了他们自娱自乐的条件，也是为了拍出戏后为广大居民提供艺术欣赏。河北梆子艺术团就这样组建起来了。组建各支队伍费心，管理起来还要投入资金，对14支文体队伍的不同数额投入，总计算起来有四五十万元之多。河北梆子艺术团已然成为北潞园社区的文化标志，对于促进社区和谐、增进社区凝聚力具有重要意义。此外，“长征胜利八十周年书画街”的形成，源于社区党建工作的推进，自“社会主义核心价值观”和“两学一做”工作开展以来，孙书记一直细心研究如何推进这些工作。深思熟虑之后，借党委宣传委员侯振海同志的书画领域的特长，联合房山区书画名家，制作64组展板的“书画”特色长街，将党建工作以崭新的方式呈现在党员、居民面前，加强党建工作的有力宣传。

培育典型与宣传教育同步。多渠道发现、收集典型信息，建立社区党组织典型信息数据库，统一管理，分类储备，重点打造，集中宣传，营造良好的品牌建设氛围。具体做法：一是加强德治、自治、法治建设，以先进典型人物推荐评选表彰为载体，通过评选表彰一批公民道德建设先进、五好家庭和优秀志愿者典型，打造党员先锋，扩大影响力和号召力，充分发挥道德楷模在群众中的示范引领作用，推动社区形成共建共享和谐文明的良好局面。二是锤炼品牌核心价值，以广播、电视、电台、报纸和微信等媒体为载体，加强党建品牌的宣传力度，营造良好的舆论氛围，进一步扩大和增强北潞园党建品牌的传播力和公信力。

（三）取得的成效

针对北潞园（春）社区存在的现实问题，经过社区联合党委的工作部署及近几年来的不断摸索，社区的管理工作已经初见成效。社区坚持党建引领社区治理，抓实网格管理，实行党建工作、服务群众和社区治理等事务全部进网格，实现“一张网管到底”。完善服务举措，严格落实方便群

图 2-18　北潞园第二届十大公民道德模范合影

众办事。以和谐社区为主线，以党建为统领，以党员先锋模范为表率，拓宽服务领域，积极满足社区居民对社会事务办理、社会救助、医疗养老、文体活动等多层次的需求。向上级主管部门申请持续加大对社区的投入力度，建设高标准街道社区党群服务中心，丰富党建氛围，完善功能设置，提供便捷服务，从而增强社区党员群众的归属感和幸福感不断提升。

2017 年共制作文体展板 173 块，3 年累计共制作数量达 521 块。4 条文化街的建成，既丰富了居民的文化生活，又弘扬中华民族传统美德，让社区党建文化工作得到了进一步的提升。

通过党员“四支队伍”的建设，使得社区环境有了明显改观，特别是“老党员家园卫士先锋队”在队长彭世广同志的带领下，协助并督促昊远隆基物业公司清除社区卫生死角、清理楼道小广告，带动了周围很多的普通群众，提高了居民的自治意识，同时从某些方面还缓解了物业与居民的一些矛盾，并提高了物业公司的工作效率。

通过在职党员回家报到这种方式，动员党员在居住社区亮身份、树形象、起作用。提高了党组织在各领域的覆盖面，各行各业的党员干部利用闲暇时间，积极投身社区建设，参与志愿服务。志愿服务项目由环境治理扩展到法律救助、敬老医疗等近 20 类。党组织的政治引领功能不断强化，实现了社区党建、单位党建、行业党建互联互动、共驻共建、资源共享。

截至2018年4月底，参与社区活动的在职党员已达到近5000人次，大大提高了社区治理的居民参与度。居民代表刘阿姨说："我们的无人管理小区再也不是'没娘的孩子'，感受到了大家庭的凝聚力。"

社区治理的好转，另一个明显的成效是居民和物业公司明显感觉到有了主心骨，矛盾纠纷比以前少了，矛盾的解决时间缩短了，关心社区的人比以前多了，社区氛围更加和谐，群众满意度也在不断提升。北潞春D3-504的居民孟大妈家中屋顶漏雨，已经有好几年了，以往物业公司的工作比较拖拉，问题一直未解决，一到雨季孟大妈就提心吊胆，物业管理费也因此多年不交了，社区党委了解到了这个问题，及时联系物业管家上门走访，查找问题，孟大妈很激动，她说因为社区党委的参与，物业公司的态度发生了本质的改变，自己觉得心里暖暖的。

（四）思考与展望

随着政府对社区管理工作的重视，基层社区治理体制机制的改革方向和基层民众的参与感和获得感都在不断提升。横向对比来看，我国的社区发展依然滞后，这种滞后现象既体现在起点低、起点晚上，也体现在服务理念和方法落后、社区服务队伍建设薄弱、运行体制机制不顺畅、居民参与率和参与度双低等方面。社区治理创新需要良好的理念落地，更需要选择切合国情社情的实现路径。基于当下实践和未来发展可见，有效的社区动员和居民参与、职业化的社区工作人才队伍建设、高效的社区治理项目化运作和长效的多元共治机制建设是未来社区治理现代化的四大关键策略。北潞园（春）党委班子也在这四个方面不断摸索与探索。

1. 注重多样化的社区动员和深入性的居民参与

注重由下而上的基本出发点，从社区问题和居民需求出发，依托具体的社区服务为实际载体，进行全景式居民动员，渐进式地引导居民从问题提出者转换为积极的建言者再转换为持续的行动者，实现社区动员的有效性和持续性，提升社区居民的参与意识、公共精神、参与能力以及组织化水平。具体操作措施包括做好居民议事厅、培养社区参与式协商人才、培育发展社区居民代表和社区社会组织，以及利用社区服务项目、文体活动激活社区内外个体和组织积极参与社区公共事务等。

2. 坚持人才为本理念，培育或引进一批有创新理念、综合服务能力和良好职业素养的社区社会工作人才队伍

从人力资源管理的角度来看，包括社区社会工作者和社区居民代表在内的社区人才关乎社区治理的未来发展，对此可借助各类基层组织平台和专业社会组织的力量，以实际行动重视陪伴式社区社会工作者人才队伍建设，确保社区服务和治理创新的人才保障。对于社区社会工作者的能力方面提高，可以开展组织学习、外出观摩等多种形式的培训与引导，从而打造强有力的社区管理队伍，社区党委由启航社会治理研究中心组织去东城区左安浦园学习参观就得到了很大的启发与收获。

3. 以项目化运作和管理为新手段，活化社区治理相关资金使用，引入外部社会力量，培育社区社会组织，激活社区内生活力

这也是社区党委在左安浦园社区参观学习中得到的收获。今后社区也要致力于这方面的探索。具体做法包括以项目化方式引入专业社会组织和具备良好社会责任的公司企业助力社区治理、推动以居民为主体参与社区建设的社区服务项目、支持社区治理专项难题破解等。这一方式能够有机地将社区治理的不同利益相关方串联起来，实现其各尽其责、各显其能和各获所需。这既符合有关政府职能转移和购买服务的政策要求，也在一定程度上创新了资金使用方式，同时也能够搭建居民互动协作平台，培育社区社会组织发展，让居民更有参与感和获得感。

4. 积极探索多元共治的社区治理模式，逐步迈向“扁平化”的社区治理结构，并对进一步建设和完善地区性社区治理生态建设做好了铺垫

当前的社区问题日益复杂化，新老问题的交织使得社区治理难度大大增加，同时社区居民的需求也越来越多元化和个性化，倒逼社区治理和服务创新。因此，应积极建构起由基层政府部门、专业社会组织、社区基层组织、社区居民及其自组织和社会单位等多元主体的广泛参与，协同解决社区治理和服务难题。这也是供给侧改革在基层社会治理上的具体体现。

我国经济社会发展已进入新时代，社区治理也进入了全新的发展阶段。从当前的方向引导来看，基层社会治理将是未来深化改革和社会建设的重要领域，街道和社区将很快成为社会治理的重镇和基本落脚点。这一导向将牵引不同政府部门、公司企业和社会组织向基层聚集且形成一定程度上的联动关系，并形成协力破解更多更大治理难题。所以，基层社会治理的未来在于政府、社会和市场三大主体的跨界合作与充分互动，全新的社会治理格局的显著特点便是从单一治理主体迈向多元共治，这就需要多方力量共同参与和协作并扎根深耕下去，并落实在基层社区，这将是北潞园（春）社区治理的一个飞跃式发展的大好机遇。社区党委坚信在不远的将来，切实增强居民百姓的参与感、获得感和幸福感将不再是一句口号。

（案例提供：北京市房山区西潞街道北潞园社区党委副书记张明瑜）

七、“育网式”工作法

——北京市房山区西潞街道苏庄三里社区开创基层党建新思路

苏庄三里社区成立于2009年6月，是典型的村转居社区，面积0.9平方千米，有楼房30栋。社区常住居民3011户，人口总数5942人。辖区内有3所学校、2家医院、1幢写字楼及289家商户。居民有本村老户、采空区搬迁户和外来买房户。社区为开放型社区，3条交通主干道将社区分成6个生活小院，轻轨房山线苏庄站紧邻社区，商业网点密集，人口流动性大。社区党总支下属3个党支部，党员140名。党总支以提高党员的宗旨意识为出发点，以加强党员管理和提升服务能力为着力点，积极开展了“育网式”工作法的党建创新活动，取得了显著成效。

“育网式”工作法着力精细化管理，通过有效的培育方式将社区党建融入网格化管理服务的新模式。具体内容包括抓好网管、带好网员、支好网点、建好网格、修好网规5项基本职能，把党建的管理与服务工作全部纳入网格，实现社区党建新发展的目标。

表2-1　“育网式”工作法框架图

序号	名称	内涵	地位作用
1	网管	支委班子	领导协调
2	网员	党员骨干	中坚力量
3	网点	工作基础	事业支撑
4	网格	活动阵地	服务格局
5	网规	管理制度	监督保障

（一）社区治理问题及需求

1. 居民思想存偏差

城镇化后，部分村民融入社区的思想认识不足。一方面，人上楼思想没上楼。原村896名村民搬进了新楼房，物质生活富起来了，思想观念上还停留在家族、血缘、老村的认识，由村民转向居民的角色转换进程较慢。另一方面，村民人虽进了社区，观念却没进社区。代表不同利益群体的居民住进社区，思想认识上却没有跟进，缺乏参与社区建设的主动性和自觉性，更没有养成参与社区建设的习惯，平时易出现小问题、小摩擦、小矛盾，严重的可能会出现不稳定现象。

2. 党员作用现缺位

社区党员构成发生新变化，非公组织的年轻党员和离退休党员纷纷把组织关系转回社区。党组织对党员实际照顾的多，严格管理的少；党员们口头表态的多，实际参与社区服务的少；“档案袋”里的年轻党员多，能克服困难坚持参加组织活动的年轻党员少；党员教育管理缺乏针对性和有效性。

3. 党组织服务有短板

党组织开展服务方面还存在粗线条，存在只有软任务没有硬指标的情况，在服务渠道、服务方式等方面还不够精细，常常是一般服务多，特色服务少；找上门来的服务多，走下去的服务少；解决居民提出问题的服务多，主动调查研究解决问题的服务少。服务项目不突出，服务能力有差距，还需找到一种适合苏庄三里社区党建工作的新途径。

（二）实施“育网式”工作法

面对存在的问题，党总支实行“育网式”工作法，细化管理与服务，通过“以网管带网员，以网线铺网面，以网点定网格，以网规管网项”的途径与方法，管理由粗变细，由偏到全，由浅入深，实施党组织对社区管理与服务的精细化。

1. 上好三课，培育网管

网管，由社区党总支领导班子组成，是社区基层党组织建设的龙头，是社区各项事业的领导核心，网管在服务网内发挥着重要的领导协调作用。党建工作水平看班子建设水平，社区党总支班子成员作为服务网的管理者，必须打铁自身先硬，决不允许出现思想滑坡、工作掉队现象。党总支采取三种方法提升班子的素质和能力。一是上好思想政治建设课。网管定期参加集体学习，提升理论水平、打牢思想基础、坚定理想信念、树立大局观念，用党的理论指导社区中心工作，确保党的方针政策在社区得到有效落实。二是上好组织建设课。完善决策机制，按照事前不沟通不决策、意见不一致不决策、书记个人不决策、没有民主基础不决策、提交事项不成熟不决策的“五不决策”要求，发扬民主，班子成员共商社区建设大事，做到事前沟通，事中商议，事后总结，实现班子团结共助新局面。三是上好作风建设课。学以致用，用到实处。网管带头参加社区服务和社区治理，深入家庭、深入居民、深入商户中了解实情，解决了停车乱、志愿者力量不足、健身器材破损等突出问题，通过发扬好作风来树立好形象。

2. 抓好布局，配备网员

网员就是党员骨干队伍，是社区的中坚力量，社区加强对网员的使用和培养，打造社区服务的主力军。一是布线设岗定人定责。建立网员专线，横线网员是“3 个党支部+6 个党小组”，纵线网员是“5 名支委+65 名党员楼门长”，网线纵横交错，网内党员身影遍布。作为政策宣传员、治安管理员、环境监督员、法制宣传员、助老服务员、党风监督员“六大员”，不仅使普通党员有了责任感，有了用武之地，“档案袋”党员有了头衔，在业余时间开展服务，利用智慧化手段上传参加服务的信息。网员有了自己的岗位，工作起来胸有成竹，服务居民的热情不断提高。二是同坐板凳结对帮扶。网员与困难户、残疾户、高龄户、空巢户 78 户居民结成对子，入户聊家常，访民情，聚民意。对住房困难的帮助申请公租房；对有大病的帮助申请大病救助；对就业困难的逐级反映情况、提供就业信息等；网员和困难群众建立深厚感情，党组织和困难居民的心连得更紧。三是志愿服务争当先锋。12 名觉悟高、党性强的网员积极参加社区志愿服务，并担任组长，带领 36 名群众加入“12345 蓝盾治安志愿者”服务队，每天在社区内开展常态化巡逻。在他们的参与下，公共安全得到有力保障。在志愿服务中，网员的党员意识得到提升，先锋模范作用得到有力发挥。

社区党总支把为社区居民做好服务，解决居民的困难始终作为头等大事来抓。党总支安排党员干部联系困难群众，开展“一帮一”结队帮扶活动，做到社区全覆盖不留死角。

社区干部李玉英结对居民李淑兰，她患有半身不遂，小儿子任立民因病一直未成家专职照看母亲，两个人的生活只靠李淑兰微薄的超转老年人生活费维持。自从李玉英与李淑兰结对之后，坚持每月上门服务，有时自己买菜、肉、鸡蛋上门包饺子，改善李淑兰的家庭生活。有时还带着其他社区工作者到李淑兰家进行保洁、助浴等，把帮扶工作真正做到了“家”。

社区党总支、居委会为解决李淑兰的实际困难，每年向西潞街道残联、社区办等部门申请特困家庭补助，并协调民政局的老年餐车每天中午为她家配送午餐，使李淑兰切实感受到党和政府的温暖。

3. 做好支撑，夯实网点

培育服务网，网点是工作基础，事业支撑，着实才牢固，打牢支柱连接点，使服务网更扎实、更得民心。一是夯实居民的思想支撑点。开办市民学校和路边大讲堂，宣传党的路线方针政策，普及优秀传统文化，倡导社区内老户和新居民的自我学习，不断提升思想观念，鼓励更多居民参与社区建设。二是夯实道德支撑点。充分调动广大居民的积极性，开展了“牢记党恩、凝聚力量、共抒红色情怀”“道德力量”等大型室外演出活动，居民自编、自导、自演、自我受教育，组织居民参加环境整治公益劳动，有力提升了居民的道德修养和文明素质。三是夯实法治支撑点。成立了以党员许顺命名的人民调解室，建立了社区公益法律工作站；为居民化解了婆媳矛盾，提供了财产分割、遗产继承等法律服务。居民做到了有难题找法律，依法办事，极大促进了社会和谐。四是夯实文化支撑点。成立北京市第一家社区文联，不仅发挥党总支助手作用，而且通过 4 名文联顾问定期辅导，提升了书法班、合唱班、朗诵班、交际舞班的授课水平，176 名居民成为文联各文体队伍骨干，兴趣爱好得到发挥，文化素养得到快速提升。五是夯实民生支撑点。党总支积极协调，大力解决民生的热点问题。如，逐步改变蝶翠苑小区 15 年来水质一直不达标的地下水现状，接入了国家水网的自来水；积极申报，率先为 5 栋居民楼争取到老旧小区改造外墙保温的工程；解决养老“最后一公里”问题，开展塔式绿色养老，每天近百名老人接受身体健康到心理健康的多样化服务；自筹资金，在社区成立治安联防队，安置失业村民 43 人次，使就业率达到 100%，为居民解了难事，做了好事，办了实事。

4. 建好阵地，覆盖网格

网格，就是阵地，既是居民生活的平台，也是社区服务的平台。党组织把全社区划分为 15 个网格，做到衔接无死角，网格全覆盖，管理全方位。同时，面对老旧小区缺少活动场所等硬件设施，无法满足党员群众活动的客观条件，社区党总支增容加项，建设服务阵地，使网格化服务更贴近党员群众的心。一是改造社区舞场，建设文化活动场所。投资了 57 万元平整露天场地，搭建了可移动式室外活动舞台，制作文化墙、宣传灯箱、休闲长椅，室外舞场满足居民室外健身、舞蹈休闲娱乐的场地需求。二是开放阳光体育场，共享体育健身场地。与学校开展校区共建，整合公共资源，实现共享学校大操场，为居民体育健身和社区体育活动提供场地，满足居民晨练和休息日健身需求。三是重修党员活动场所，打造党员活动阵地。整合空间，改造党员活动室，设立宣誓台、谈心区、阅览区、学习区、展示区等，为党员活动提供良好场所，打造温馨的党员之家。

民主决策、科学决策是避免工作失误的重要保证。为了充分发扬民主，苏庄三里党总支制定了“五不决策”制度。

近年来，由于私家车辆俱增，小区内停车位有限，部分业主将车辆停在了社区建鑫路和翠柳大街两侧辅路上，致使道路破损严重，居民出行不便，意见很大。为此，苏庄三里社区“两委”班子充分发扬民主，及时召开班子会议，通过认真研究讨论以及反复推敲利弊关系，决定采取自筹资金与环境专项经费相结合的办法，逐步改善道路破损现状。随后分别召开了党员、居民代表大会进行民主决策，代表们一致通过。现在共创大厦附近两个停车场安装了电子杆，规范了停车位，并安排5名联防队员进行管理维护，彻底解决了居民关注的大问题。

5. 按章办事，修好网规

网规就是制度，没有规矩不成方圆。党组织结合管理和服务出现的新情况、新问题，不断制定和完善制度，如《党员干部约谈制度》《党员联系户制度》《志愿者服务规范制度》《干部述职测评制度》等，服务群众按标准，党员干部守规矩，党建管理用制度，使网规突出针对性和指导性，务实管用，为“育网式”工作法的运行提供了保障，有力地提高了党组织的管理力。

（三）党员——网格化的忠实服务员

社区党总支自实施“育网式”工作法以来，注重加强对党员的培养和教育，使他们充分认识实施“育网式”工作的重大意义，积极发挥党员的先锋模范作用，使“育网式”工作法落到实处。

1. 思政教育常态化，不忘初心为居民

网员坚持学习党章、党规和习近平总书记系列讲话，通过《专家大课堂》，学习了《加强理想教育、建好合格的社区党员队伍》《三严三实专题党课》《视听说动一体化——专题党课》《社区党员议事及角色定位》等高水平的党课。通过《电教大课堂》，组织网员观看和学习了《一案之规》《社区大讲堂天天向上》《为你而歌——小区里的大管家》《红色家书》之《烽火邮路》《周恩来的四个昼夜》等电教影片；通过走出去学习，参观了中国人民抗日战争纪念馆、房山区平西抗日战争纪念馆、顺义区焦庄户地道战旧址、门头沟区平西情报联络站、延庆平北抗日战争纪念馆等，网员接受了爱国主义和革命传统教育，进一步坚定了理想信念和宗旨观念。让网员们紧紧抓住全心全意为人民服务这个主线不放松，忠诚、实干、担当、奉献成为网员的座右铭。

社区干部是党在社区各项方针政策的主要贯彻者和直接实施者，是社区建设的主力军，又是“育网式”工作法的推行者和网格化服务社区的核心力量。社区干部角色发挥的好坏，直接影响到社区建设。“育网式”工作的强弱，直接影响到对居民的服务质量。党总支充分利用现代远程教育要在社区干部的教育培训上发挥主导作用，培养一支政治合格、素质强、作风硬的干部队伍。一是加强思想教育。集中时间专门组织学习增进班子团结、反腐倡廉内容，突出启示性和导向性。2015 年组织观看电教片《北京市正风肃纪教育》、房山区组织部拍摄的《一案之规》等，引导社区干部树立起服务意识、奉献意识，积极投身为群众干事中。二是加强政策教育。干工作需要政策引路，一个不懂政策的干部，工作时无异于盲人摸象，社区发展必然难有起色。把现代远程教育赋予“传令员”和“教导员”的角色，以影音形式代替文件形式，以理论和实践相结合的形式代替单纯的理论灌输形式。如观看历史文献纪录片《筑梦中国——中华民族复兴之路》等，将党和国家的方针政策及时、直观、形象地传达到社区干部大脑中，切实提高社区干部的政策掌握水平和运用水平，增强大局观念和服务意识。三是加强能力教育。社区问题纷繁复杂、千头万绪，社区干部如果不具备较强的组织协调能力和做群众工作能力，就难以胜任。党总支从社区工作需要出发，通过党员干部现代远程教育为社区干部传经送宝，增强社区治理能力。组织社区干部观看了《社区讲堂》，在学习典型事迹的同时，学到了诸多先进的理念和具体工作方法。社区干部通过远程教育学习了《智慧建设》，学会了发掘亮点，学会了参考借鉴，学会了举一反三。多种教育手段，也促进了“育网式”工作的推广和深化。

远程教育使得“育网式”工作法进一步创新，利用智慧化手段更加游刃有余。一是通过“育网式”工作法联系居民。向合格党员看齐，中青年党员与关爱群体结对子，走入居民家中，聊家常，访民情，聚民意，做好服务工作，得到了帮扶对象及家人的好评。二是成立了“向阳花党员志愿者”服务队，下设 10 个小分队，分布在社区 6 个生活小院和两条主干道内，为社区环境的改善尽最大努力。党总支还组织了文化志愿者服务分队，慰问西潞街道福利中心老人等活动，为孤寡老人送欢乐。三是培养、选树典型，发挥先进党员的先锋作用，2016 年 6 月举办了以“前进在党旗下——筑梦复兴路”为主题的庆祝建党 95 周年文艺演出，党总支表彰了 20 名优秀共产党员，为参加书法和摄影比赛的党员颁发了获奖证书，充分发挥典型的辐射带动作用，号召在全社区党员干部和广大居民中掀起“学模范赶先进”的热潮。

2. 设岗定人定责，服务到位暖心

“育网式”工作法将党建网划分三层网面，每个网面代表一个党支部，5名支委网管进行管理，15块网格内143名网员成为骨干。政策宣传员、治安管理员、环境监督员、法制宣传员、助老服务员、党风监督员“六大员”身份明确了网员的身份。岗位职责不仅使普通党员有了责任感，有了用武之地，“档案袋”党员有了头衔，网员们利用党员活动日为社区居民服务，利用党建群微信群的智慧化手段上传服务信息，畅谈服务感想，让全体网员共同分享。网员们工作起来胸有成竹，服务居民的热情不断提高。

3. 结对帮扶入户，网员服务情深

网员与困难户、残疾户、高龄户、空巢户78户居民结成对子。每年两次入户，春节的时候为每个联系户送去中国结送祝福。有的网员自掏腰包为高龄老人送去营养品；有的帮助困难老人洗澡打扫卫生；有的为残疾户解决供暖管道不通畅、解决轮椅等实际问题。共产党员程志勇联系户王尧平是83岁的空巢老人，老人的子女都在市里工作、生活，不能经常陪伴左右。于是他经常去家里陪老人聊天儿，为老人读报，倾听老人讲过去的故事，他的服务让老人的子女非常感动，王大爷激动地说：“志勇这孩子特别好，总想着我这老头子，我打心眼里感谢党组织！”网员和关爱群体建立了深厚的感情。党总支书记居委会主任邵雪松是一个对居民有深厚感情的当家人，她将“三助”（助老、助残、助困）活动运用在网格中，通过党员“结对帮扶”，按照“组织联系重点户、党员联系困难户、骨干联系结对户”的形式，每名党员每月定期入户走访，聊家常、访民情、解民意，使网格内的帮扶活动更加经常、更加方便、更加快捷。

在她的联系户中，有一户居民是外地买房户，房主叫王文革。他因病完全丧失了劳动能力，有两个儿女正在上学，还有一名患有精神病的儿子需要人照顾。对此邵雪松同志高度重视，在她的积极倡导下，及时召开党员大会倡议党员、干部奉献爱心为居民王文革进行捐款，她与班子成员一起将2800元善款送到王文革手中。随后又联系建鑫园物业公司，安排王文

革妻子在小区门口疏导车辆，有了一份较稳定的收入，较好地解决了他家的生活困难。

（四）“育网式”工作法取得的初步效果

苏庄三里社区实施“育网式”工作法，党组织的核心领导作用得到明显增强；社区党员的先锋模范作用明显增强；社区的向心力、凝聚力明显增强，“育网式”工作法取得突出成果：

苏庄三里社区被国务院防范和处理邪教办公室评为“创建无邪教示范社区”；先后被评为“首都文明社区”“北京市先进社区居民委员会”“北京市思想政治工作优秀单位”“北京市民主法治示范村”“北京市敬老爱老服务示范单位”“首都社区志愿者服务组织之星”“北京综合减灾示范社区”“北京市充分就业示范社区”等；连续5年荣获“房山区先进基层党组织”“房山区党风廉政单位”等光荣称号。

（案例提供：北京市房山区西潞街道苏庄三里社区党总支副书记刘艳辉）

八、开启“社区+”的新时代新生活
——四川省攀枝花市东区炳草岗街道阳城社区智慧社区建设模式创新

(一) 智慧社区建设背景

阳城社区成立于2013年8月15日，是一个以行政办公、商业、居住为一体的城市社区，辖区面积约2.5平方千米，居民约1.7万户、5万余人。

新建的阳城社区曾面临各种问题并亟待解决，主要表现为以下三方面。第一，社区人口构成复杂，包含企事业单位离退休职工、外来务工群体、外地迁移人口等，最初的阳城社区就是一个陌生的社区，甚至有居民都不知道社区的性质是什么，这一系列现象就逐渐产生了业主与业主之间、业主与物业之间、业主与开发商等多方面的矛盾，并且随着时间的变长，各方面矛盾也日益尖锐。第二，一般社区宣传方式主要为公告栏张贴公示，居民获取社区资讯的途径比较少，宣传覆盖面极为狭窄。第三，由于社区人口数量大，并且人们生活水平逐渐提高，居民对于生活消费、政务办理、文化活动等多方面的服务需求也日益增长，社区现有条件暂时无法满足居民多元化的服务需求，居民因此抱怨声不断。

针对以上社区服务居民过程中存在的各类问题，阳城社区积极建设智慧社区，充分利用物联网、云计算、移动互联网等新一代信息技术的集成应用，为社区居民提供一个安全、舒适、便利的现代化、智慧化的生活环境，满足居民的生存和发展需要，从而为居民提供精准化、精细化的服务。

（二）智慧社区建设内容

2015年阳城社区被确定为四川省智慧社区试点单位，2017年通过四川省住建厅验收。阳城社区以“一核多元 共治共建共享”为总体思路，以“智慧社区”建设为抓手，通过不断的实践探索出了“社区+智慧党建”“社区+智慧政务”“社区+智慧网格”“社区+智慧媒体”“社区+智慧物业”“社区+智慧养老”等“社区+”模式，以智慧社区建设为平台，社区党委为领导核心，以社会组织为载体，以社工为骨干，志愿者为链接，着力构建组织健全、便民利民、环境优美、文明祥和、平安和谐的“幸福家”。

1. 新媒体云平台

平台根据新型智慧城市“以人为本、务实推进”的核心理念，将依托移动互联网建立一个以城市社区居民为中心的新媒体平台，实现信息发布、网络互动、实时分享，新媒体平台将采用云计算核心架构，为社区、物业、群团组织、媒体、企事业单位等提供一个展示自我信息的途径，同时也为广大社区居民提供便利的信息查看服务，从而形成移动互联网时代的自媒体平台——“攀枝花智慧社区”微平台。

2. 社区政务服务云平台

平台整合社区“一门式”政务服务体系，为居民提供在线办理民政、住建、人社、计生、工会、残联、文广、组织等各项业务，实现社区政务服务的“互联网+”。平台通过“一号申请”“一窗受理”“一网通办”实现网上申请窗口、审批追踪、审批提醒督促、审批服务协调等社区政务服务的一体化、融合化、协作化。

3. 社区O2O电商云平台

平台整合社区周边生态商家，向居民提供衣、食、住、行、娱等服务，居民可在线进行商品的选购及支付。整合物流资源为商家和居民之间提供“最后一公里”的配送服务，让居民享受足不出户的优质服务。为各

图 2-19　攀枝花市阳城社区公共服务中心

大商家设置一级管理权限，可自行设置二级管理权限，对商品信息、交易订单、交易资金等进行操作管理。

4. 社区公共服务云平台

平台为居民提供在线水电气等公共服务，工会等群团服务，社区安防、智慧物业、智慧家庭、智慧养老、智慧医疗等公共服务查询等业务。为居民提供一站式综合的业务服务，真正实现智慧社区的便利服务模式。

5. 智慧党建云平台

通过智慧党建云平台建设，促进区域内党组织、政府、企业和社会组织融合互助，共同完成涉及区域性、社会性、群众性的重大任务。整合社区资源和各类党组织及广大党员的力量，依托“两个报到”规定，发动单位党组织、社区在职党员进一步参与志愿服务活动，形成项目化、经常化、主动化的参与机制，形成支撑合力。打造“互联网+智慧化党建”平台。

6. 运营管理综合服务平台

项目将建立统一的运营管理综合服务平台对平台日常运营进行统一的管理，对管理权限进行细分设置，不同的管理员负责不同的业务板块，可对会员、广告、资金、信息审核进行分类管理操作。

7. 社区大数据平台

项目通过整合社区政务、社区商务、社区公共服务、新媒体等平台将采集大量的城市社区居民数据、服务数据、个性化特征数据，通过平台的持续运营和服务将积累形成社区大数据。社区大数据平台的建立旨在建立数据的采集、存储、分析、挖掘和应用平台。

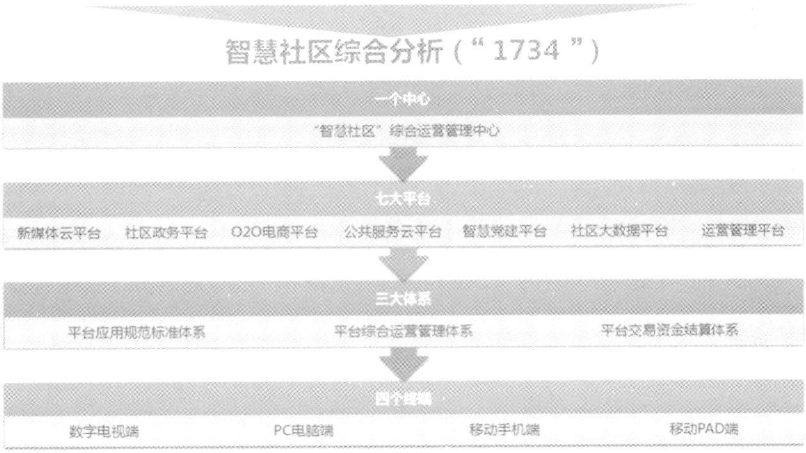

图 2-20　智慧社区综合分析

（三）智慧社区建设主要成果

1. 智慧社区+小区党建：实现党务工作全覆盖

社区党建工作是城市社区工作的基础，以城市改革和发展为中心，以服务群众为切入点，在为民服务中增强党组织的凝聚力，体现党员的先进性，扎实开展社区党建工作，在实践中积极探索社区党建工作的新思路、

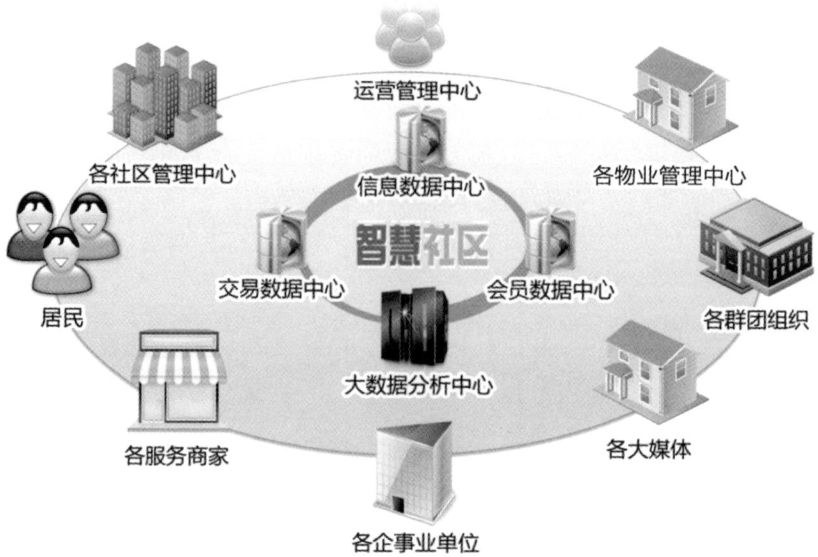

图 2-21 智慧社区平台构成

新途径。阳城社区党委以“一核多元·共建共治共享”的新型智慧社区治理模式，在社区 12 个小区分别成立党支部，构建了“四位一体”小区组织体系，采用“支部进小区”的路线，将城市社区党建工作纳入小区建设，整合小区内的离退休党员、流动党员、在职党员、直管党员和“两新”党员力量，建立了小区活动党支部与居民自治同规划、同研究、同部署、同步推进。推进社区党建的“四个延伸”，做到“哪里有人群，就把发展党员工作做到哪里，哪里有党员，就把党的基层组织建到哪里”，不断扩大党建工作的覆盖面。在小区党支部的组织下相继成立了老年、青少年儿童、妇女等多支服务队伍。社区从每个小区的物业公司聘请一名经理作为社区居委会兼职副主任，把物业公司纳入社区管理，进而把社区工作和物业工作融合起来，实现共建共享。

新宏小区有位残疾老人孙大爷，生活难以自理。新宏国际小区党支部书记刘志福知道后，通过智慧社区微平台招募本小区志愿者，把志愿者分成 7 个小组，每个小组轮流到孙大爷家中照顾他，如打扫卫生、陪孙大爷去医院做理疗、推孙大爷到外面晒太阳、帮孙大爷熬药等。刘志福组织小区内志愿者帮助孙大爷的事迹在小区广泛流传，在居民眼中，刘志福就是一个名副其实的小区管家。在刘志福这个管家的感召下，新宏国际小区在智慧社区微平台注册的志愿者已多达 170 人。为了让小区居民有一个融洽祥和的居家环境，刘志福通过微平台发布“我爱我家”小区治理活动，带领小区志愿者团队组织小区居民群众捐款，筹备资金 2000 余元，为小区种植了攀枝花树、黄果树、爬山虎、鸭脚木、花椒树等树木 20 余棵，并组织修建居民活动场所，购买休闲设施设备，给居民提供了一个休闲纳凉、赏花的场所。在刘志福带领下的小区志愿者团队，将新宏国际小区打造成了一个宜居的花园小区，不仅为小区内的居民提供了活动场所，也吸引了附近的居民到小区去散步、纳凉、赏花。

辖区党员有 570 人、机关党组织 15 家、企业在职党员 1704 名在小区报到，通过“智慧社区”党建微平台，实现了党员信息数据化服务精准化，并根据单位自身资源特点和个人特长，通过智慧平台上发布信息和任务，方便党员到智慧平台上选择服务项目，发挥党组织、党员在小区带动居民参与社区治理的先锋模范作用，解决了许多居民服务过程中的矛盾，同时极大地丰富了居民的文化生活。

2. “智慧社区+媒体”宣传：实现服务信息全覆盖

阳城社区建立了“攀枝花智慧社区微平台”和“攀枝花智慧社区服务云平台”，通过整合辖区内党务、政务、社会服务等信息，以智慧社区微平台为载体，在辖区居民家门口张贴社区微平台二维码，居民可以通过该平台更精准、更快捷地获取各项便民信息，居民不出家门就可以享受到便民服务。目前社区通过微平台已覆盖全社区 1.7 万户居民及商家，居民在家不仅可以实时了解妇联、人防、科技、法制等各项热点民生政策信息，还可以通过社区微平台享受创业就业服务、政府购买的公益服务、社会组织提供的公益微利服务及互联网商家提供的商业服务，实现了社区服务信息的全覆盖。

“办理居住证明时要核查多种资料，以前要花近半小时才能办妥，如今通过智慧社区微平台开通了预约服务，我们可以根据自己的时间把要办的事情提前在平台上预约，按照网上的办事指南，提前把材料准备齐全，按时到社区办理，既方便也不需要排队等候，办事效率明显提高。”前来阳城社区办理居住证明的刘先生表示，上班族工作很忙，以往为了开个证

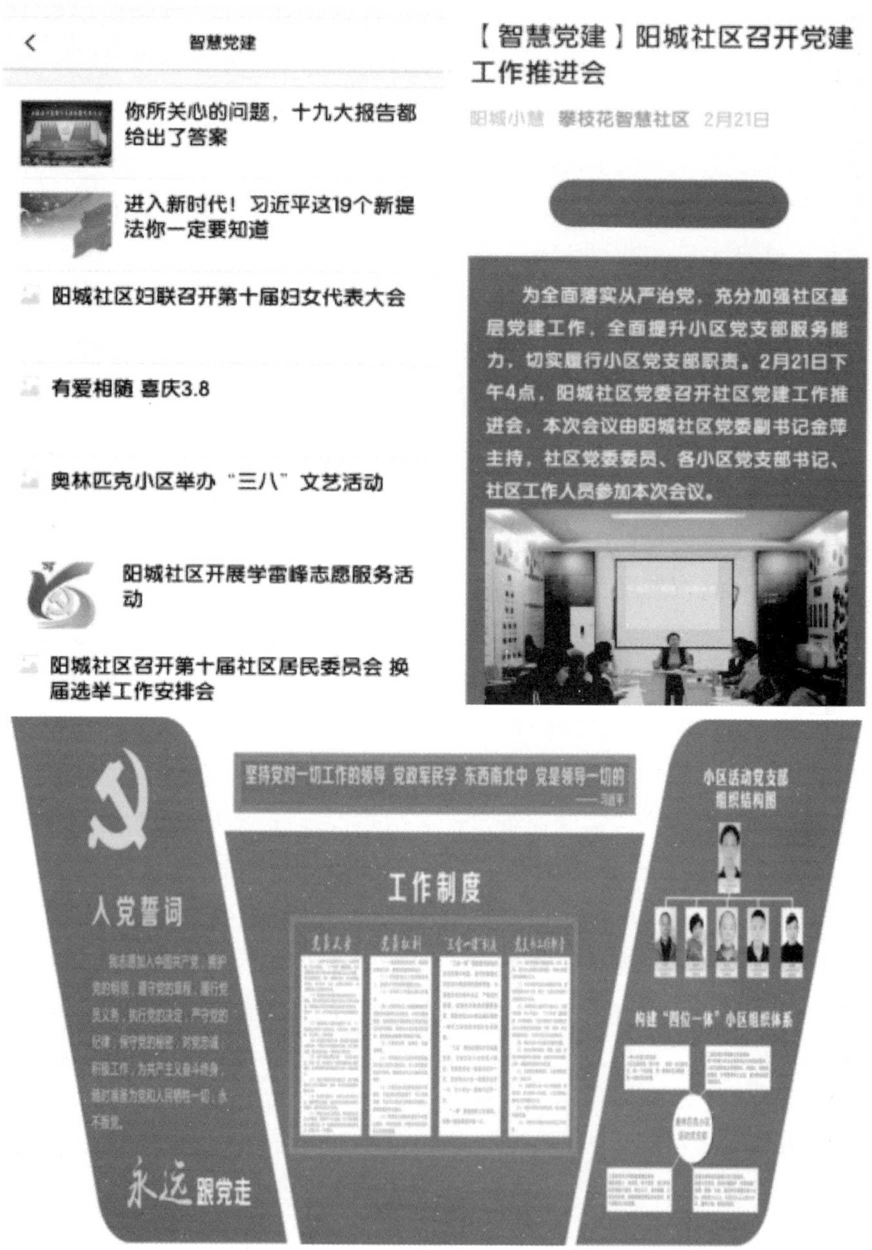

图 2-22　“智慧社区”党建微平台

明都要向单位请假，自智慧社区微平台的“预约服务”推出后，大家都感到方便快捷。“推出智慧社区的初衷就是简化群众办事流程，让群众少跑腿。”将民政、计生、应急、司法、公安等政府部门惠民信息整合到一张为民服务网中，通过“智慧社区”的服务平台“一站式”受理，居民足不出户，通过手机或鼠标轻轻一点，就可了解就业、养老、文化等服务信息和办事流程。居民如需办理居住证明、就业失业证明等事项，可直接通过关注社区的微信公众号，浏览详细的办事流程、注意事项、所要携带的证件等重要信息，并在网上进行预约申请，甚至与后台工作人员进行互动，然后按约定时间到来，提供个人身份证件即可快速办理。在政务服务方面，目前阳城社区能够为群众提供网上信息查询、办事指南、网络问政、政务办理等服务，居民足不出社区，便可在网上办理居住证明、低保申请、就业失业证明、婚育证明等多项政务服务。

图 2-23　攀枝花智慧社区 App

3. 智慧社区+商业服务：实现社区居民服务多元化

为打造“15 分钟便民生活圈”，阳城社区建起“邻里中心”，“邻里中心”摒弃了沿街为市的粗放型商业形态的弊端，也不同于传统意义上的小区内零散商铺，而是立足于“大社区、大组团”进行功能定位和开发建设。在满足居民日常生活需求的同时，阳城社区还引入文化教育培训、电子商务等。家门口的“一站式”服务，让居民步行出门，就能把东西买了，事情办了，这“15 分钟便民生活圈”成为社区居民的“幸福生活圈”。

“居民在家门口就把所有生活琐事办完，真是太方便了。”家住阳城龙庭小区的郑秀凤说，以前买菜、日用品得赶车到九附六、西海岸等市场或超市，来回一两个小时，很不方便。自从社区建起了“邻里中心”后，在家门口不仅可以方便地购粮、油、水果、蔬菜等生活必需品，还能购药、办理快递、缴水电费、公交卡充值等便民服务。

居住在阳城龙庭小区的罗阿姨，在家做酸菜鱼，结果酸菜不够，但是罗阿姨行动不方便，家里没其他人，这时罗阿姨立即想起智慧社区微平台。罗阿姨按照社区工作人员曾教她如何使用智慧社区微平台网购，下单后不到 20 分钟，罗阿姨就收到了刚才她选中的酸菜。这项服务，是社区专门为居民提供的免费送货上门便民服务。自从社区建立起“15 分钟便民生活圈”后，生活方式发生了大变化。据介绍，在围绕便民服务方面，社区把通信、电力、燃气、公交等企业服务端口接入智慧社区平台，先后形成了“智慧生活”“智慧医疗”“智慧教育”“智慧养老”“智慧投递”等服务模式，居民在网上可获取社区周边吃、住、行、游、购、娱、健等便民生活信息和服务。

4. 智慧社区+服务联盟：实现服务精准化精细化

社区采用“三社联动”机制，社区、社工、社会组织“三方互促”，通过成立阳城智慧社区服务联盟引导多方社会力量参与社区服务；阳城社区以多种方式培育发展社区社会组织。

专项指导：由阳城智慧社区服务联盟为社区社会组织提供一对一的专业指导、组织定位、发展规划等服务。

特色品牌打造：针对社会组织的特长，在社区开展专项居民服务活动，增强社会组织在社区的影响力，吸引更多居民一同参与，增强居民的参与度。

组织建设培训：邀请不同专家，对社会组织负责人开展能力建设培训：团队的建设、团队的管理、撰写项目书、筹措资金、领导力等。

社会组织交流学习：带领社区社会组织负责人到其他社会组织进行交流学习、传播经验。

截至2019年先后培育及引进“金沙·知音堂”“优宝贝未成年教育中心”“葫芦丝巴乌协会”“攀枝花市茶艺协会”“花城美容美发协会”“攀枝花市文化产业协会”等51家群团组织，为居民提供定制的、丰富的社会服务和商业服务。社区与群团组织开放兼容，建立群团组织参与社区治理的新模式，里应外合，激发群团组织参与社区服务的新活力。

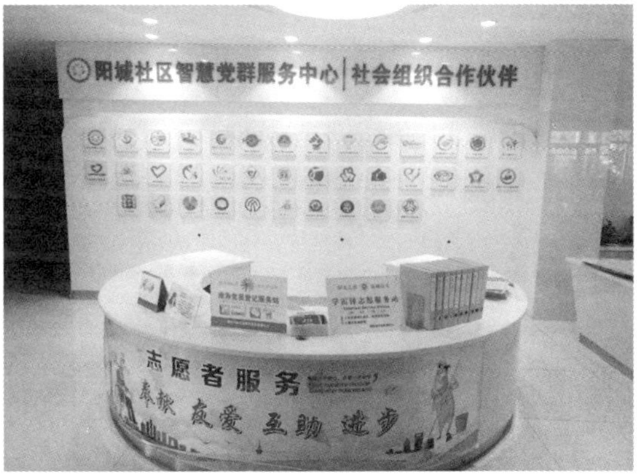

图2-24　阳城社区智慧党群服务中心

社区以智慧社区建设为平台，社区党委为领导核心，以社会组织为载体，通过社会组织参与智慧社区建设，提升了社区管理服务应用载体，服务方式实现了被动向主动、单一向多元、粗略向精细的转变，提高了服务群众的能力。如今，阳城社区在辖区内已建设12个党组织，其中小区党支部11个，社区党支部1个，实现了小区党组织全覆盖。社区培育和引进社会组织51家、农村专业合作社17家、73个商家，提供便民利民服务、文化交流学习、精准扶贫、就业帮扶、青少年社会实践、老年日间照料等服务项目103个，服务人群2万余人。为社区居民提供精准化、精细化服务。花城美容美发协会每月在阳城广场开展一次为居民免费理发服务；金沙·知音堂每个星期四在社区活动中心免费指导社区合唱团练习合唱；社区医疗志愿服务队每月在阳城广场开展一次义诊活动。

（四）对智慧社区建设和社区治理的思考

在这个日新月异的新时代，我们不能做时代的观望者、等待者，而应该做参与者、实践者，才能不辜负这个时代。让人民居住条件更舒适、居住环境更优美、邻里更和睦，让人民的生活质量更高，让人民购物更便捷，让人民享受到精准化、精细化的服务，是社区长期以来的使命。

党领导一切，是阳城社区治理的指导思想。阳城社区将通过优化和创新“社区+”的治理和发展模式，持续为居民提供多元化、专业化、定制化、市场化、智能化的社区服务，促进居民消费和经济发展，挖掘社区产业经济“富矿”，创造商业价值、创造就业岗位、创造文明和谐，让居民享受到精准化、精细化的服务，开启智慧社区服务的新时代、新生活。

（五）经营社区，成立居民服务公司

1. 成立社区“城投”公司

阳城社区成立一家当前商业企业不愿做，社会组织做不好，而政府没精力做的满足居民需求的服务公司——攀枝花市新路径居民服务有限公司。公司在社区“两委”的指导管理下，采取自主经营和与辖区房地产开发公司、物业公司、家政服务公司、社会组织等建立战略合作关系的模式，合伙经营社区经济，旨在增强社区造血功能，整合资源协调发展，既服务社区居民，又兼顾公益，共同推进社区治理。

2. 开展社区邻里义集

丰富小区商业服务、社会服务，用服务促进小区人与人的交流、互助，探索陌生人社区到熟人社区的路径，解决目前城市社区人与人之间的冷漠和隔阂，促进社区人的改造和社区和谐。

3. 建立社区居家养老服务体系

引进智能化健康安全管理系统，组建“服务队伍=社区+医院+机构养老+家政+物业+开发商+N”，为老年人提供居家养老所需的服务。

图 2-25　智慧健康小屋

图 2-26　社区青少年活动中心

（案例提供：四川省攀枝花市东区炳草岗街道阳城社区党委书记严正）

九、寓治理于服务之中——智慧社区新型治理模式
——基于湖北省武汉市江岸区141个社区综合分析

（一）江岸区概况

江岸区隶属于湖北省武汉市，是武汉市7个中心城区之一，中共武汉市委、市人民政府、市人大常委会和市政协委员会所在地，总面积70.25平方千米。2018年9月，《2018年中国百强区发展白皮书》在京发布，江岸区当选2018年中国百强区。江岸区下辖16个街道、1个社区管委会（包括大智街道、一元街道、车站街道、四唯街道、永清街道、西马街道、球场街道、劳动街道、二七街道、新村街道、丹水池街道、台北街道、花桥街道、谌家矶街道、后湖街道、塔子湖街道、百步亭社区管委会），共计141个社区。

（二）项目建设背景

在国家政策的大力支持下，以移动互联网、云计算、物联网、大数据等技术为载体的智慧社区建设快速落地。但随着社区居民的需求日益增长，目前智慧社区建设取得的成效还远远不够，落地过程中还存在一些不足和问题。随着新时代、新生活的到来，居民对便捷、高效、智能的社区服务需求与日俱增，倒逼政府优化行政管理服务模式，引导建立健康有序的社区商业服务体系。通过综合运用现代科学技术，整合区域人、地、物、情、事、组织和房屋等信息，统筹公共管理、公共服务和商业服务等资源，以智慧社区综合信息服务平台为支撑，依托适度领先的基础设施建

设，提升社区治理和小区管理现代化，促进公共服务和便民利民服务智能化的一种社区管理和服务的创新模式，是实现新型城镇化发展目标和社区服务体系建设目标的重要举措之一。

（三）项目建设目标

以为民服务为根本，立足于社区实际，充分发挥模式创新在增强和提升社区治理、服务与管理中的关键作用，围绕着基础设施智能化，社区治理现代化，小区管理自主化，公共便民服务多元化、智慧社区运营可持续化等目标，促进社区健康可持续发展。具体目标如下所示：

作为社区党组织领导下，“三方联动”“三社联动”“多元共治”“多元共服”的信息服务平台，整合社区党务、居务、物业、社会服务、志愿服务、便民服务等，提升居民生活质量和居民的获得感、幸福感、安全感。

作为政务审批网为民服务功能的向下延伸平台，将区、街道面向平台市民的服务功能直接提供给广大居民。社区治理的核心是要赋能于居民，要让居民真真切切感受到自己在城市治理中的主体地位的意义，提升参与城市治理的责任感，使治理成效更多、更公平地惠及全体人民。

作为社会管理网信息搜集功能的向下延伸平台，在服务过程中搜集各类居民诉求，直接反馈给社区网格员、社区居委会、业委会和党组织以及有关政府职能部门。

（四）项目建设内容

本项目以“寓治理于服务之中”的理念，坚持“互通共享、综合协同、便捷高效”的原则，建成一套面向社区、服务居民、可扩展、易接入、持续运营的信息平台。

1. 平台的总体架构

平台总体框架以政策标准、绩效考核保障体系和社区运营支撑体系为支撑，以设施层、网络层、感知层等基础设施为基础，汇聚社区多种来源数据资源，架构“社区管家”综合数据平台，并在此基础上构建面向社区居委会、业主委员会、物业公司、居民、市场服务企业的智慧应用体系，涵盖包括多元共治——社区治理、小区管理等；多元共服——公共服务、便民服务以及社区文化等多个领域的应用，以社区官网、App、微信公众号多种方式接入用户。

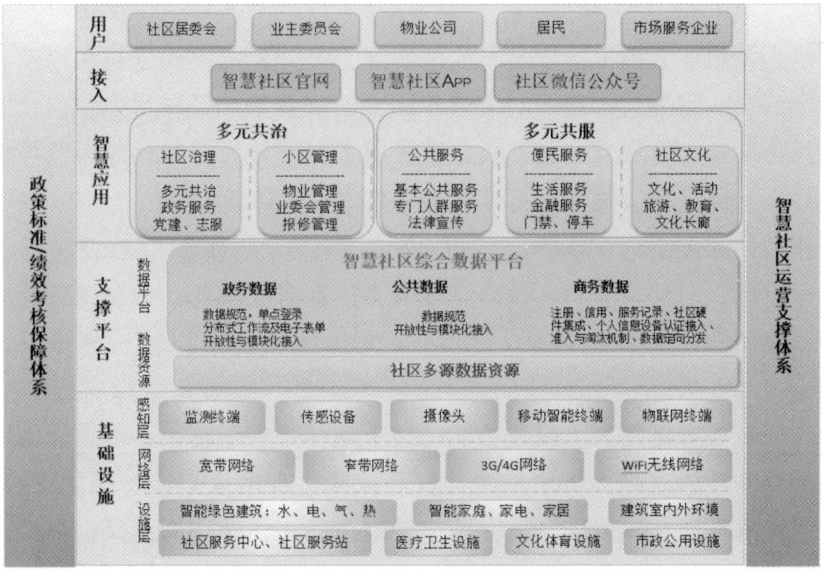

图 2-27　平台总体框架图

2. 平台功能介绍

（1）面向居民

平台将社区居民各类诉求与社区党组织、居委会、业委会、物业公司、群团组织、社会组织和志愿服务组织等服务主体有效对接，实现居民诉求渠道畅通，坚持问题导向、责任分工、多元共治，通过线上线下联动合力解决社区居民各类诉求，提升居民生活质量和居民的获得感、幸福感、安全感。

①一键上报。“一键上报”作为社区居民向社区多元共治平台提报一切需要帮助的事情的通道，让居民遇到可疑人员、发现井盖丢失、遇到任何急事难事时都能通过一键上报功能，找到责任单位、人员。用户可实现

文字和视频实时上报的功能，方便用户进行操作管理，并还可以通过 App 中“我的上报”功能进行查询上报记录和指派处理的情况，实时了解上报事件的进展情况。

②掌上居委会。掌上居委会，利用信息化手段提高办事效率，为社区居民提供一口式、方便快捷的各种公共服务，推动政府职能转变，提高公共服务效能，提高婚姻登记、优抚安置、社区登记和社会救济四方面的业务信息化办理能力。创新社区组织申请和宣传方式，探索社区服务的信息化服务模式。系统功能包括 4 类：政策法规、社区公告、办事指南、业务预约功能。

③找书记。社区居民遇到急事难事，只要通过江岸社区“管家找书记”功能发出诉求，社区书记将在第一时间收到、处置和回复。社区居民通过点评功能为社区书记的服务点赞、打分和评星级。

④找物业。社区内物业服务窗口，物业服务信息展示，物业报事报修及处理回复，信息可查询、跟踪、统计分析。

⑤群团组织。采集全区群团组织、社会组织服务点数据，建立一张群团组织、社会组织服务地图，让有需要的社区居民随时可以找到“身边”的工人之家、青年之家、妇女之家、阳光家园等机构。该平台还将根据社会组织的服务对象和服务内容进行分类展示，社区居民可以根据需求选择自己所需的社区养老、社区助残、心理辅导、儿童陪伴等机构，在线预约、点评服务。

⑥志愿服务。借助信息化手段，对志愿者的信息、活动、团队进行全面管理，详细记录志愿者的所有档案信息和活动，建立一个较完整的志愿者管理系统，便于管理服务志愿者和相关的团队活动，促进人力、财力、物力更好的分配利用和协调调度。

（2）面向社区

平台主要实现信息发布，居民诉求的及时收集、高效研判，资源的有效整合、服务的快速提供以及工单管理和信息回馈。同时，将居民诉求中的急、难、险、重内容及时上报到区、街道层级的有关政府职能部门，做到应报尽报，多方联动，处置到位。

（3）面向区、街道及有关政府职能部门

平台主要提供居民诉求统计分析功能，社区服务满意度评测功能，居民诉求中的急、难、险、重事件接收功能，同时提供政务服务网、社会管理网的服务延伸功能。通过直观的图表、GIS 地图及其他可视化展现方式展示社区管家系统运行态势图，让管理者对当前各社区大小事件、运行态势有一个全面的了解。基本功能：统计分析、满意度测评、急难险重事件接收、政务审批。

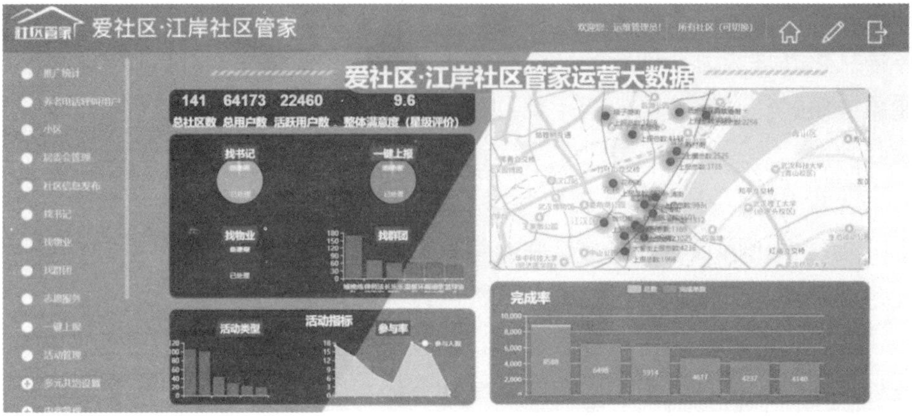

图 2-28　江岸社区管家运行数据分析与展示系统界面

（五）项目创新点

第一，本着“互通共享、综合协同、便捷高效”的原则以百步亭社区党建“二三六”工作法为指导，以“寓治理于服务之中”为理念，打造的一套面向社区、服务居民、可扩展、易接入、持续运营的社区信息服务平台。百步亭社区党建“二三六”工作法是百步亭社区党委在实践和探索中总结出的一套特色鲜明、实用有效的社区党建工作经验，主要内容是“双强、两进入”，“三方联动四项服务、三支队伍五级负责、三必到五必访”，“六步议事、六项活动”，简称“二三六”工作法。

最终建立以社区治理为主要功能，通过对接延伸“政务服务网”和“社会治理网”，形成“三方联动”“三社联动”“多元共治”“多元共服”的社区治理工作格局，现已在武汉市江岸区 141 个社区实现全覆盖推广，已有注册用户约 6 万人，为全区社区治理工作提供强有力的信息化支撑，有效支撑“红色引擎工程”。

第二，平台通过“找书记、找物业、一键提报、掌上居委会”等功能，打造了沟通互动、协同创新、居民参与，让从政府自身出发的管理变为对居民的主动服务，强化政府公益服务，提升居民福利，增加居民幸福感，健全社区民主制度、公开社区事务，完善居民议事制度和财务公开制度，实现“美丽社区”“居民自治”的目标。

第三，充分运用信息技术，通过感测、分析、整合以及智能响应的方式，提升社区智能化服务水平，整合优化现有资源，提供更好的服务、绿色的环境、和谐的社区，推动社区可持续发展，拓展社区的发展空间，完善社区的服务功能，美化社区的人居环境。

（六）项目应用效果

本项目2017年7月正式试运行上线后，现已在江岸区141个社区进行推广开来，具体将实现以下应用效果：

截至目前平台拥有注册用户64173人，“找书记”上报事件29045条，“找物业”上报事情26311条，累计发布活动信息4772条，实现将社区居民各类诉求与社区党组织、居委会、业委会、物业公司、群团组织、社会组织和志愿服务组织等服务主体有效对接，实现居民急事难事手机找书记、各项活动网上找社区、遇到困难在线找物业、各类诉求及时找部门等四大便民服务功能。

社区及居民具体实践介绍如下。

1. 找社区、找物业党务居务的好帮手

“以前遇到问题，要跑到物业去反映，一忙就得拖几天，现在只要在手机平台上点一下，一会儿就办好了。”日前，江岸区百步亭社区现代城居民袁小姐出门时发现，楼栋单元门智能锁坏了，她在“社区管家”App上通过“找物业”反映了情况。“中午就接到物业打来的电话说锁修好了，这对我们上班族来说实在是太方便了。”

长建社区的刘先生因为家事繁忙，一直没时间去居委会办理退休证的年审。在居委会工作人员的推荐下，他下载了社区管家App。通过掌上居委会办事事项了解到了年审所需的材料与步骤，并预约了办理时间，轻松

办好了年审。他说："手机上就可以预约时间，可太方便了，几分钟就解决了事儿，为社区管家点赞！"

现代城居委会书记陈文琦介绍，自从接入"社区管家"平台，推行了"红色物业"以来，物业服务公司积极参与社区服务，物业服务处的党员还成立了"党员志愿服务队"，不论上班下班物业人员都会及时解决居民的问题。

2. 倾听居民心声共建社区文化

平台在江岸区三阳社区推广后，社区党员带头安装并留言，希望在国庆前组织一次活动，向祖国的生日表达祝福。社区党支部看到留言后，经过商议，组织了"歌声唱给祖国听"庆国庆活动，社区党员和居民积极报名参加，向党和祖国表达了最诚挚的祝福。"社区管家"已经成为社区党建工作征集各方意见的一个重要手段。

3. 信息交互服务居民"最后一百米"

"社区管家"不仅极大地方便了居民生活，同时将居民诉求中的急、难、险、重内容及时上报到区、成了为政府解决居民急事难事的服务通道。居民遇到井盖丢失、下水管网堵塞、可疑人员进社区等情况，都可以一键上报解决。

家住新村街道铁南社区的王女士是位残疾人，2018 年她的女儿考上了大学，王女士家经济状况不好，未来 4 年的学费让她和女儿发愁。后来，她用手机通过"社区管家"App 一键上报功能，在手机上向居委会工作人员咨询申请助学贷款的相关政策。工作人员向有关部门咨询后，上门为她详细解读了相关政策，考虑到她出行不便的情况，还主动替她联系其女儿的录取学校，帮助她成功办理好了助学贷款。

4. 提供数据统计分析，用于实际研判

依照数据比对、矛盾排查、群众满意的思路，实现居民诉求的数据类别分析、居民诉求追踪解决的数据实时分析、评价居民诉求解决的数据质量分析，实现社区服务和社会事务工作质量的有效提高。

（七）未来展望

为进一步加强社区管家信息服务平台的推广和运用，将专门成立由社区运营部、技术部、“红色引擎”百步亭经验推广组为主要班底的平台运营工作专班，对社区进行运营指导和技术支持；对社区管家信息平台覆盖的社区进行跟踪反馈，数据采集与分析；负责平台的推广和宣传工作，确保平台顺利实施和应用，实现社区居民诉求“马上办、网上办、一次办”。

未来新时代的社区治理还将从以下方面进行延伸：

新时代的社区治理要更加关注居民的感受与体验。城市居民的幸福感、获得感、安全感来源于居民在城市生活的体验和感受。在创新治理体系和生活服务方式上，都可以通过技术手段实现居民对社区系统的感受度和体验度的提升。此外，要关注居民参与，赋能于居民，让居民真真切切感受到自己在社区治理中的主体地位的意义，提升参与社区治理的责任感。

新时代的社区治理要以数据为驱动。充分利用现代化的科技手段，提取并盘活社区各方面的信息数据，借助数据发现社区中存在的问题，从而指导社区科学化精细化治理。同时，借助一体化的大数据平台，协同居委会、社区单位、社会团体和公民，共同管理社会公共事务，实现共治共享。

新时代的社区治理要以文化为引领。要研究社区与社会、居民与城市、人与自然之间的文化纽带。要加强社会主义精神文明建设，培育和践行社会主义核心价值观，打造以社会主义精神文明为核心的文化服务阵地、社区精神园地。通过各式各样的平台或丰富多样的文化活动促进居民间社会网络的建造，增强社会联系和社会关系。

〔案例提供：爱社区发展（武汉）股份有限公司项目总监李祥〕

十、智社区享服务惠生活　共建数字经济发展生态圈

——贵州省贵阳市南明区智慧社区体系建设的创新实践

（一）南明区智慧社区建设背景

南明区智慧社区体系项目自2016年建设以来，在“大数据+数字经济”“大数据+楼宇经济”“大数据+社区政务”“大数据+智慧综治”“大数据+智慧网格”等领域下功夫，以社区试点来建设和运营项目。其中，沙南社区、花果园社区打造的“智慧社区体系”和“楼宇经济系统”，深化了大数据在社区的聚通用和便民服务。同时，2018年9月，华电科技研发的网购式政务服务系统助推南明区获得全国基层政务公开标准化规范化试点验收全省第一名，并获得中央督导组提出向全国推广的建议。

南明区的实践表明，面对新时代、新生活的诉求，大数据与基层治理的建设和创新运营，不仅打造了“尊民意、接地气”的社区服务模式，最大限度减少企业和群众跑政府的次数，不断优化基层办事创业和营商环境，还进一步促进条块融合，联动负责，形成社会管理、服务和自治有效衔接，形成大数据思维方式和工作习惯，切实增强政府公信力和执行力，推动基层政府治理体系和治理能力现代化，建设人民满意的服务型基层政府。

贵州省贵阳市南明智慧社区项目服务对象为南明全区域人口，包括流入流出人口，覆盖南明行政区域内的各个社区和居委会等基层单位。具体建设的内容包括支撑全区的可持续支撑信息技术平台体系、可持续的业务

工作优化创新体系、可持续的资金模式和运营体系建设。试点期间内容服务覆盖试点区域，平台能够支撑全区人群，正式全区推广后内容服务覆盖到全区域城乡人口。

试点范围涵盖沙南社区、遵义社区、新华社区、花果园社区四个社区。

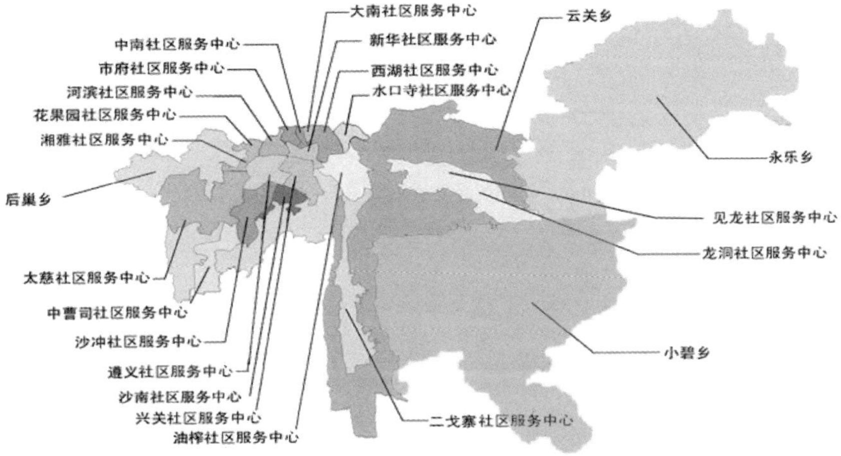

图 2-29　南明区社区分布图

（二）项目建设的需求分析

南明的社区化建设经过了多年的发展，南明区以群众工作为重点突破，抓社区建设，呈现出“三转型、一提升”（即由单一管理向多元治理转型、由粗放化向精细化转型、由运动式向长效化转型，群众共享社会发展成果的满意度、获得感同步提升）的良好态势。但是，社区治理作为一个动态过程，基层社区工作是一项长期、复杂而系统的工程，南明的基层社区工作仍然面临工作手段、业务体制、人员素质、资源配置等各种现实条件的约束和传统模式的制约，基层社区工作面临极大的挑战和压力，主要体现如下。

第一，基层社区工作者工作内容不断扩展，工作压力不断增大，业务素养要求越来越高。社区工作的开展更多从政府需要的角度进行推动，居

图 2-30　基层人员工作示意图

民群众等社会公众没有积极参与这项工作，很多群众对政府不理解甚至抵触。

第二，基层社区居民结构多元化、人员流动等特点，使得社区服务工作开展复杂度增加。不同条块业务部门的工作要求逐渐精细，但是最终全部需要落在社区居委会社工层面去处理，基层工作内容越来越多，压力越来越大，但是效果却离原定目标很远，甚至有些成了不可能完成的任务。

第三，由于各种错综复杂的原因和问题，导致基层社区的具体数据信息不全面、无效、鲜活度不够等实际状况，数据存放在不同条块系统中无法共享共通，无法为基层工作提供科学的有效支持，做到事前预防精细服务管理还很困难。数据工作从源头上到使用上基本形同虚设，很多时候只是为了应付各条块工作的要求，增加基层负担却无法帮助工作。基层信息处理压力很大，有些社区为了减小网格员工作压力，专门设置信息员处理资料。而这些也让本来就资源紧缺的基层工作力量无法更好去为社区提供更好的服务，无法形成一种良性循环的状态。

第四，网格化工作作为基层治理的创新手段，但是其工作内容仍然依托现有的业务组织体系，受到传统流程、体制、手段等多方面资源的限制约束，导致整个组织成本、人员成本不断增加，但是效果甚微，导致财政资金、投入力度和产生效果之间严重不匹配。

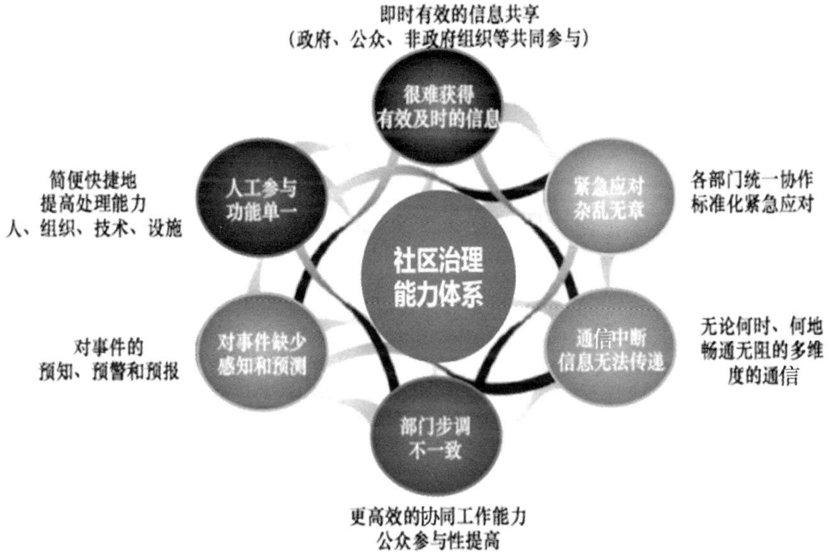

图 2-31　基层社区工作挑战

第五，当前各种各样的系统延伸到社区，在解决部分工作需求的同时，又形成了一个个新的孤岛系统，无法有效共享协同，存在上面要信息但基层没有，基层有信息却无法共享的尴尬格局；“块状”的社区工作，需要面对来自不同的“条状”任务和业务需要，不堪重负。

因此快速打破传统模式，创新探索基层社区工作的新思路新方法，落实贵阳大数据发展战略，以基层社区为目标全面深度创新，实现“最后一百米”的社区治理能力体系大幅度提升，是作为“创新核心”的南明区迫在眉睫的问题和势在必行的历史任务。

（三）南明区智慧社区体系项目的新探索

1. 项目建设要求

在南明区智慧社区体系项目建设过程中，利用新一代互联网技术与线下服务相结合，创新采用政企民合作的服务模式，建设并运营智慧城市社群联合服务平台，打造了特有的“移动应用平台+属地服务团队”的 CMC（Community Merge Community）社群互融新模式。在社群中，联合政府，提供线上线下政务上门、移动办理；促进并联合当地各类协会，打造属地化社群门户服务平台，促进文化活动、企业居民联谊、组织商业活动；联合当地企业，提供线上线下商业推广、精准营销、上门服务；服务居民，促进区域生活的幸福感和自豪感。智慧城市社群联合服务平台必将聚合多方形成云端数据互通、后台应用互联、前端流量互惠的新经济发展生态圈。

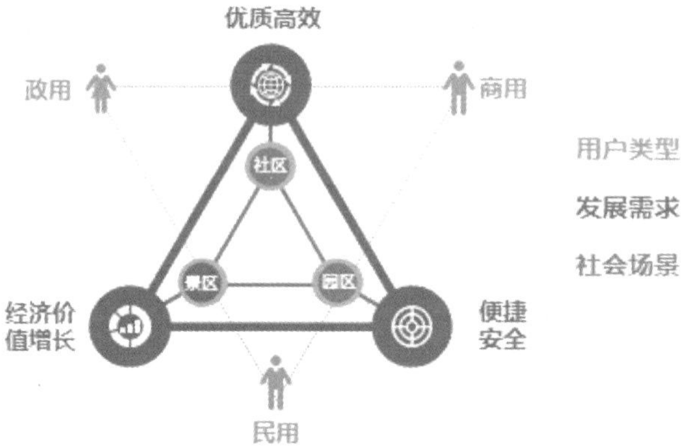

图 2-32　南明区智慧社区 CMC 模式构建体系

2. 项目建设目标规划

（1）实现横向到边、纵向到底的无边覆盖的全区行政区域、人口的智慧社区服务体系

项目支撑智慧社区服务实时、快捷、高效、安全，实现横向部门单位

之间、纵向各级部门之间、开放群众组织之间能够扁平、透明、开放、实时、高效、协同和信息交换，实现社区级的大数据资源共享协同、互联互通。

（2）实现统一规范、权威便捷的南明智慧社区服务管理

实现无论来自手机、12345电话热线、网络、其他现有的不同系统、不同方法的互动渠道的集成对接和统一流程服务支持。通过线上线下融合、各类入口手段集成对接，梳理实现标准统一的智慧社区服务管理模式，引导社区群众能够依法反馈，通过过程互动及时疏导民意，推动社区群众与政府、居民与城市之间的良性互动。

（3）实现基层社区工作模式持续创新和能力提升机制

从机制手段上解决社区基层人员业务素质弱、资源协调难等各种实际困难，充分释放社区基层工作队伍的时间精力、提升他们的业务能力，让基层工作人员能够聚焦更好更快地为社区居民服务作出及时反馈、引导组织基层社区自我治理、自我管理，构建和谐幸福的社区新生活。

（4）实现智慧社区各项工作作风改进和业务体系升级

通过技术手段和流程再造，提升各条块、各种资源为基层社区提升服务的质量。通过加强政府与社会的良性实时互动，鼓励更多普通群众和非政府机构主动参与社区治理过程，培养新时代社会公众的社区家园意识、主人翁意识，依法合理使用公民权利意识，疏导民意，缓解群众与政府之间的矛盾和误解，让政府为民服务由“有劲无处使”转变为“不够用、用得对、用得巧”。

（5）实现一套长效的信息技术体系和业务工作体系，支持智慧社区工作的可持续的创新和发展

通过信息技术体系、业务机制体系建设，配套相应的技术标准规范、流程标准规范，实现业务运营、数据资源、技术接口、品牌传播等全面的体系化建设。为南明智慧社区建设建立在高起点上，为其长期发展奠定基础。

（6）提供可持续的投融资保障

建设一套长效的资金筹集机制，为南明智慧社区建设提供可持续的投融资保障。通过政企合作、公私合营等方式，创新投资形式。

（7）积累基层社区管理服务机制改革经验，满足人民群众对美好生活的需求

为基层社区管理服务机制改革积累实践经验，为基层社区治理创新，推动社区自治过程中包括政府机制、人员组织、资金筹集等各项工作优化创新以更好适应社会发展需要，更好地满足人民群众对美好城市生活的新需求。

（四）项目建设内容

南明区智慧社区体系项目以运营为核心，通过建设一个智慧城市门户、三个应用体系、一个智慧管理平台，打造数字经济发展生态圈，促进地区经济发展。

智慧城市门户：一个属地化综合服务门户。通过设立加盟标准，建立一个属地化的服务联盟。门户覆盖桌面 PC 端及移动 App 端，全面到达用户终端。

三个应用体系：数字经济体系是建设并运营数字经济发展平台，致力于改善当地数字经济发展环境，让政府服务降本增效、企业营销成本较低、协会活动效果提升、居民生活便利；智慧社区体系是通过在线政务办理来吸引居民及社区商户登录门户创造流量，再通过城市门户中集成的社区、楼宇、电商等相关模块为各业务进行流量导入；楼宇经济体系是以写字楼、商圈、城市综合体等为载体，构建楼宇场景健康数字经济发展生态圈。

智慧管理平台：以云端数据互通为主要目的的综合管理平台，主要包括数据集成平台、大数据分析平台、运营综合管理平台三部分。

（五）项目建设创新点

1. 智慧城市建设需要运营而不是运维

南明区智慧社区项目致力于改善当地数字经济发展环境，助力本地实体经济在新经济环境中实现数字化转型，持续具有发展力并带来增量，为本地 GDP 持续贡献。为本地创新创业企业引入“营商平台”，使其成为本地经济的“增长因素”，并带来新产品、新服务、新业态，形成新增长。建立数字经济发展生态圈要分四步走：成立运营平台公司—建设“CMC 智慧魔方”运营平台—盘点托管资产运营—运营联盟发展盈利。如此一来，就能起到“政府引导、企业主导、市场运作”的长久机制，解决当前智慧城市建设中的难点、痛点，真正做到智慧城市的运营而不是运维，并通过建立本地化的平台公司，服务本地、造福本地。

2. 独一无二的建设思路

南明智慧社区体系项目通过三个维度——“三用合一”“三层交互”“三区联动”，形成数字经济发展生态圈的核心资产。CMC智慧魔方将成为地方政府发展经济的“标配”基础平台。项目聚焦智慧城市、产城融合、数字经济三个维度，激活经济基础与上层建筑之间的软环境，打造数字经济发展生态圈，在大数据发展的潮流中，用智慧造就生活美好。

“三用合一”即为线上应用与线下社群融合，政、商、民“三用合一”。包含线上的G2E公务人员应用、G2B企业办事应用、G2C民众办事应用、B2B企业商业服务、B2C民众商业服务、C2C民众互联服务和线下的政府用户、企业用户、居民用户。

“三层交互”即为云端数据互通：融合区域块数据，形成全量数据下的N应用。区块应用互联：无限扩展应用，并具有强大的服务支撑体系。终端流量互惠：具备长期运营、持续生存、长期服务的能力。最终实现通过一个门户、一个服务团队，达到门户的高效使用价值。

“三区联动”即为社区：是居民的居住场所，门户提供社区政务服务、邻里互动等功能。园区：是居民的工作场所，门户提供招聘、企业服务等功能。景区：是居民的消费娱乐场所，门户提供优惠买单、消费评价等功能。最终通过分析居民的活动半径，归纳出了社区、园区、景区三大活动场所。三个场所虽然相对独立，但是通过门户可以相互引流、自由切换。

3. 技术创新体系

全面互联共享，居民身份证照“一次采集，终身复用”。一是融合智能高新技术，实现数据多维采集，利用人脸识别、数字化证照判别、网上授权自动办理等多项应用技术，利用政务机器人、智能手机、平板电脑、移动电脑等基本设备，通过数字化手段实现居民基本资料的自主提交和设备自采，通过社会多方角色的参与和智能化硬件设备的投放，极大限度地缩短了政务办理资料采集的时限和难度。真正做到全面覆盖、无限易用、全民共享。二是信息同步认证，有效建立公信机制，采集的数据通过星级认证体制一次同步认证，实现数据的真实有效，建立电子信息标准库，为政务服务一键办理提供基础。三是打破数据壁垒，信息共享互用，除了实时采集外，运用最新区块链技术，将具备公信力的各个委办局之间连接，通过所有用户共同维护统一数据库的方式来保证数据的安全、准确、及时和统一，达到打破数字壁垒和信息孤岛的目的。

4. 智慧社区系统完成系统创新建设，真正解决社区痛点难点

社区地图：包含南明区各个社区的实时监控地图。人口管理：包含老弱病残、涉毒涉刑、就学就业、政治面貌等一个居民从出生到死亡全过程的 14 个维度的人口信息的采集与维护系统。研判分析：包含人口性别比例及婚姻比例、年龄段人口比例、学历变动情况、就业变动情况、迁入迁出情况、死亡新增情况 6 个维度人口信息结构及变动的可视化系统。政务管理：包含政务办理、证明发放、我的预约、办理日志、可升档老人、升档记录等 7 个核心维度的工作流程系统。系统管理：包含社工管理、角色管理 2 个核心维度，实现内部管理。社会信息：包含双拥信息、双参信息、党员信息 3 个维度的社会信息系统。智慧门牌：通用二维码载体，政商民三用合一，建立线下实体企业评价体系，规范经营市场，促进经济规范发展。流量互惠：通过 AI 智能推荐，让一个用户访问更多页面/应用，实现门户内各应用间流量共用，共同增长。运营分析报告：将运营报告按类进行出示，体现门户的流量互惠价值，对政府应用使用推广、商家经营情况分析、居民大数据分析提供支持。

5. 充分利用互联网+技术，实现业务和数据的互联互通

智慧社区体系在支撑智慧社区服务实时、快捷、高效的同时，实现横向部门单位之间、纵向各级部门之间、社区的社工之间、开放群众组织之间能够扁平、透明、开放实时地在南明智慧社区管理平台和社区管家 App 高效协同、信息交换、互动处理，实现社区级的业务和数据资源共享协同、互联互通。

（六）南明区智慧社区体系项目的主要成果

1. “爱南明 智慧共治全民共享”平台

南明区政务服务系统围绕线上线下新模式，打造实体大厅“政务超市”、网上大厅“天猫网”、移动互联应用“淘政务”三大政务服务平台，构建三位一体的立体化政务服务格局，初步建成一套符合区情实际、创新政务运行机制的智慧共治全民共享平台。截至2018年3月25日，南明区政务大厅共受理业务51332件，其中网上业务32793件，窗口业务18539件。

图2-33　试点社区遵义社区的网格社工学习如何通过管理PC端进行政务审批和移动采集

“爱南明 智慧共治全民共享”平台创新打造的“外卖式点单”政务服务。实现让人民群众像点美团外卖一样接受政务服务，让企业和群众的审批办事流程转变为“群众在线点单、网格员接单跑腿、职能部门高效办理”。能够让企业和群众以最便捷的方式进行办证、办照、办事。实现社区网格员工作方式向“外卖小哥模式”的转化，并能够施行工作量化激励考核和工作轨迹过程监管，有效拓展联系群众和服务群众的新渠道，避免坐吃空饷等情况发生，彻底打通基层政府服务企业和群众的“最后一公里”。实现贵州省网上办事大厅与平台数据接口互通，逐步把各类行政审批事项纳入此平台，将平台作为贵州省网上办事大厅审批服务系统在社区基层的前端和延伸，实现基础信息、事项信息、办理流程、办事结果互认共享，并在不违背全省审批一张网原则下，夯实平台服务内容和实用性。将南明区政务服务“全省三个率先”转化为企业和群众办事创业的三把利剑，实现区—乡（社区）—村（居）政务数据三级共享；推动政务服务网上咨询、网上查询、网上办理、网上反馈；用“大数据”让群众办事一次都不跑，随时随地在线“点单”就可以“一网通办”。

图 2-34 居民应用的智慧政务移动端办理 App

2. “放管服”上门式服务

众所周知，政务公开领域为各服务主体所提供的容纳空间是有限的，当政府权限一支独大，占据绝大部分权力空间的情况下，无论怎样呼吁、培育社会组织和社区居民参与其中，效果都不会明显。简言之，就是政府的“放”“管”“服”没有真正到位。现阶段，南明区在爱南明智慧共治全民共享平台和部门间“联动式审批”的基础上，“以人民为中心”的标准化，打造“外卖网购式政务服务”民生工程，初期以政府补贴为主，由网格员上门为特定人群服务，后期不排除扩充“菜谱”，进行公司化运营，实现可持续发展。从长远来看，这类基于信息化、“以人民为中心”的做法可引导政府为民服务流程再造、模式创新，既解决了群众的办事难题，又提高了政府部门的工作成效，同时减轻政府负荷，产生更多的社会价值、经济效益，从而结束长期以来政府在政务公开领域一支独大而又效率不高的问题，并通过“让专业的人从事专业的事”来提高服务效率，提高服务质量和公众满意度，降低服务成本，提高公共产品服务供给效率。

此外，将基层政府日常行政行为中的执法、监管、服务等各项工作，通过平台的监管服务模块，让一线工作人员的日常工作能够通过系统进行固化和量化，采取派单制的工作模式，指导基层一线工作人员去哪里干、干什么、怎么干，让基层一线工作人员清楚地知道“怎么放、怎么管、怎么服”。工作轨迹采取 GPS 定位，工作时间由系统自动生成，工作过程由所佩戴的实时传输 4G 执法记录仪全程录像，以此确保一线工作人员能做好各项上门服务工作，让“放管服”改革的各项要求，在南明区落实落地。有效创新“放管服”工作的政务公开新模式，将含有“位置、时间、全程录像”三要素的工作过程，进行探索性公开。做到自觉接受群众、企业和领导监督。并形成“以优带差”的良性互动，防止基层工作人员“劣币驱逐良币”的情况发生。实现工作过程全程数据化、全程留痕迹、全程可追溯、全程可公开。构建实时动态的政务公开和服务体系，从而推进权力运行全流程、政务服务全过程公开，达到“以公开促落实，以公开促规范、以公开促服务”的社会效果。把增进人民福祉作为政务公开信息化建设的出发点和落脚点，让人民群众在深化“放管服”改革过程中有更多获得感、幸福感、安全感。

3. 分期稳步建设，引入多元化治理主体，改变治理力量单一化现状

南明区政府与华电南自科技有限公司探索推广政府和社会资本合作（PPP）模式，开展南明智慧社区体系建设，该项目为分期建设，周期为 3 年，自 2016 年 3 月开始。一期工程建设周期为 5 个月，以智慧社区自治创

新为主题启动，已完成南明区遵义社区、新华社区、沙南社区共3个试点社区软件平台搭建、各级指挥中心、展示中心业务整合建设，开展试点社区网格员培训678人次，社区网格员使用平台开发的社工移动平台完成政府服务事项3163条，采集并加工处理了社区地图数据110G、人口数据14.2万条、楼栋数据1600多条、房间数据6万余条、法人数据7800余条。通过“块数据”在社区的广泛应用，在大数据手段下2016年全区刑事发案6428起，同比下降7.43%；破获刑事案件4780起，同比上升1.98%。同时，利用大数据手段织牢了“信息网”“管控网”“大社区戒毒网”“党政警群工作网”4张网，以此破获毒品案件899起，缴获毒品28.143千克；查处零包贩毒案337起，抓获违法人员356人，缴获各类毒品168.1克。二期内容规划建设已于2018年12月完成，建立试点社区字典，通过有序推进数据向商业组织、公益组织等开放，实现数据透明共享，促进社会治理的多方参与、共同治理；建立社区政务服务平台，缓解南明区政务大厅办事拥挤压力，并重点在民生领域和经济领域开展精准的个性化服务和无偿代办服务。三期内容规划建设于2019年12月完成，基本形成以市民卡、电商平台、社区网格化辅助系统、智慧执法、智慧门牌、大数据平台等多项产品，实现全面参与的南明智慧创新城市形态，实现南明区智慧社区体系平台运营管理高效和资本运营的可持续发展。

同时，智慧社区体系通过在线政务办理来吸引居民及社区商户登录门户创造流量，再通过城市门户中集成的社区、楼宇、电商等相关模块为各业务进行流量导入。将政府、公益组织、企业和居民连接起来，打通政府服务、公共服务、社会服务和商业服务资源。通过技术手段和流程再造，提升各条块、各种资源为基层社区服务的质量。通过鼓励更多普通群众和非政府机构主动参与社区治理，培养社会公众的社区家园意识、主人意识，依法合理使用公民权利意识，疏导民意，缓解群众与政府之间的矛盾和误解，让政府为民服务由“有劲无处使”转变为“不够用、用得对、用得巧”。

4. 楼宇经济探索实行业务部门整体联动新模式

2017年3月，花果园楼宇经济数据变15分钟的一份纸质化采集为5分钟的电子化采集，加强了数据采集的规范化和录入内容的标准化、数字化，达到15分钟完成一份数据质量治理工作和数据电子存档。如果是原来的人工采集方式，会因采集人员个人素质的不同，造成电子录入数据的时间无可控性和数据真实不可溯源性。

针对花果园辖区近400栋商务楼宇，联动有关部门组织开展了楼宇经济统计调查工作。统计了2017年南明区总注册企业数，并对企业基础信息进行整理，形成数据统一标准，内容规范的源数据，为社区、经济发展局、物业、工商、地税、国税提供统一标准的，可使用的共享数据。同时，通过楼宇经济发展评价指标体系，综合、全面、直观反映出了辖区楼宇经济发展的各个方面，科学评价其发展现状，提供完整有效的工商比对、差异分析、行业分析等数据分析，为政府科学管理决策提供了重要的参考依据和数据支撑，也为社会各界了解辖区楼宇建筑、办公环境、周边设施、入驻率、租金等情况提供了有效参考，得到各方认可。

以个体看，花果园国际中心3号楼经过采集分析得出，整体入驻率68.75%，与2017年同比下降17.47%；区企业占比55.97%，与2017年同比上升31.79%；无证率5.87%。

以整体看，花果园楼宇饱和度较低，企业数最多的是国际中心2号楼，企业数最少的是中央商务区5号楼；花果园楼宇税务增长点较多，如区内注册企业945户、外区注册440户、无证企业所占比例不低于179户、问题企业260户；行业结构变动较大，企业稳定性不够，有待进一步的规划改善；服务及销售行业占比较高，咨询服务行业企业数最多为516户，教育行业企业数最少为46户，而高端行业——科技、金融、文化传媒、教育等行业比较少，需要进一步招商引资。

5. 开创基层政府“大数据”治理新模式

按照“数化万物、智在融合”的理念，扎实推进“大数据+政府治理”“互联网+社区治理”。在建设完善“爱南明 智慧共治全民共享”平台基础上，尝试将该平台与贵州省“国土资源云”进行深度融合，实现三维可视化地精准掌握辖区内“群众居住、医校分布、商圈构成、道路通行、楼宇经济、产业规划、棚户改造、环境治理、污染防治”等情况，努力构建以GIS地理信息系统为底盘的南明大数据时空云平台。全力推进南明区政府各部门、企事业和个人数据的融合互通，真正形成“块数据”价值，有效提升南明区政府治理能力，优化南明区政府治理体系。

在贵州省“全省一盘棋，办事一张网”要求下，积极打通省网上办事大厅与“爱南明 智慧共治全民共享”平台数据接口，把乡代办事项36项（社区34项）纳入“爱南明 智慧共治全民共享”平台，让该平台相应模块作为贵州省网上办事大厅审批服务系统的前端，实现基础信息、事项信息、办理流程、办事结果互认共享。推动政务服务网上咨询、网上查询、网上办理、网上反馈，让办事群众一次都不跑。截至2018年3月，对南明区26个部门，3个乡，17个社区、157个村（居），共计3004个服务事项进行全面梳理统计。最终得到，南明区深入开展“大数据+政务服务”后，“只跑一次”事项数量占比97.2%，“一次都不跑”事项数量占比1.73%，“只跑一次”和“一次都不跑”事项数量占比98.93%。

此外，基于南明区发展大数据的基础优势及贵阳市政府数据开放平台（南明子站）的平台优势〔2018年“开放数林”指数该平台（地级市）排第一，获得“数开叶茂”大奖〕，挖掘出南明区具备政府数据开放潜力的政务公开领域，先行探索区县一级政府数据开放之路，促进政务公开向纵深方向发展。

6. 推进政企专业分工机制升级，实现运用体系的创新

本项目建设从现有工作机制上深度梳理，明晰政府目标和社会化服务能力支持的关系，厘清政府要什么、社会要什么，政府做什么、社会做什么。一切用数据说话、用数据管理、用数据创新，坚持“对象、技术、应用”三位一体紧密结合、同步发展，探索社区管理服务的社会化服务运作新模式，推动基层社区工作机制实践和理论创新。

（七）南明区智慧社区体系项目的思考和总结

1. “爱南明 智慧共治全民共享”平台倒逼基层服务模式的转型

既往受传统和技术的限制，基于决策者的主观经验来推断整个地区的需求，并提出相关政策和措施，是占主导地位的决策模式。而南明实践则表明，“大数据”和“互联网+”的广泛应用将倒逼基层服务“从经验到

数据”“从碎片到整合”以及“从孤立到融合”的转型。

（1）“从经验到数据”

南明区“爱南明 智慧共治全民共享”平台注重实效基于“块数据”原理，依地理信息系统建立南明大数据时空云平台，让政府行政行为做到“提前谋划、合理规划、科学决策”，实现基层政府治理体系的优化和治理能力的提升。

（2）从“碎片到整合”

南明区有针对性地创新数据共享机制，并辅以高效的采集、处理、输出工具，目前，试点社区已经整合公开125个数据集、249条数据，涉及卫生健康、教育科技、经济建设、社会发展、信用服务等14个领域。

（3）“从孤立到融合”

南明区通过“互联网+手段”再造社区服务中心，由服务大厅的工作融合到综合管理系统，真正打通服务基层群众的“最后一公里”，让群众和企业少跑一家门、少找一个人、少跑一趟路，以最短的时间和最简洁的程序办完事情，得到最大的方便。

2. “联动式审批”提升基层服务能力

南明区将持续推进“大数据+智慧社区”工作，依托区块数据平台加强部门之间信息共享，形成全区办事一张网。一是进一步全面梳理行政审批服务事项，凡是能网上办理的事项，不得要求申请人必须到现场办理，凡是能通过网络共享复用的材料，不得要求申请人重复提交，凡是能通过网络核验的信息，不得要求申请人和其他单位重复提供；梳理公开跑腿次数清单，做到所有事项申请人最多跑两次，多数事项最多跑一次。二是加强跨部门数据协同联动，促进基本信息和业务信息共享的纵向贯通、横向协同，实现数据信息跨部门按需流转、在线核验、互认共享，提升网上办理率。

3. 基层社会治理不应是“为数据而数据、为科技化而科技化”

南明区的实践证明，基层社会治理不应是“为数据而数据、为科技化而科技化”，应深入贯彻以人民为中心的发展理念，从社会治理、社会价值的角度去思考标准化，从而解决创新标准应用的困惑，也能让基层服务工作更加贴近人民群众、服务人民群众。作为试点，南明区势必继续探索，发展好自己的“土特产”，争取做到为企为民排忧解难，让各项智慧应用落地生根。

（八）南明区智慧社区体系项目展望

南明智慧社区建设模式是政企联合成立运营平台公司，以运营为核心，坚持谁用谁提需求，扎根基层与社区服务中心、企业、居民一起共建、共享智慧社区建设成果，有效解决当前智慧城市建设中普遍存在的“交钥匙”工程、“数据孤岛”现象、“科技设备”试验场等问题，实现智慧社区建设的属地化运营和可持续化发展。

南明区社区综合服务平台的居住证明将办证和数据采集同步进行，获得了社会的高度认可。沙南社区网格社工谈到，沙南数据库的建立对我们帮助最大的是以前向相关职能部门提交的数据，现在一分钟就完成了，而换作以前至少要花上半天时间。另外，在数据的采集上，我们手机上安装的 App 就能实现一次采集、社区多部门复用，大大减少了数据采集和录入的重复，节省了大量的人力、物力、财力。同时，我们的数据翔实后，社区居民足不出户可以通过微信在家里就能办理居住证明等，真正实现了让数据多跑腿，群众少跑路。

同时，“社区经济”“智能楼宇系统”，对区域内的写字楼宇、商住两用楼宇进行统一的数据采集和分析，重点对企业分布、工商信息、缴税情况等内容进行分析预判，让辖区公司在政府的监督与管理下，更加合理、合法地进行企业日常经营活动。同时加强税源建设，通过社区综合服务平台巩固和稳定现有税源和重点税源，挖掘潜在优质税源；大力发展规模企业，做大做强规模企业和总部经济。另外，为社区企业提供电商工具服务，并利用智慧门牌扫码评价，建立线下门店评价体系，促使社区商铺更好地服务社区居民。

试点社区还通过网格化融合运营服务，建立公司化、专业化、职业化的“数治社工”队伍，实现政府的“放”“管”“服”与社区服务改革的有机统一。在试点社区建设中，为社工量身打造的移动端社工系统，是综合数据采集、信息查询、任务统计、数据分析、标准化流程、专业知识库等多种便捷服务工具，并整合网格化信息系统、12319 公共服务网站、12345 政府热线、楼宇经济、社区政务、数治小区等平台，形成一体化的工作服务体系。同时，还对网格员管理采取商业化运作模式，通过精准任务型管理与考核，调动网格员积极性，大幅提升网格员收入，从政府财政支出转变为购买网格管理服务，极大地提升了社区的综合治理效能和节省了财政支出。

综上所述，南明实践正是技术与服务的有机结合、顶层设计和扎根基层良性互动的典范，特别是创新“建设+运营”的举措，将“大数据”和“互联网+”的应用成果深度融合于基层治理和服务中，让老百姓和基层工作人员喜欢用、多次用，才是智慧社区建设的关键点。同时，项目通过全面整合政府各部门的资源，共治与共享相关的数据和信息，厘清政府要什么、社会要什么，政府做什么、社会做什么。一切用数据说话、用数据管理、用数据创新，坚持“对象、技术、应用”三位一体紧密结合、同步发展，走出一条高科技、接地气、尊民意的基层治理和基层服务新路径，对新时代推动基层政府治理体系和治理能力现代化发展具有重要的借鉴意义和推广价值。

（案例提供：华电南自科技股份有限公司总经理助理兼宣传经理赵俊宁）

十一、立体化防控体系保障社区安全、助力智慧生活
——北京市东城区永外街道革新西里社区智能安防改造

（一）社区治理问题和需求分析

革新西里社区位于北京市东城区永外地区西南角，面积0.14平方千米，实有居民1909户，5273人（常住人口3895人，流动人口1378人），楼栋25栋，单元54个，平房院落4个，驻军单位2个，宾馆旅店3家，大小门店27家。社区东邻百荣商场、办公用品批发城，西邻北京南站，南邻木樨园批发市场，北邻国家信访局来访接待司，人口流动性大、治安相对复杂。主要存在以下问题：一是居住人口结构多样化带来的人口和治安管理难题。由于区域所在地理位置特殊性，短租房和短租人员占较大比例，传统管理模式下很难掌握短租人员的基本信息，加上周边商业、交通场所流动人员和信访诉求人员活动频繁，鱼龙混杂，给社区人口和治安管理工作带来很大挑战。二是小区安防漏洞给入室盗窃者带来可乘之机。传统的门禁卡有被破解复制的漏洞，对电动车骑行和手提物品的人员来说，刷卡开门操作很不方便，加上外来人口多，人员进出频繁，久而久之就放松了对小区大门进出管理；小区单元门由于设施老旧、缺乏维护，基本都处于常开状态。这些问题导致小区处于开放或半开放状态，安防手段形同虚设，给入室盗窃作案者带来可乘之机。2016—2018年，社区发生多起入室盗窃案，直接经济损失达30余万元。三是老旧小区消防安全存在较大隐患。由于很多小区楼栋建设时没有预留专门的电动车充电设施，私拉插座充电的情况很多，由于电线暴露在室外，很容易老化、进水，带来漏电、

短路隐患；楼道内的火灾感应系统和消防报警设施大多无法正常工作，如果发生火情无法第一时间通知物业和消防部门；这些安全隐患给居民生命、财产安全带来重大威胁。

智慧社区建设的目标为利用信息化手段，破解上述社区安全防范和治理难题，保障小区安全，同时为社区居民提供智慧便民生活体验，着力打造智慧社区物联感知、动态防控、综合服务三大目标体系。

（二）社区治理方案与路线

围绕建设目标体系，在社区实际情况深入调研的基础上，最终确定了以社区智能安防为基础、以智能物联为技术路线辐射智慧物业、智慧停车、便民服务、智能管理等；利用物联网、“云+边”、大数据、移动互联网等新技术，实现多源数据的感知、汇聚、分析、应用等，打造物联感知、动态防控、综合服务三大体系，分别支撑智慧社区基础防范、综合治理和服务群众，赋能智慧社区建设与应用价值。全方位提高社区管理服务水平与安全等级，推进科技创新社会防控体系建设，更好满足居民对美好社区生活的向往，同时也满足基层政府服务部门新时期、新形势下的管理要求。

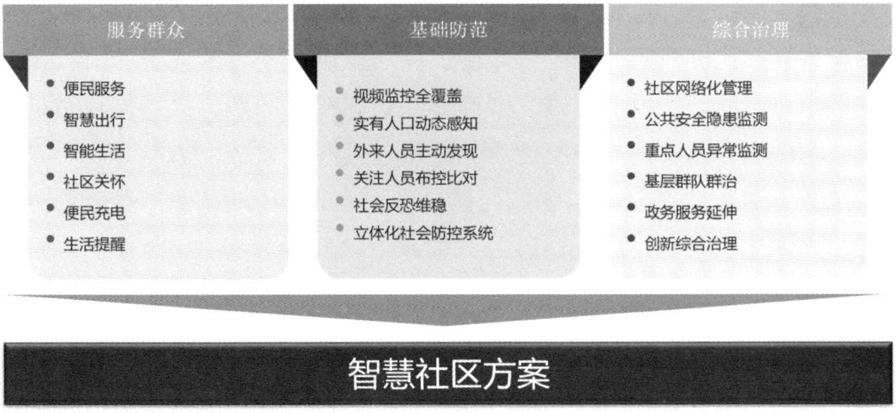

图 2-35　智慧社区方案组成体系

在基础防范方面，建设智慧社区物联网感知系统，为社区每个角落装上“明眸聪耳”，全面感知小区动态，为社区基础防范提供基础数据支撑；

全覆盖的人脸识别视频监控实时比对重点关注人员、主动发现陌生人、动态感知进出信息；利用物联网技术实现社区安防态势监测，服务于立体化社会防控。

在综合治理方面，建设智慧社区动态防控平台，为社区装上“大脑”，构建社区内“人、房、车”全息档案，对社区网格内全要素信息精细化管理；通过数据的整合、分析，提炼具有内在价值的信息，对社区公共安全隐患、重点人员异常情况进行监测与推送，为社区管理服务提供决策支持，促进社区综合治理由“粗放型管理”向“精准型管理”转变。

在服务群众方面，建设智慧社区综合服务平台，为社区配备“服务助理”，提升居民社区智慧服务体验。平台对接远程开门、电动车便民充电社区生活便利功能，对接物业费缴纳、故障保修等物业服务功能，对接交通出行、社区关怀等公共服务与政务服务资讯，做到社区智慧生活“一手掌握”。

（三）建设内容

1. 智慧社区物联网感知系统

系统采用微服务模块化设计，各子系统相对独立，系统提供全面、快速的设备标准化接入服务，轻松对接不同厂商 IOT 平台或业务系统，解决不同厂家、不同感知设备终端、多源感知数据接入问题，提供海量数据的汇聚、清洗和存储及共享输出能力。系统包括视频监控、人脸识别、车辆微卡口、电动车智能充电、智能门禁、车辆道闸、烟感/窨井盖监控等子系统，立体化、全方位覆盖社区公共区域，通过国标 SVAC 监控扩展信息数据通道、物联网实时消息引擎及数据接入服务将数据统一接入系统，为动态防控平台、综合服务平台提供数据支撑。

基于物联网的烟雾感知报警器安装方便、价格低廉，定期主动上报设备联网状态和电量，一旦感知到火情，立即在平台声光报警，同时推送手机短信，手动消警后进行待机感知状态。以往的消防设备由于线路老化、年久失修，基本处于失灵状态，在消防安全方面存在较大的安全漏洞，采用物联网技术的感知设备具有明显的实有优势。

表 2-2　物联网感知系统改造前后对比

项目	改造前	改造后
视频监控	视频模糊，故障较多，无法与外部联网，无智能识别功能	具有人脸识别功能，可联动门禁、陌生人识别，结构化存储，能够与雪亮工程联网
车辆道闸/微卡口	安装于小区大门，仅作为车辆放行权限独立系统	进出记录同步至防控平台，可进行车辆布控
小区门禁	安全性低，大部分无法正常工作，门常开，ID、IC 卡容易被复制，无法实名制登记	智能门禁，实名制登记，采用加密 CPU 卡，人脸识别开门、手机开门多种方式，开门记录可同步至防控平台
消防感应设备	烟雾探测器、火灾报警器大部分处于失灵状态，报警信息无法第一时间通知到物业、消防部门	物联网烟雾探测器、窨井盖感应器、SOS 一键求救，设备运行状态实时监控，报警数据推送物业、消防部门
电动车充电系统	无	智能充电系统，自助充电，方便快捷、消除隐患

目前，试点社区已安装、部署人脸相机 75 台、智能门禁 61 套、车辆微卡口 8 个、车辆道闸 1 套、烟感/窨井盖监控设备 22 套。各设备/子运行稳定、网络传输安全、信息交换正常。

为保证数据安全，系统应用在社区局域网专网中运行，专网与互联之间采用由内向外单向访问，防火墙只开放互联网服务器与前置机特定通信端口，确保数据安全性；业务数据通过安全边界接入公安信息网。系统强化视频信息安全，前端监控设备芯片采用具有国内自主知识产权产品，视音频传输、编解码标准，遵循国家最新标准规范，真正做到自主可控。视频监控设备及编解码采集《公共安全视频监控数字视音频编解码技术要求（SVAC2.0）》（GB/T25724—2017）标准，通过扩展升级可满足《公共安

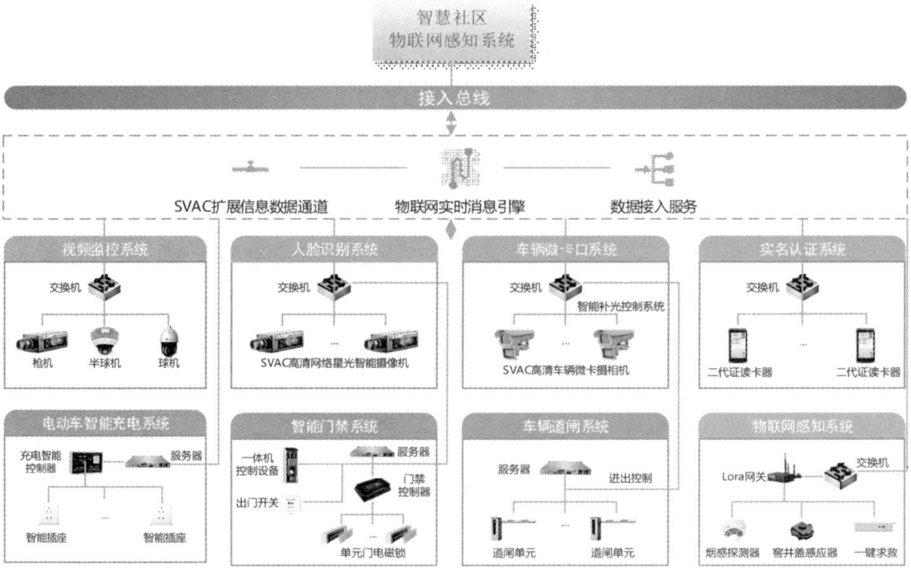

图 2-36　智慧社区物联网感知系统组成

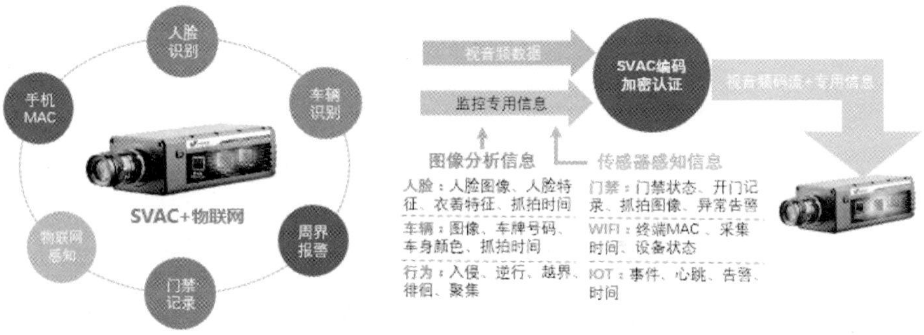

图 2-37　SVAC 国标智能摄像机

全视频监控联网信息安全技术要求》（GB/35114—2017）。

2. 智慧社区动态防控平台

智慧社区动态防控平台整合社区门禁管理系统、人脸识别系统、车辆微卡口系统等数据，实现辖区内实有人口、实有房屋、实有车辆、实有单位、技防设施等基础数据采集和汇聚，深度融合公安部门“一标三实”系统，围绕打、防、管、控业务优化小区登记实有人口、流动人口，实现人车轨迹研判、异常人员分析等公安业务应用。对接综治部门“网格化管理系统”，一图呈现社区内管理要素信息，通过智能化感知、人房动态管理等技术手段，实现社区网格内“人、房、地、事、物、情、组织”全要素信息精细化管理。

平台通过汇聚的全息物联网感知数据与业务数据之间的关联比对，构建“一人一档”“一车一档”和“一房一档”，并对感知数据进行数据碰撞与信息挖掘，实现“昼伏夜出、久未出现、人卡不一、陌生人频次”等多种数据模型。例如久未出现模型，根据开门记录，分析近期无出入小区记录的居民，可通过“同住人员是否存在轨迹”筛选特定人群（如疑似独居人员），从而将精准的线索数据推送社区服务平台。

因社区地理位置特殊，区域内出租户、短租人员较多，以往多采用上门登记的方式采集实有人口信息，社区民警、网格员都比较辛苦，居民也多有抱怨，虽然在加强居住证管理制度后情况有所好转，但是数据还是不够鲜活。通过智慧社区的建设，人口信息登记方式正在由被动采集变为主动申报，居民只有在实名登记、留存照片后才可以通过人脸识别、实名制门禁卡进出小区大门及单元门。而且通过刷卡行为与人脸抓拍的交叉比对，及时发现长期非本人使用门禁卡等异常情况，便于物业、社区民警及时了解，督促租客信息登记、强化日租房管理等建立“一房一档”，图2-38为楼栋层户结构，可直观查看户室分布、每一户人员构成等情况。

平台实现社区公共事件隐患全景动态监控，通过人员进出小区的活动轨迹、开门方式与人脸抓拍的碰撞比对等研判出陌生人频繁进出、昼伏夜出、人卡不一致、出租房预测等分析结果，对研判出的异常情况进行实时预警、推送，降低或避免可防性案件发生，构建触网即发、精准打击、立体防范的防控体系。维稳管理数据与社区感知数据融合，形成“告警—处置—反馈”的联动响应闭环，实现社区维稳长效化、系统化。

以往小区发生电动车盗窃案等刑事案件后通过视频监控可以锁定嫌疑人，但是无法了解其行踪，当嫌疑人再次现身时也无法第一时间将其控制。平台可对特定人员/车辆进行布控，当小区内所有摄像头发现布控人员/车辆时触发告警。试运行以来，平台已帮助警方成功布控 3 名犯罪嫌疑人，大大提高了抓捕效率、震慑了犯罪分子。图 2-39 为社区态势监控系统，可了解小区实时动态，包括人员和车辆进出，实时出现人员、告警情况等。

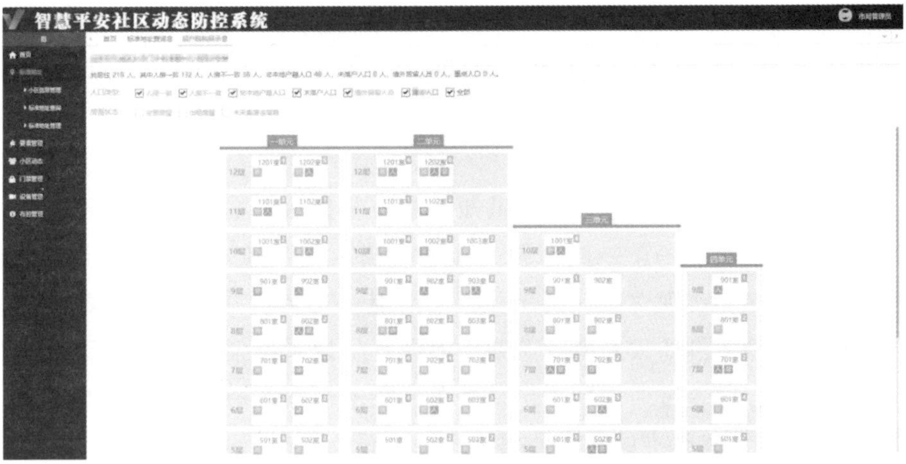

图 2-38 层户结构—房屋档案示意图

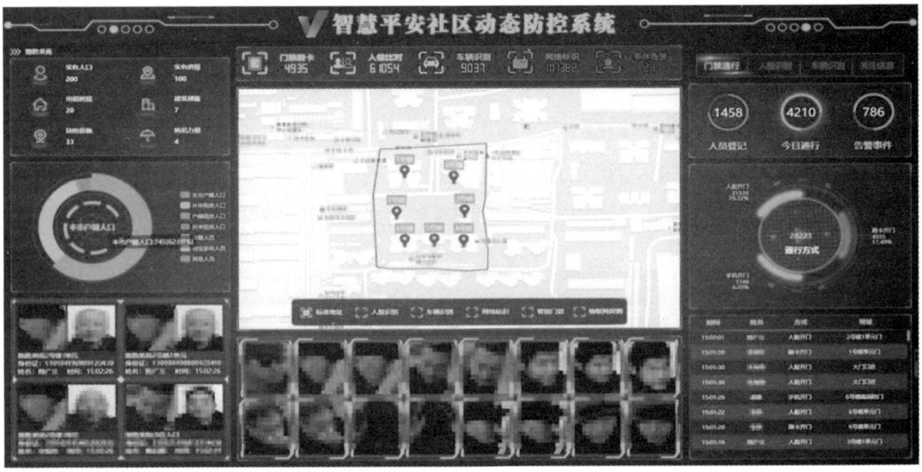

图 2-39 防控平台实时状态监控

3. 智慧社区综合服务平台

针对小区居民和物业，建设了智慧社区综合服务平台及相关配套设施。平台提供小区便民服务、周边生活圈服务、公共服务资讯等，实现“小区生活服务一手掌握”。居民可通过手机实现一键开门、预约来访人员进入；针对小区物业，平台提供物业费缴纳、一键报修、自助挪车等服务，居民可通过平台，便利地享受到智慧社区带来的一站式便民服务。街道和社区的通知、便民服务资讯等推送至社区终端和平台手机端，居民可及时关注公共服务指南和政务资讯等。居民对社区建设也可以提出问题和建议，做到社情民意“早知道、早化解、早回复”。对例如久居未出等居民活动轨迹异常信息，作为纵向政务延伸的线索信息，推送给社区工作人员，便于精准、及时提供关爱空巢老人等社区服务。

电动车在楼道间充电引发火灾的报道屡见不鲜，为了给居民提供便捷、安全、经济的电动车充电服务，避免楼道不规范充电带来的安全隐患，社区在公共区域集中安装了智能充电桩，居民可以通过扫描二维码自助充电，按不同功率、精确到分钟自动计费，最低可享受 1 元充电 3 小时。安装以来，共为 317 位居民总计 1 万余小时的充电服务，获得了居民的一致好评。

图 2–40　电动车充电服务

（四）建设成果

自 2018 年 10 月正式投入使用以来，数据采集流畅、平台运行稳定，基本完成建设预期目标，尤其是在社区人口和治安管理水平、财产和消防安全防范等级上有明显提升，获得了居民、物业、街道社区的认可。其间，平台共服务试点小区人脸开门 51 万次、刷卡开门 35 万次、手机开门 26 万次，共发现陌生人 2. 6 万人（其中频繁活动陌生人 437 人，主动发现未登记租客 43 人），研判出昼伏夜出 109 人、久未出现 91 人、疑似出租房租客未登记 119 间，触发自动告警事件 137 次。社区在此项目推行后的工作中取得了显著成效，主要体现在以下三方面。

1. 实现了实有人口、实有车辆动态管理过程中“底数清、情况明”

借助智能识别、物联感知等智能硬件实现信息自动采集，并建立常态化信息更新机制，保障数据的实时性、准确性，达到“人过留影、车过留牌”的管理手段。

2. 实现了关注人员、出租房屋常态管理过程中的“盯得住、管得住”

以网格为基础，动态掌握各类人员的不同情况、不同需求，逐一匹配相应工作力量，逐一落实针对性的服务管理措施，逐一形成定向服务，分别管控的工作历史记录，做到了科学合理的精细化管理，初步形成社区人房管理新格局。在独居老人关爱方面，社区工作人员依托平台提供的数据支撑，主动发现久居未出老年人，通过电话/上门关怀相结合，工作更加精准、及时和更加有针对性。

3. 社区半年实现零发案，人民群众安全感和满意度明显上升

通过建设人车识别监控、智能门禁、便民充电桩等安防设施，真正提升了群众安全感、满意度、幸福感，而且方便安全使用，获得社区居民的一致认可。

（五）项目优势

1. 创新社区管理模式，打造全实时动态化社区平安网

以人脸识别、车辆识别、智能门禁、烟/气/井传感器等智能终端构建物联网安防网络，运用科技手段，提升人防、物防、技防的实战效能，实现社区人员、车辆、房屋、重点部位全覆盖、动态化管控与精细化服务。

2. 转变人口管理模式，由上门登记转变为主动申报，实现人口动态管理

以技术手段来弥补人海战术及上门巡查管理的不足，提高实有人口及社会治安防控能力。全时段完成实有人口的动态管理和信息的自动更新，

构建“来有注册、去有注销、访有记录”的人口管理新规划。并结合平台的大数据分析功能，实现特殊人员的有效管控，出租房屋的精细管控，空巢老人的精准服务。

3. 社区信息全面收集，清晰刻画人车轨迹

全方位收集人、车信息，利用大数据技术，分析人员/房屋/车辆的异常行为，为案件侦破提供线索，打击预防犯罪，压降侵财案件，提高社区居民安全指数。

4. 为基层民警和社区服务人员减负降压，提升工作效能

社区信息一屏清，实时动态掌上清，人、车、房信息自动采集、更新和动态提醒；社区重点部位指数自动感知与告警，减少安全隐患；孤寡老人一键求助，提高社区服务实效性；最终实现“让数据多跑路，基层人员少跑腿”的工作目标。

5. 便民服务

为小区居民提供安全防范、智能开门、邻里交流、基层党建、社区关怀、物业服务、商圈服务、电动车自助充电等，为老百姓日常生活带来便捷性，增强居民生活的幸福感获得感。

（六）总结与展望

围绕地区人口类型多样、治安环境复杂的现状，以及提升社区治理、服务水平的目标，社区从小区物联网设备建设入手，利用连接的物联网感知数据与进出轨迹，对小区态势进行实时监控、预警，通过信息化改造，优化人员、房屋档案管理模式，依托分析研判算法，挖掘数据中隐藏的潜在风险和异常，并实时推送相关人员，目前已基本建立了全流程的智慧社区样板。但是，也存在一些不足，例如对小区出现的陌生人，目前仅能掌握其出现的频次、规律，但是对于其人员属性、与小区居民的关系等有待进一步挖掘；手机 App 端功能还比较局限等。

下一步，社区将利用连接的各类数据，进行深度分析、挖掘轨迹对象

之间的关联关系，为社区安防、居民服务提供更多有价值的信息；进一步探索智慧社区便民公共服务纵向延伸的对接、保障机制，提供居民信息管理、劳动就业、民政事务、计划生育等公共服务接入支持，进一步做到“让数据多跑路、居民少跑腿”。重点关注失业、低保、优抚、残障、空巢老人、留守儿童、孕产妇等人群，利用信息化手段对社会保障机制纵向延伸。摸索商圈服务拓展的模式，整合社会、企业资源，优化15分钟生活圈建设，逐步形成长期稳定的运营保障支撑，持续提升居民获得感、幸福感、安全感。

（案例提供：中星技术股份有限公司智慧社区业务部总监周超）

十二、信息化开启物业管理与社区生活新体验

——云筑智联携手云南省曲靖市麒麟区潇湘街道南江花园打造智慧社区新生活

（一）社区管理企业背景

南江花园位于云南省曲靖市麒麟区潇湘街道，社区居民共1081户，南江花园的物业服务公司为曲靖市恒基物业。该物业公司创建于2002年，除了南江花园外，恒基物业的服务领域涵盖高档别墅区、高层住宅、办公楼、厂矿、公园、学校、医院等多个领域的物业服务项目。恒基物业在完成基本物业服务之外，还在其工作方式、流程以及社区管理的完善和创新上不断探索，致力于借力新型生产技术为业主提供更优质的社区服务。

早在多年前，恒基物业旗下的社区便开始了“互联网+社区”的转型探索，希望通过移动互联网手段提升物业管理效率，为居民打造更高品质的社区服务。恒基物业在2016年前还曾投入了近百万元的经费用于研发智慧社区服务平台，最终的研发成果却不太理想，平台的功能闭环较差，操作体验感也比较不好。

2016年开始，恒基物业与云筑智联科技有限公司携手，以南江花园为试点，携手云筑智联借力移动互联网、物联网、云计算等新一代信息技术实现其旗下社区智能化管理，它是智慧社区转型的一次全新尝试。在智慧管理方面，恒基物业旗下社区借助云筑的信息化建设能力优化了工作方式，节省了管理成本，为南江花园社区居民提供了更安全、更便捷、更智慧的社区服务。与此同时，信息化的管理手段解决了传统物业管理社区存在的漏洞，提升了效率，让物业与业主产生更加良好的沟通方式，减小物业与业主间的矛盾摩擦，优化服务提供者和被服务者间的关系结构，增强

居民幸福感。

（二）项目背景

伴随着城市化进程的逐步加大以及房地产开发10余年来轰轰烈烈的发展，物业管理行业作为新经济的重要增长点和提高居民生活品质的重要载体，越来越显示出广阔的市场发展前景，成为当下备受关注的“朝阳产业”。根据中国指数研究院的报告显示，截至2015年末，全国物业管理面积为174.5亿平方米，而预计往后3年的新增物业管理面积将在36亿平方米左右，若按照15年的物业结构和费用测算，则总市场规模将会达到7800亿元。

然而，在物业服务需求及市场容量不断扩张的同时，传统物业面临的物业收费难度大、物业服务难感知、人力成本不断上涨而物业费却不涨、物业管理效率低、漏洞多，社区服务不便捷、物业与业主之间沟通不畅等难题长期存在，这在一定程度上也影响了社区服务品质与居民生活水平。

随着社区居民生活水平的提高，社区建设工作的深入，物业作为基层管理部门亟待创新管理服务模式，提升管理能力，转变服务方式，深化信息公开，增强自身价值，推进社区管理与服务进一步向居民延伸，创建适应新形势的信息化、智能化新型社区管理服务模式。

基于此，恒基物业及其合作者云筑智联从促进区域科学发展、满足人民群众更高水平的公共服务需求出发，认真研究、把握新形势下社会建设的规律和特点，努力找准社会管理服务的薄弱环节和突出问题，决定结合社区实际，将管理信息化、服务智能化作为引领社区治理整体工作的突破口，以南江花园为试点，打造“新时代，新生活”背景下的智慧社区，为居民带去高品质的社区生活体验。

（三）建设内容

1. 建设要求

借力移动互联网、物联网、云计算等新一代信息技术，解决现阶段曲靖市南江花园所遇到的问题，通过打造便捷的社区线上服务平台，提升服务质量，加强社区治理的同时，提升居民业主的社区生活幸福感，推进社区信息化建设和智慧治理更进一步，助力实现社区智慧新生态。以业主的需求为主，通过现阶段的技术手段，更新服务方式和手段，增强居民生活安全性和幸福感，真正做到通过思维更新和技术变现实现社区服务智慧化，切实打造全新的智慧化社区生活，真正意义上实现新生活。

2. 目标规划

通过物业管理及服务功能的在线化，实现以技术、工具、数据、平台辅助物业管理，提升物业服务质量，链接物业及业主，实现社区科学治理，为社区业主构建安全、舒适、智慧的居住环境。改变居民的工作生活方式，实现社区生活的全面发展，打造新时代背景下的新生活。

3. 建设内容

鉴于现阶段曲靖市恒基物业服务有限公司及其旗下小区南江花园的社区服务现状及需求点，曲靖市恒基物业携手云筑智联智慧社区生态赋能平台共同构建智慧物业管理及智慧社区的转型升级。

图 2-41　云筑智联智慧社区蓝图

（1）云筑智联智慧社区平台简介

云筑智联旗下的智慧社区平台是行业内首个支付宝、钉钉智慧社区创新集成解决方案。以“融合、绿色、共创、共赢”的核心理念，以支付宝、钉钉为载体，充分利用物联网、云计算、移动互联网等新一代信息技术的集成应用，与智慧社区生态组成共同为社区居民提供一个安全、舒适、便利的现代化、智慧化生活环境，打造基于信息化、智能化社会管理与服务的一种新的管理形态的社区生态。

云筑智联为南江花园提供的产品主要分为 PC 端和移动端两部分。其中，移动端直接采用支付宝以及钉钉。相比其他同类型产品，云筑智联无须引导业主下载 App，大大减轻了物业在运营该平台的时间及费用成本。业主使用支付宝、物业移动办公用钉钉、数据存于阿里云是云筑智联区别于其他智慧社区产品的独特优势。

图 2-42 云筑系统界面

支付宝现已有 5.2 亿用户，是天然的流量入口，南江花园业主无须再下载 App，可实现业主线上缴纳物业费、随拍报修、访客通行等。

钉钉为物业端，可为社区物业管理方提供四保服务、访客管理、移动抄表、移动办公、设备管理等能力。

而云筑 PC 端则为云筑后台，是为南江花园物业管理提供社区基础数据留存、管理数据留存及分析等统一管理平台。

表 2-3　三种“互联网+社区”模式对比

模式	模式介绍	模式优劣势
封闭式	物业企业仅有收费系统、OA办公系统等内部管理系统	初步实现信息化，但未与业主数据打通，与互联网化尚有一定距离
半开放式	物业企业既有内部管理系统，还有专属的物业管理 App	初步实现互联网化，但引导业主下载全新的 App 以及对 App 进行运营维护都需要投入大量的资金、人力和时间成本，业主对 App 的接受度也难以把握
全开放式	互联网大佬如阿里巴巴直接为物业输出支付、管理、大数据、商业等能力	以支付宝为例，支付宝有 4.5 亿用户，是天然的流量入口，无须引导业主下载 App。而通过大数据的匹配，可将社区数据的价值最大化，提供无限想象及可能

云筑以管理工具为媒介，帮助业主接入新时代背景下的主流互联网生活，改变业主的生活习惯，以一种可减少业主对改变抗拒的方式，引导业主实现从传统的生活方式向新时代、新的生活方式转变，以点及面，从而整体推动智慧社区建设，实现借助较小的改变成本，以收获较大的改革成效。

（2）云筑智联助力社区构建舒适、安全、智慧的环境

①社区服务更便捷：缴费不跑腿。传统的物业公司缴费需业主到物业管理处现场缴纳，存在业主上下班冲突矛盾，业主缴费不太便捷。启用云筑智联后，南江花园业主查费、缴费打开支付宝的生活缴费功能模块就可以快速解决，业主可随时随地查缴物业费，减少业主缴费的时间和精力成本，使居民可支配的生活时间增加，方便快捷。根据业主的缴费情况，物业还会设定相关优惠。在使用云筑提供的工具后，南江花园的业主不仅能够使用更方便的移动方式支付物业费，还有机会获得优惠和减免。

②社区服务看得见：提升满意度。在报事报修及意见反馈块，以前业主通过电话联系物业，物业是否处理报修、报修处理情况如何无从了解。有时候，物业已经修好，业主却说没修，服务不透明造成了业主与物业方存在芥蒂。在云筑智联平台上，南江花园的业主可在支付宝端拍照报修，

并详细查看报修处理进度，事后更可评价反馈。物业在钉钉端有详细的工单记录，工单遗漏还可提醒，整体流程优化、服务可视，增进业主与物业之间的融洽度，提升社区生活的幸福感。

南江花园小区业主可通过支付宝入口中的工单查询了解自己报修的已损坏设备的维修进度和情况，并可对维修结果进行检查和评价，如若出现对维修结果不满意的情况，还可通过支付宝联系相关负责人员，或是填写相关信息，进行二次报修。如此，就可更好地实现业主与社区服务提供者的沟通，进而改善两者关系，便于业主更好地获得服务。

图 2-43　云筑系统工单处理界面

③开门不用卡：进出小区更便捷。通过加装门禁模块，业主只需打开支付宝手机一键即可开门，忘带门禁卡也可轻松进出。手机作为通信、支付工具，已经成为每人必备的物品，将开门系统放置在手机上，可减少业主因忘带钥匙、门卡等物品造成的不必要的困扰。客人来访，或是快递外卖等人员需要上门配送，业主在家即可远程开门，无须到楼下接客人进门，十分便捷，且此允许通行会在系统上留存记录，人员出入有记录，提升安全保证，可减少危害安全的事件发生。

④社区环境更安全：访客进出有记录。亲朋好友来访，业主只需在支付宝端登记来访人信息，来访人即可收到进出码。物业通过钉钉扫描二维码验证访客身份后，访客即可进出社区，所有访客记录数据存底，随时可查，避免闲杂人等进入社区，造成社区不安全。

图 2-44　云筑智联业主报修界面

⑤巡检移动化管理：督查到位预防隐患。在物业管理中，巡检是很基础也是很重要的一项日常工作。巡检能够帮助物业发现社区隐患和问题，防患于未然。然而，传统巡检管理以人工巡视、纸质记录、电话沟通为主，这种陈旧的方式无法实现监管，计划一旦调整执行速度慢，常出现具体执行人非任务指定人甚至是巡检执行不到位的情况，巡检效果有限。

南江花园启用云筑智联钉钉巡检后，实现了人员、巡检计划、巡检任务、巡检结果在线化和数据化，管理者可便捷监管巡检工作，确保巡检工作执行到位，并快速根据巡检结果作出反应，预防安全问题和设备隐患，进一步确保业主及社区安全。

⑥商业服务更贴心：优质商业服务提供。云筑智联为南江花园打造了社区商业圈，在物业和商家合理合法置换资源的同时，可为业主争取更为优惠的商业服务，使业主使用较小的成本即可享受更为优质的商业服务。在生活的各个方面增加了业主的选择权。

在南江花园有选择地接入商业服务的同时，通过不涉及业主隐私的行为数据（即不记名的行为数据记录），对整体社区居民的需求偏好进行分析，可更好地了解需求重点，以及现阶段服务的优缺点，进行查缺补漏，有侧重点的更好地为业主提供服务。

（四）建设主要成果及居民满意度

在使用了云筑智联智慧社区产品一段时间之后，曲靖恒基物业的负责人表示：云筑智联全面嫁接了钉钉、支付宝，推动了“互联网+物业”的进程，为传统物管企业基本处理了两个最为关键的问题：一是管理，二是服务。在使用云筑智联后，恒基员工工作效率提升了15%以上。业主应用支付宝，物业收费率上浮了6%。数据上的进步表示业主更愿意缴纳物业费，也说明了这对物业服务及社区治理的一种肯定。此外业主的反馈率提升了40%，这说明了业主与物业之间的交流与沟通实现了大幅提升。且在定期反馈的业主意见中，有25%以上的业主对社区目前的治理安排表示肯定，并说明愿意同物业一起共建智慧社区，助力社区生态更好更快搭建。

南江花园在携手云筑智联进行社区改造后，居民表示：缴费方式不再固化，移动端多种选择，还有优惠减免，不仅节省时间，还可以减少资金支出；社区公共设施更新换代，出入不用带钥匙或是门卡，手机一键就可开门；人员出入有统一记录，安全事件发生明显减少，回家也更安心；巡检和绿化的处理效果与之前相比明显有了提升，对设备和绿化的检查更加细致，也更能够保证大家的安全。

（五）未来展望

云南曲靖物业南江花园的社区管理成功转型的案例表明移动互联网对于构建智慧社区，打造安全、便捷、舒适的社区环境有积极的意义，是未来智慧社区建设的好帮手。

智慧社区是用互联网、物联网、大数据、云计算、人工智能等融合打造的系统化平台，通过科学技术、标准化、智能化地融合物业和业主的需求，节省成本，提高服务。用户的需求需要解决，物业管理方需要盈利，通过科学技术节省人力支出，提高物业的服务水平，将促进物业管理走入一个更加良性的发展通道。而对于社区业主而言，各类技术的引入，将带来便捷、智慧的生活模式，越来越多的服务将通过新型生产技术下沉到社区，为社区打造更具活力、更有幸福感的社区环境。

下一步，云筑智联将携手恒基物业打造南江花园以下内容为侧重点，开展社区治理的智慧化活动，优化服务提供者和被服务者间的关系结构，增强居民幸福感。

1. 设备物联网化，保障社区安全

以软件平台为依托，连接硬件系统实现设备互联互通是智慧社区建设的重要一步，尤其是对于老旧小区的改造，先进设备的引入将使得整个社区的精神面貌改观。一方面将优化业主的用户体验；另一方面每一个智能硬件设备设立可在平台中形成一个像是身份认证的符号或是标签，可实时监控其运行状态，并形成有据可查的数据记录，在多角度层面上都可以帮助社区降低安全隐患的存在，减少安全事故的发生，保障业主的生活、工作安全。

2. 服务多元化，办事更便捷

在解决社区基础的物业服务线上化后，政府管理及服务、商业服务等各类型服务可进一步拓展，如业委会的评选、信息公开等均可通过线上促达居民，真正实现社区居民办事不跑腿，在家即可轻松解决各类服务事项，了解社区各类公告信息。依托数据积累和数据能力，将社区的历史管理情况、现状、业主不涉及隐私的信息、设备信息等记录整理，通过科学合理的方式进行建模运算，以求对未来的管理方向进行预测，政府可轻松掌握社区流动人口及其变化，更好地实现社区治理及智慧化管理。

3. 社群新经济可运营化，提升社区服务品质

以平台为连接中心，建立各方参与者内部或是外部之间的联系，将用户关系的流量产生方式重新定义、新生、选择直至可变现。在此过程中不仅可以帮助社区业主获取流量，还能使其每个参与单位的画像结果由于行为数据的增多更加的立体和具象，从而有助于后续的相关运营推广、流量变现等活动。不仅有利于其商业价值的发挥和实现，同样也会帮助业主获取更全面、更优质的服务。

（案例提供：云筑智联科技有限公司渠道经理周仕超）

十三、建设“云动全域中心” 推动社会治理创新

——北京市朝阳区八里庄街道“云动模式”全域管理创新

（一）八里庄街道社会治理背景

改革开放40年来，随着我国城市化进程的不断加快，社会面貌发生了翻天覆地的变化，人民生活日新月异。在这样高速发展的新时代，信息化和全球化给人民带来了全新的生活。同时，人民日益增长的美好生活需要和不平衡不充分的发展之间的矛盾逐步显现，社会管理越发复杂、困难，基层社会管理模式亟须创新。

八里庄街道位于北京市朝阳区中西部，地处城乡接合部，辖区总面积4.4平方千米，地区总人口近13万，地广人稠。街道辖区内设有14个社区，其中7个老社区，7个为2000年后成立的新社区。

伴随几十年来国企改制和市场经济深化，八里庄街道以北京朝阳路为界线，出现两极分化的现象，生活环境、居民需求等差异较大。街道城市建设布局较乱，现代住宅区和老旧平房区并存；服务业态包罗万象，高档商业区和游商摊群混杂；人员身份构成复杂，高级“金领”与贫困下岗女工为邻；社会矛盾集中凸显，街道和社区工作者人员不足，陷入“救急”“救火”状态中，工作成本居高不下。

（二）“三纵三横”与“云动模式”探索

1. 产研结合，探索社会管理新模式

为有效解决快速城市化发展带来的各类问题，提升居民生活质量和获

得感、幸福感、安全感，八里庄街道会同北京市社科院、中国人民大学等科研院校，以及相关科技公司专家组成团队，结合当前社会管理中存在的主要弊病和街道实际情况进行了探索。

2014 年 11 月，北京市社科院“基层公共服务外包模式研究”课题组在北京城市功能拓展区（朝阳、海淀、丰台、石景山）主要街道进行了一次抽样调查，有效数据 5000 多份。调查显示：96% 的受访者赞同“云计算”下的管理创新。在反映基层管理存在的主要社会问题调查中，结果显示有 8 类问题比较突出，见表 2-4。

表 2-4　北京城市功能拓展区基层社会管理问题

排名	主要社会问题	排名	主要社会问题
1	交通拥堵	5	社会治安
2	生活垃圾	6	流动人口
3	环境污染	7	诚信缺失
4	食品安全	8	美德低下

经过与各科研院校、专家团队的讨论研究，根据分权理论，创新性地提出了“三纵三横”治理理念：即在做好法规、政策、制度标准的“垂直管理”的同时，大力倡导居民责任、义务、公序良俗的“横向引导”。全面推进“云动”全域服务中心建设，开创社会服务管理新模式。

2. 采用“云动模式”，构建云动全域中心

云动全域中心是推动社会治理创新的一次大胆尝试，核心目的是通过智能化的信息系统、多元化的管理模式引导地区组织和居民参与自我管理和服务，实现“居民自治、多元共治、社区法制”。

八里庄街道借鉴 IT 行业“云”理念，依托云计算手段进行基层管理服务创新，构建了以“云动”全域服务中心为媒介、引导社会全员参与的社会服务管理新模式。

分权理论是“云动模式”的理论基石。分权理论认为，分权与事权下放可以从两个层面提高政府治理效率。纵向上，越贴近当地居民的政府越能够高效地了解当地居民的需求，当地居民也能够清楚高效地了解最贴近

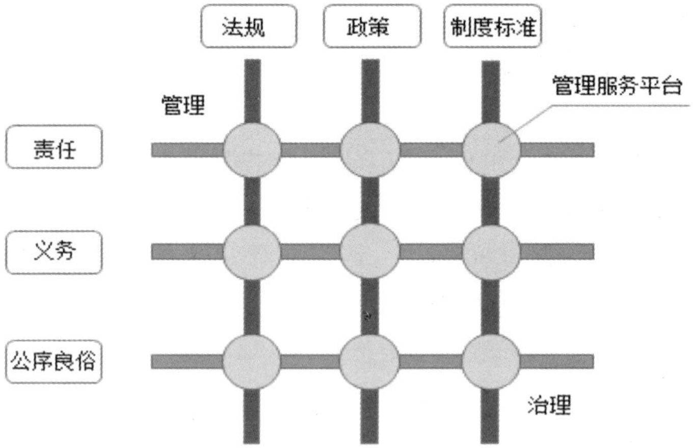

图 2-45 “三纵三横”的治理理念

他们的政府财政收入与支出，能够更好地发挥监督作用；横向上，分权可以加强各级地方政府之间的竞争，促进政府提高效率，改善服务质量。

通过“云动模式”，认清社会发展的规律与特点，做好城市管理和社会建设。“云动模式”是一种遵循社会发展规律、创新社会治理的方式，其最大特点就是以政府主导，借助第三方力量的方式，调动社区、单位、市民共同参与，实现社会责任主体的多元化，形成社区居民和社区单位共同参与、政府主导、社会各方合作治理的新型管理模式。

3. “云动模式”课题相对新颖，社会基础厚实

“云动模式”是一个比较新颖的研究课题，但发展前景非常乐观，社会基础厚实。

首先，随着中国综合国力的不断增强，国民受教育程度大幅度提升，社会构成与事务的深刻变革，公民主体意识和参与意识日益增强，政府施政更加注重保护和尊重公民的参与权，网络也使得公民参与渠道更加便捷多样。公众不再是完全接受指令的被管理者，他们已经逐渐转变为社会治理的重要参与者。公民角色的转变为社区居民的“自转、自治、自强”提供了必要的民众基础。

其次，党的十八大报告指出要“健全基层党组织领导的充满活力的基层群众自治机制”。党的十八届三中全会《决定》也强调“实现政府治理

和社会自我调节、居民自治良性互动”，同时也指出“直接面向基层、量大面广、由地方管理更方便有效的经济社会事项，一律下放地方和基层管理”。这些基层群众自治、居民自治与权力下放等为“云动模式”的建设提供了政策支持。

最后，随着社会经济的高速发展与科学技术的不断进步，数据挖掘、云技术和大数据等为“云动模式”提供了必要的技术条件。一方面，计算机的计算速度成倍提高，数据存储与处理分析能力成倍增加，这为服务端能够正常高效运转提供了保障；另一方面，网络带宽不断提高，网络普及率尤其是手机网民不断增加，这为居民方便高效地参与并享用服务提供了保障。

4. 云动全域中心的设计思路

总体规划上，在党组织的统筹协调和凝聚引领下，依托云计算手段，通过信息化、大数据及移动互联技术，搭建一个功能完备、组织有序、边界清晰、智能高效的综合应用管理服务平台，有机结合政府管理与第三方服务，实现技术架构和基础数据应用的互联互通，完成工作流和信息流的相互传递；在运营模式和管理机制上，进行清晰划分，最终实现居民事务及社区管理的自转、自治、自愈，完成政府由管理到治理的根本转变。

依据“三横三纵”管理体系模型，云动全域平台的整体架构如图 2-46 所示：

“云动模式”平台根据对象的角色和任务，划分出决策层、管理层、服务层三个层级，形成了监督、管理、服务的稳定闭环结构。从党建党务、经济发展、城市管理（综治维稳）、社会服务、安全生产、社会事业等六大核心领域入手，依托信息化、大数据和移动互联技术，将工作细化，设计开发出包含 24 个分系统、96 个子系统和 384 个管理模块的应用集成管理系统平台，整合地区全部工作于一个平台内，实现政府与居民之间、各项工作之间的互联互通、互助互动，动态地完成政府监督、管理和服务的职能。

在德治治理的框架内，主要完成社会第三方服务平台的创建，包含对政府“城市管理”类的服务，以及对社会单位和居民“个性化需求”类的服务，引入“积分管理模型”，将管理“分权”，用城市管理促进公共服

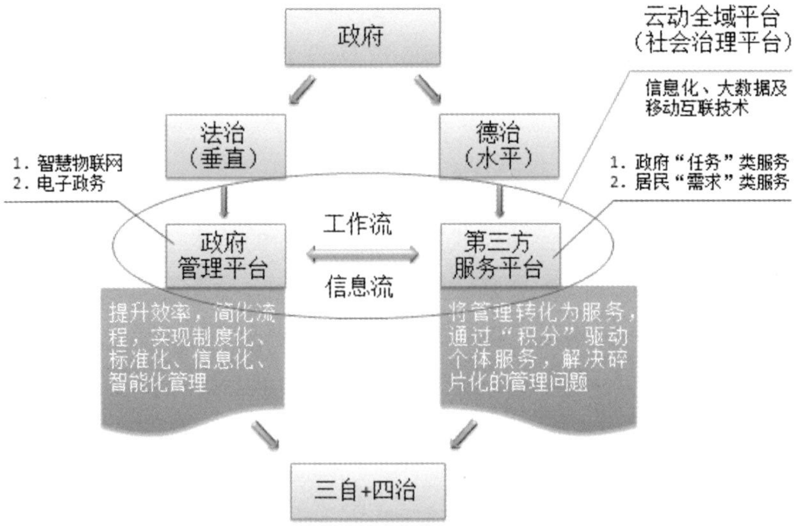

图 2-46 云动全域平台系统建设框架图

务，并通过“积分”驱动个体服务，解决碎片化的社会问题。

5. 积分奖励反哺机制，反哺公益服务

积分奖励反哺机制通过三种奖励方式“驱动”居民主动自治。

第一是从专门工作的固定经费中拿出部分作为奖励，第二是从社会治理处罚经费中拿出部分作为奖励，第三是通过“志愿反哺系统”进行积分奖励。

奖励机制通过平台的“横向引导”系统实现。“横向引导”系统对应的是社会化服务管理平台，由政府予以相应资金和政策支持，通过“积分管理”和“积分消费”的经济手段，鼓励和引导服务对象积极参与具体管理服务，在履行应尽的责任和义务的同时，获得相应利益和服务，完成管理与服务的相互支持和转化。

模型的核心理念是正确引导居民，将其信用赋予相应的价值（积分），通过对信用积分的有效管理，重构社会诚信体系，最终实现居民的“自转”“自治”“自强”，实现政府由“管理”到“治理”的根本转变。

积分奖励反哺机制运行后，社会组织配合社区志愿服务站对八里庄街道社区志愿者进行登记、发放志愿者服务卡以及计分计时和评星升级，并

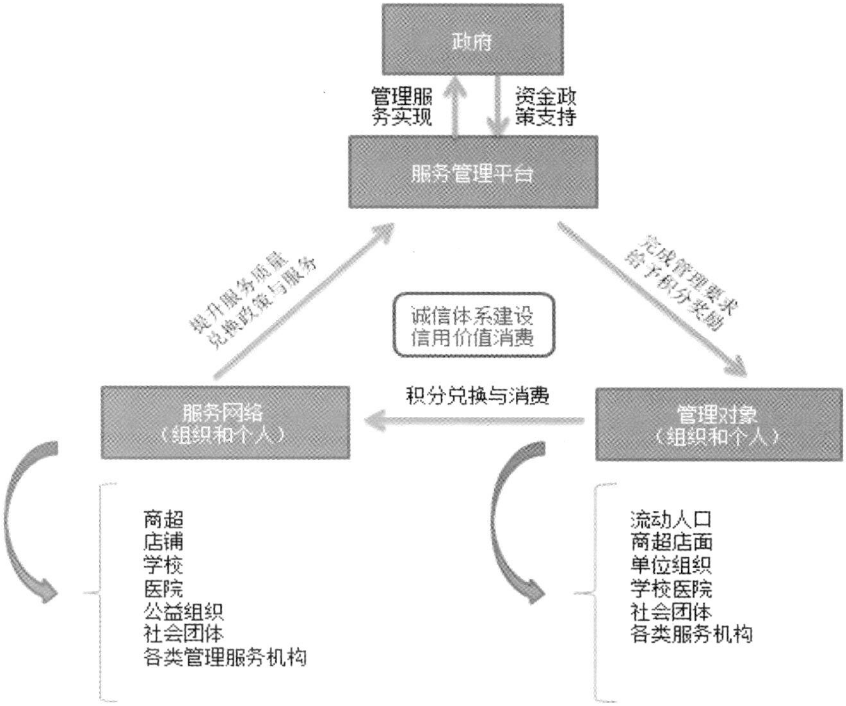

图 2-47 横向引导的积分制服务模式

根据以前对志愿者公益时间的记录对志愿者的志愿者服务卡进行志愿服务时间的补充。由签订“一刻钟社区服务圈”公益服务承诺书的商家为志愿者提供便民、惠民的反哺公益服务。志愿者通过各种类型志愿活动，由社区或团队的责任人对参加的志愿者进行计时充分。志愿服务记录时间累积后可以进行星级评定。志愿者等级越高，在服务商处获取爱心服务时享受的优质优惠服务就越多，高星级在公共服务方面享受定制服务。服务商在为志愿者服务时，获取定额积分。在年终将根据服务商获取积分的多少来评定服务情况，并根据《服务商管理办法》给予一定奖励。

通过积分奖励反哺机制，居民志愿加入志愿者团队做好人好事，服务商为志愿者和居民提供良好服务。居民企业之间实现良性互动，政府、企业、居民三者之间实现共赢，提升了居民的获得感、幸福感、安全感。

（三）多级联动、多元共管，“云动模式”效果显著

八里庄街道云动全域中心投入使用后，社会反响良好，效果显著。通过云动全域中心，打造透明高效的政府，以社会治理创新为目标，调整工作思路，最终实现政府从管理到治理的转变。

通过建立大数据的“云动”平台，形成了“三纵三横”治理理念。通过“积分管理”和“积分消费”的经济手段，创立了灵活的基层公共服务社会化运营机制，激活了社会各方力量，弘扬了社会主义核心价值观。通过试点、总结和推广，丰富了全国超大城市和特大城市的基层公共服务创新模式。

云动中心受到时任北京市委书记郭金龙的关注，于2016年6月到项目现场调研指导，项目获得了北京市各级领导一致好评。“云动全域社会治理创新模式”摘录进北京市社科院《北京公共服务发展报告》蓝皮书中，在行业内引起巨大反响。

八里庄街道工委书记刘海涛、副主任史留保受到新华网邀请，做客“新华访谈”，阐释了目前八里庄街道在社会治理方面遇到的问题和云动全域中心为社区提供的智能化服务。

通过建立社会治安多级联动系统，在街道内建设了70多个高清数字监控探头，在社区建设了门禁报警监控联动系统、红外对射报警监控联动系统、开发了电子巡更系统等。

通过建立安全生产信息化监管平台，纳入区域内7000多家社会单位，大大提升问题掌握的及时性和准确性、信息发送的时效性、问题整改的针对性。

通过建立了“一刻公益反哺系统”，纳入八里庄地区所有的志愿者和服务商，实现对地区所有的志愿者和服务商管理。随时掌握服务商和志愿者团队服务时长，掌握服务商为居民作出哪些贡献、为志愿者作出哪些贡献。

以下简单介绍两个子系统的治理成果。

图 2-48　八里庄街道领导做客新华网

1. “凡人善举”子系统

辖区居民可通过 App 应用管理终端随时抓拍身边的好人好事，通过系统自动上传至街道管理中心，由管理中心工作人员确认后，将好人好事的照片和相应说明文字即时发送至安装在社区的电子显示屏上，进行宣传和报道，同时对发现者和行动者分别进行积分奖励。得到积分的参与者可到周边相应商家进行积分打折消费，作出打折服务的商超，平台可以给予相应的积分和政策奖励（如可与管理平台兑换显示屏广告时间），也可以与其他单位进行积分服务兑换，实现积分的自动流转。

采取积分挂牌制，对诚信度高，服务质量好的商超接入平台，获得积分的群体（凡人善举）可以到挂牌的商超进行积分打折消费。通过积分管理和服务，一方面对传递正能量的个人给予相应的奖励，鼓励大家争做好人好事；另一方面，商家为获得平台的认可，也愿意主动提高服务质量，承担其应尽的主体责任。由此，逐步引导形成自我管理和自我约束的良好氛围。

从“凡人善举”子系统中描述出水平管理系统的核心理念，即宣传社会主义核心价值观，对有贡献有正能量的个人赋予相应的价值（积分），

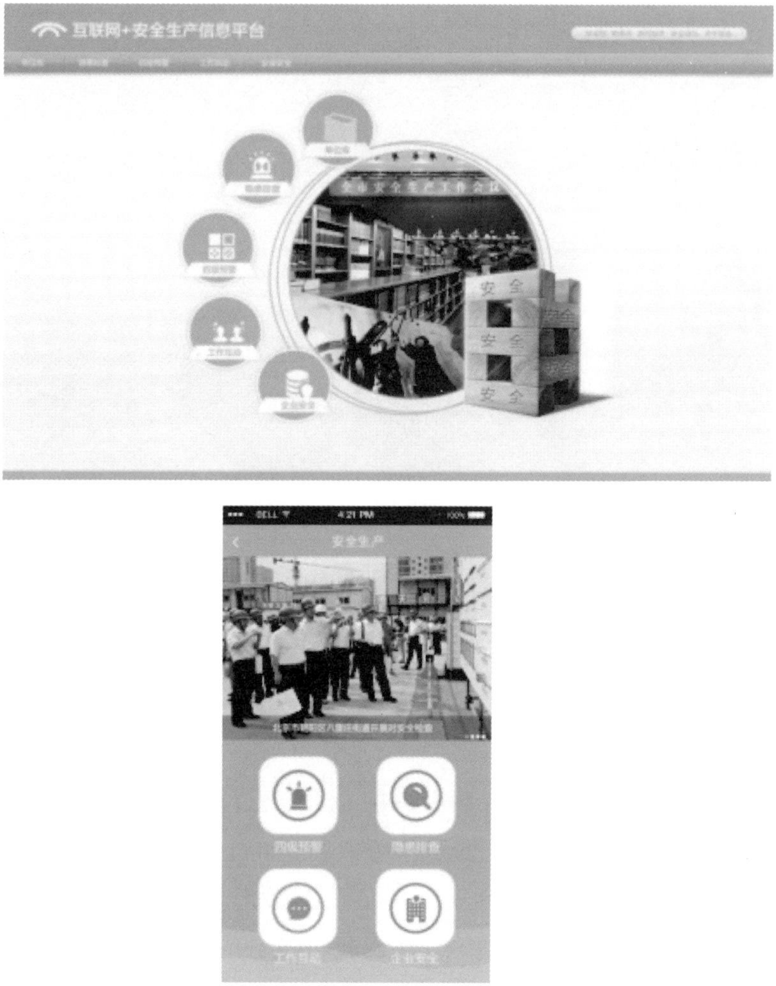

图 2-49 安全生产信息化系统 Web 端/移动端

通过对积分的有效引导和管理，让参与的“组织和个人”能够积极主动争作贡献，承担相应的义务与责任，逐渐形成由管理到治理的根本转变。

2. “环境管理”子系统

城市中的环境卫生状况是居民对政府为民服务的最直观感受，是百姓评价政府管理服务水平的重要标准。既反映了居民的个人素质，也体现社会的文明程度，是城市管理中十分重要的问题。

“环境管理”子系统包含门前三包、游商摊群、占道经营、小广告、

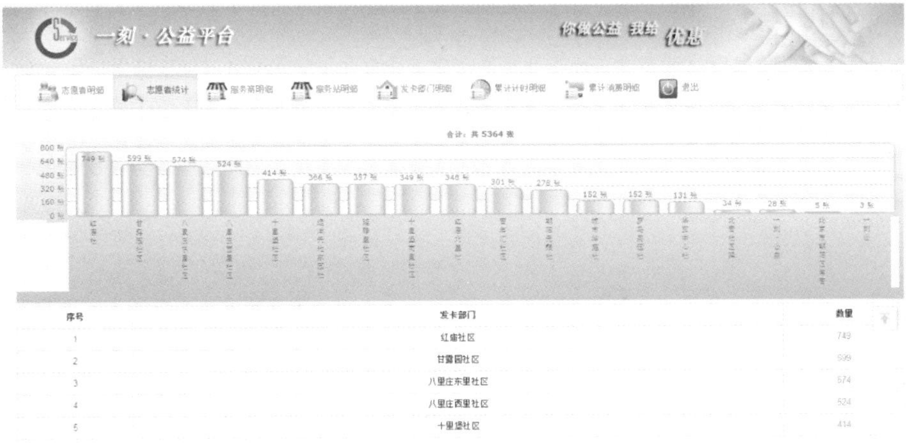

图 2-50　一刻公益反哺系统

堆物堆料等一系列影响市容市貌的问题。通常由城管部门用以罚代管等行政手段，虽能起到一定作用，但因其垂直刚性管理的特点，显得强制性有余，灵活性不足。关键还是要引入水平管理，通过积分管理和消费引导相应责任主体，做好环境卫生自管工作。

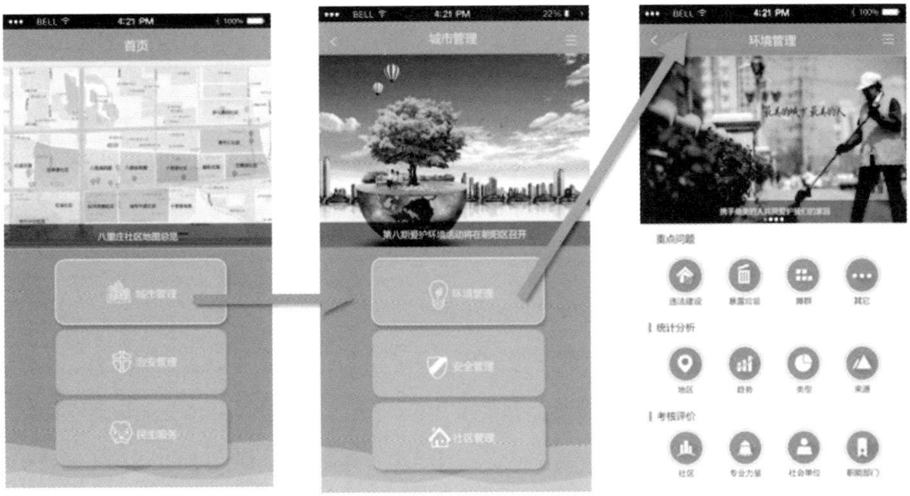

图 2-51　环境管理子系统移动端

以门前三包环境卫生清理为例说明：门前三包是社会单位履行主体责任的具体体现，以往针对门前三包的管理主要依靠由上至下的垂直管控（监督中心、城管部门等），在落实法规政策、规章制度层面起到了有力的约束作用。从水平管理的角度分析了解到，要想进一步做好门前三包工作，就需要责任主体积极地参与管理工作中。主动承担其责任主体责任，履行相应的义务。结合创建的管理模型，设计的系统由三个子系统组成，即“检查发现子系统”“管理和督办子系统”以及“积分管理和服务子系统”。

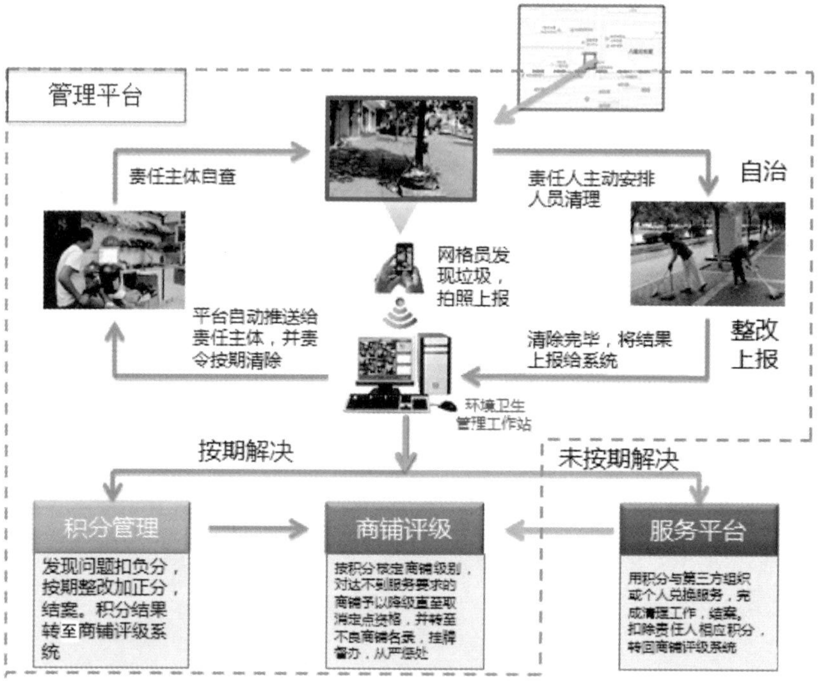

图 2-52　环境卫生——垃圾清理示例

地区流动检查人员通过手持 App 系统抓拍门前三包违法行为，并上传至系统平台，平台自动将上传的违法行为按相应标准和分类明确出具体的整改时间和要求，并自动传送给责任单位主管人员的电脑/手机上，责任单位人员收到整改通知后，需在规定时间内安排人员进行整改，并将整改结果通过手持 App 或电脑应用系统上传至平台，平台工作人员对前后照片进行核对，判断整改结果，对上报的案件进行结案或转办的操作，系统自动核算商铺的积分情况，并将积分管理情况反馈给商铺，内部做好评级评价工作，引导商铺积极主动履行门前三包责任。实现管理对象的自转、自治和自强。

对按期整改的商铺，系统推送给服务平台，用积分于第三方组织或个人兑换服务，完成清理工作，并将结果传送给系统管理平台，对商铺进行评级，对服务组织或个人给予相应的积分奖励。

前期系统的检查发现任务由专职的社区主管居干负责，后期可逐渐将系统开放给社区自治组织、积极分子，实现居民自行监督管理的局面，政府只需要做好适当的引导和奖励，通过积分管理手段约束责任主体履行其应尽的责任义务，逐渐培养出居民的自我管理和治理的良好社会氛围。

门前三包子系统运行模式同样体现出了创建的管理模型的积分信用管理的核心理念。即通过附加在责任主体身上的诚信积分，引导和约束责任主体主动接受政府管理，并不断提高自身的服务质量，实现社会治理的良性发展。

（四）对“云动模式”的思考与展望

八里庄街道依托大数据、云计算等技术，以分权理论形成“三纵三横”的治理理念，通过“云动模式”建立云动平台，借助“积分管理”和“积分消费”的经济手段，创立了灵活的基层公共服务社会化运营机制，激活了社会各方力量，弘扬了社会主义核心价值观。通过试点、总结和推广，丰富了全国超大城市和特大城市的基层公共服务创新模式。

整体来看，八里庄街道“云动模式”在城市功能核心区及拓展区具有较大的可推广空间。

第一，“云动模式”没有地域性要求，便于全面推广。“云动模式”强调的是在全域性指挥中心下的一种新的社区治理方式，没有特别的地域要求与限制。自然环境、社区面积、人口规模、风俗习惯和文化传统等因素都不影响全域指挥中心平台的建设，也不会影响“云动模式”的搭建与运转。因此，“云动模式”可以在大部分的社区中推广实施。

第二，“云动模式”需要当地居民能够有序地参与社区治理。党的十八大报告和十八届三中全会《决定》都支持基层群众自治、居民自治与权力下放，这为“云动模式”的推广扫清了政策上的障碍，全国范围内的街道社区都具有建设“云动模式”的政策基础。

第三，我国网络普及率高，“云动模式”有广泛的群众网络基础。

2013 年末，中国网络普及率达到了 45.8%，超过了世界平均水平，而且，网民中 78.5%的人使用手机上网，手机网民达 4.64 亿。网络也使得公民参与渠道更加便捷多样，越来越多的公民通过网络这个平台参与公共事务。可见，居民参与意识强，且网络较为普及的大部分社区都可以推广"云动模式"。

第四，相关硬件技术有保障，容易实行标准化采购。硬件主要为一个全域指挥中心平台，该平台需要完成各种数据的获取、收集、存储、处理与分析等。随着社会经济的高速发展与科学技术的不断进步，计算机的计算速度成倍提高，数据存储与处理分析能力成倍增加，提供这些数据服务的平台已不需要多么昂贵与先进的服务器，一个普通的服务器就足以完成社区这样规模大小的所有任务。因此，"云动模式"的建设并不需要很大的硬件成本投入，大部分街道社区基本都有能力承担硬件建设成本。

第五，"云动模式"平台软件开发通用性强，可广泛移植。其设计涵盖所有类型社区的主要工作与服务，可适用于几乎全部的社区。同时，软件主要基于 B/S 架构，软件的移植与更新可全部在服务器端完成，居民只需要通过电脑的浏览器或移动客户端即可参与其中。

随着国家大数据战略在全国范围内的不断落地和发展，以及未来 5G 网络通信、AI 人工智能、VR 虚拟现实、AR 增强现实等技术的不断完善、成熟、普及，未来"云动"模式如何升级、发展，其想象空间将越来越大。在这个不断发展的新时代，把握好、利用好"云动模式"，将为居民创造美好的新生活。未来可期，大有可为。

（案例提供：北京云海寰宇信息技术有限公司总经理、隆化智慧城市建设运营有限公司总经理梁林祥）

第三部分

研究篇

十四、文化自信：社区文化建设的使命

在中国共产党建党 95 周年大会上，文化自信成为我国继道路自信、理论自信、制度自信之后提出的“第四个自信”。习近平总书记强调“站在 960 万平方千米的广袤土地上，吸吮着中华民族漫长奋斗积累的文化养分，拥有 13 亿中国人民聚合的磅礴之力，我们具有无比广阔的舞台”，我们没有理由不自信①。文化是一个民族的根，是一个国家的核心竞争力，我们每一个人都有责任延续精神命脉、捍卫荣耀。社区是社会的细胞，是居民汲取文化养分、培养健全人格的重要场所。而文化是社区的软实力，更是社区的精神依托和灵魂所在。以社区为单位大力发展繁荣文化、培育居民的文化自信不仅有利于提高文化认同、增强社区凝聚力，更有利于拓宽文化视野，激发人民群众的创造力。故而，社区文化建设应以培育居民的文化自信为使命，使文化自信成为社区居民的自觉实践，积极对优秀传统文化进行创造性发展与创新性转化，投身于创造具有社区特色、社区风格和社区气派的文化活动，进而讲好中国故事、传播好中国声音。

（一）文化自信的内涵及其本质特征

1. 文化自信的内涵

2016 年 7 月 1 日，习近平总书记在中国共产党成立 95 周年大会上第一次正式将文化自信与道路自信、理论自信、制度自信相并列，形成“四个自信”的鲜明论断。他强调：“文化自信，是更基础、更广泛、更深厚

① 习近平．习近平谈治国理政［M］．外文出版社．2014：260.

的自信。”① 文化自信，意指文化主体对身处其中的作为客体的文化，通过文化认知、批判、反思、比较及认同等一系列过程，形成对自身文化价值和文化生命力的确信和肯定，对外来文化的理性对待的稳定性心理特征。②简单说来，文化自信是对自身文化价值的充分认同与肯定，是对自身文化生命力的坚定信念。

2. 文化自信的本质特征

（1）民族性

文化是民族的基因，是民族的血脉。文化自产生之初，就被打上了深深的民族烙印，彰显着自己独特的民族风采。民族性是文化自信最为鲜明的特征，它不仅体现了文化的独特性，也从本质上决定了国家、民族、地区间文化的差异性。不同民族的人们在长期的生产、生活中，传承与发展各自独特的文化传统与价值体系，并在实践中不断丰富与更新文化成果，最终以独具民族标识的形式确立下来。这个过程中所体现的对本民族文化的尊重、认同与敬畏便是文化自信③。正是因为极具旺盛生命力的自信心，才使得中华民族屹立世界于民族之林，成为文化大国。

（2）导向性

文以化人，文以载道。文化的核心是价值观，作为一种意识形态，文化具有价值指向性，它能够传递一定社会的核心价值观与道德准则，约束、规范人们的生活与行为方式。文化自信从本质上体现了文化主体对文化所蕴含的价值观的充分肯定。因此，个体会自觉接受文化自信的内在要求，不断深化对文化的认知，尊重与理解文化存在的合理性，按照社会的价值标准规范自己的行为，并以此推动文化所蕴含的价值观朝向更加科学、合理的方向发展。

（3）包容性

文化自信是在对自身文化充分认同的基础上，勇于接受外来文化的挑战，要求有一个开放的体系、开放的胸怀和开放的思路。一方面需要对自

① 习近平．在庆祝中国共产党成立95周年大会上的讲话［N］．人民日报，2016-07-02.

② 刘林涛．文化自信的概念、本质特征及其当代价值［J］．思想教育研究，2016，（4）．

③ 张军生．论文化自信的概念及本质特征［J］．大连大学学报，2017，（1）．

身文化的优势与弱势形成正确的认识，对未来充满自信，既不自大，也不自负；另一方面，要对外来文化抱有平等与尊重的理性态度，相互借鉴，共同发展①。当然，这种包容并不是盲目跟风、全盘接受，而是汲取世界各民族文化的精髓为我所用，创造一个百花齐放、百家争鸣的文化盛世。用费孝通先生的话来说，就是“各美其美、美人之美、美美与共、天下大同”。

（4）实践性

文化自信并不是一个纯粹的思维过程，而是产生于实践，并在实践中不断接受考验、与时俱进②。作为文化自信的主体，人们在认识与改造世界的同时创造文化、发展文化，并在实践中检验文化，最终形成一套被普遍认同的文化体系。就中华民族优秀的传统文化而言，它之所以能绵延不绝、惊艳世界，是源于人民群众的辛勤创造与传承，并在实践中不断修正与丰富文化内涵，当面临危机与考验时坚定信心，形成对中华文化的深刻认同与赞赏。

（二）文化自信对社区文化建设的价值彰显

从文化自信的民族性、导向性、包容性和实践性特征出发，我们可以发掘文化自信对于社区文化建设的价值所在。

社区文化工作的顺利开展，依赖于人们对于文化工作的重视程度以及对自身文化的认可度。文化自信的题中之义蕴含着对文化的深刻认同，这与社区文化建设工作的初衷不谋而合。在浩瀚的时间长河中，各社区逐渐形成了符合当地民俗风情的历史文化传统与地域特色。随着全球化与市场经济的发展，一些地域文化特色逐渐被淡化，走向趋同，消失在人们的视线中。居民缺乏文化底气，盲目崇拜与复制西方文化。故而，提高居民的文化传承意识，保留当地的文化特色，保护文化遗产，唤起居民的文化责任感与文化自信心显得尤为重要。居民对社区文化引以为傲，反之也会调

① 王长纯．文化自觉、理论自觉和实践自觉（论纲）——比较教育和而不同发展的途径［J］．比较教育研究，2005，（3）．

② 刘林涛．文化自信的概念、本质特征及其当代价值［J］．思想教育研究，2016，（4）．

动国家、社区管理者对文化工作的重视程度。

1. 增强社区凝聚力，构建和谐社区

文化活动匮乏的社区，居民宁愿蜷居于防盗门之内，感受网络带来“天涯共此时”的欢乐，也不愿与社区中现实的人沟通，人际关系冷漠。文化具有向心力与黏合剂的作用，文化自信可以通过丰富多彩的文化活动，为社区居民提供文化交流与沟通的平台，扩大居民的社会交往圈，使之更紧密地团结在一起，增强社区归属感与自豪感。文化自信不仅在于增强社区凝聚力，更在于其价值导向性。小到形成良好的道德素质、培育健全人格，大到家庭和睦、邻里互助、构建和谐社区，都需要居民充分认可与赞赏社区文化，主动内化社区文化所传递的核心价值观，塑造社区精神。

2. 拓宽文化视野，丰富社区文化内涵

从社区成员来看，横向有本地和外来人两类，纵向则有老、中、青三代人，不同成员文化特征各异，为了促进社区和谐发展，又不丧失当地固有的文化特色，社区文化建设必须有效整合社区不同人群的文化需求。文化自信的包容性与开放性特征正好与这一需求吻合，既接纳外来人口的文化习俗，又使得每个年龄群体都可以充分表达自己的文化诉求。这样不仅有助于拓宽文化视野，博采众长，为社区文化注入新鲜血液，又有助于在继承与接纳的动态平衡中不断丰富与发展社区文化内涵，创新文化形式。

3. 激发文化创造，提高社区文化竞争力

致力于培养文化自信的社区文化建设，有利于发挥每一个居民的文化积极性与创造性。作为社区文化建设的主体，居民年龄各异，文化背景与诉求不同，是文化自信促使他们能够共同参与社区文化建设，群策群力。不同的思维在交流中难免产生冲突，但更能碰撞出新的火花。百花齐放，百家争鸣，有助于激发居民的创造力，并进一步带动周围人的参与积极性。创新是文化的本质，文化最能反映一个国家或地区的综合竞争力。因此，唯有树立文化自信，才能激发文化创造，不断提升社区的文化竞争力。

（三）文化自信语境下社区文化建设的路径探寻

基于文化自信的要求，社区文化建设应从提高重视度、赓续传统、推陈出新、兼收并蓄、鼓励社区居民的积极参与等方面寻找突破口。

1. 高度重视，加大文化建设支持力度

思路决定出路，政府的高度重视与支持力度是社区文化建设的重要保障。第一，提高认识。文化建设是社区建设的精神依托与灵魂所在，政府及社区管理者应充分认识社区文化建设的重要性，将提高社区文化软实力放在重要的战略位置，时刻保持对中华文化与当地文化的自信心。改变形式主义、好大喜功与急于求成的心态，走出将简单的唱跳等娱乐活动等同于社区文化建设的误区。第二，加大资金投入。改变政府单一的资金投入机制，鼓励社会组织、企事业单位、社会机构等踊跃支持社区文化建设工作，拓宽资金投入的多元化渠道。政府可以通过公开竞标、冠名捐赠、减免税收等方式吸引社会各界的广泛关注与支持，或采取市场化经营体制，大型文化活动的开展可以通过收取一定的门票费或管理费，以补贴文化建设的费用支出，促进社区文化建设可持续发展。第三，制度托底。建立专项的法律法规为社区文化建设保驾护航，以使社区文化建设工作有法可依、有章可循。建立激励机制，以法律法规的形式保障居民文化参与的权益。根据社区文化发展的现状，明确文化建设的发展方向，制定社区文化发展的近期、中期、长期规划，有计划、有步骤地促进社区文化建设深化、合理发展。第四，完善管理机制。文化自信要求改变政府主导式的社区管理机制，改变大包大揽的现状，去官僚化、去行政化。明确文化建设的主体，相信人民群众是文化创作的源泉，给予居民更多的选择权与参与权，扩大居民的群众化参与，赋予居民更多的创造空间与自由空间。打通信息沟通的绿色通道，为各居民、部门之间互通有无、加强沟通、协作扫除障碍。第五，以人为本。社区文化建设切忌闭门造车，要通过问卷、访谈、电话等方式深入了解居民的文化需求，完善文化活动基础设施，提高资源利用率。一切以居民的需要和利益作为出发点和落脚点，并将居民的

满意程度纳入评价体系①。

2. 赓续传统，深化社区文化底蕴

没有文明的继承和发展，就没有文化的弘扬和繁荣。中华文化浩浩荡荡，具有永不褪色的价值，可以为社区文化建设工作提供源源不断的智力支持。

第一，培育文化传承意识，提取精神之钙。我们之所以如此自信，是因为我们拥有由博大精深的中华优秀传统文化，艰苦奋斗、奋发向上的中国特色革命文化和承前启后、继往开来的社会主义先进文化所构成的文化体系。在我国传统文化中，既有“天行健，君子以自强不息”的大丈夫精神，也有强调人与自然、与社会和谐相处的“天人合一”思想，还有“鞠躬尽瘁，死而后已”“舍生取义”的奉献精神，等等。以文化人，以文载道。社区文化工作者应坚持正确的价值取向、舆论导向，深入挖掘和阐发中华优秀传统文化讲仁爱、重民本、守诚信、崇正义、尚和合、求大同的时代价值，寻求传统文化与现代社会发展需求的契合点，于无形之中渗透社会主义核心价值观，培育具有良好道德素质的现代公民②。孟子曾云：“不得乎亲，不可以为人；不顺乎亲，不可以为子。”我国向来推行孝文化，正所谓百善孝为先。孝文化是我国传统文化的根基，更被古代人视为人伦道德的底线，是家庭和谐、社会安定的精神支柱③。家庭是社区的基本细胞，家风影响着个人的品德、行为和社区的整体文化氛围，故而孝文化是社区文化建设的关键④。社区应通过开展征文比赛、征集家训、歌咏比赛、相声小品表演等孝文化主题活动来传承传统文化，让居民在实践活动中体验孝道的深刻含义以及中华文化的魅力所在。

第二，传承地域文化，打造特色社区。地域文化是生活在一定区域的人们在长期的社会历史发展过程中创造与积淀的物质财富和精神财富的总

① 李子田．城市社区文化建设存在的问题及对策研究——以湘潭市为例［D］．湘潭大学，2016：51-57.

② 魏志敏，单春晓．关于“文化自信”的思考［J］．牡丹江师范学院学报（哲社版），2017，（1）．

③ 方巍．社会福利视野下的文化养老［J］．东岳论丛，2014，（8）．

④ 方爱清，王昊．文化养老的基本内涵、当代价值及其可依路径［J］．江汉大学学报，2015，（4）．

和，最具有本土化色彩[①]。包括山水文化、建筑文化、民俗文化、戏剧文化、饮食文化、名人文化等，这些具有本土化色彩的文化更容易获得当地民众在情感上的认同，增强居民的自豪感，其价值具有无可替代性[②]。因此，社区文化建设工作应从本地已有资源入手，打造社区特色。首先，加大文化遗产保护力度。社区应成立地域文化工作小组，加大对民间文化、民族文化等传统文化资源的人文价值的理论研究，挖掘、传承和升华地域文化，培养居民的文化认同。号召全体居民参与文化资源的保护利用工作，将民俗活动、文物建筑、传统工艺等发扬光大，使之成为社区独特的文化标签。其次，加大宣传力度。社区应组织专门的人才编辑符合当地特色的乡土教材，发放宣传手册，或将相关材料刻录成光盘给居民观看，建立专门的社区文化网站进行宣传，丰富网络资源。此外，社区还可以联合旅游局、文化局等单位举办社区文化旅游节，打造文化亮点，推广“一区一品”，提高社区文化知名度[③]。最后，举办地域文化传承活动。将以往的地域文化以实物或者照片、影片等方式呈现，通过知识竞答、文艺表演等形式让居民在参与、体验、教育等社区文化活动中触碰文化实体，深刻感知文化内涵，培育文化认同，增强文化自信[④]。

3. 推陈出新，增强社区文化的吸引力

社区在传统文化的继承上往往存在一个误区，即过度照搬普通文化内容，复制常见文化形式，使得诸如社区文艺晚会、体育比赛、趣味知识竞赛等活动枯燥乏味，缺乏吸引力。时代在发展，传统的文化内容与艺术形式已经不能满足社区居民日益高涨的文化需求，如若过度死守这种“传统”思维，居民固有的文化自信也会随之消散。文化的本质在于创新，中华文化旺盛的生命力需要创新为之提供持续的动力。社区文化建设应推陈出新，寻求传统与现代的结合点，不断创新社区文化的内容

---

① 桑宁霞，王晓丹．社区教育特色课程的生命寓意［J］．河北大学成人教育学院学报，2016，（2）．

② 王红英，安玉宗．立足中华优秀传统文化实现社会主义核心价值观大众认同的途径研究——基于石家庄市社区居民的调查［J］．中共石家庄市委党校学报，2016，（12）．

③ 黄振华．地域文化融入社区教育的策略研究——以浙江省缙云县为例［J］．继续教育研究，2014，（3）．

④ 冯静，张锐．理解文化自信的三重维度［J］．理论导刊，2014，（4）．

与形式，开展人民群众喜闻乐见的文化活动。文化市场化和产业化是创新社区文化建设的重要走向①。社区管理者可以运用市场机制，采取项目管理、购买服务、委托经营的方式，将社区文化建设工作直接委托给专门的文化创意公司管理，利用公司的人力、物力资源进行运作，创新文化形式，提升活动品质，最大限度增强社区文化活动的吸引力。为扩大文化影响力，社区还应加强文化阵地建设，通过社区文化服务中心协调运作，促使社区文化活动进单位、进企业、进家庭、进学校，扩大服务范围。

为传统搭配科技的翅膀，建立智慧社区，将传统文化的观赏性和参与性与新媒体技术的普及性和创新性进行结合，是当前社区文化建设走向创新化发展的必经之路。第一，注重知识型和信息型的社区文化建设，创办集阅览、休闲、人际交流、信息检索于一体的社区图书室，对图书数量与质量严格把关，使之成为居民身边的“学校”“阅览超市”和“社区信息港”②。第二，拓宽文化知识获取渠道，便捷服务社区居民。建立社区文化网络资源库，并将其制成二维码，使居民在任何时间、任何地点都可以通过移动设备扫一扫功能轻松获取学习资源，时刻接受文化的洗礼。建立社区文化微信公众号，将社区文化历史、文化特色与最新文化成果等分模块介绍，居民可以通过留言与社区工作者进行互动，随时随地为社区文化建设献言献策。第三，社区文化活动网络化。利用当下最热门的网络直播，将知识渊博、观点新颖、风趣幽默等居民培养成为社区文化名人、社区网红，激发全体居民奋发学习文化的热情。此外，还可将 DV、网络有关的新电影、沙画以及网络文化（网络文学、网络游戏）等新技术与传统民间艺术如戏剧、小品、相声等结合，既保留中华文化的独特韵味，满足老年人需求，又创新文化形式，调动年轻人的活动参与积极性。从而在文化活动开展上做到老轻一体、虚实一体、教乐一体和雅俗一体③。第四，建立文化资源信息库，将社区附近及周边所有可以利用的文化资源整合到数据库当中，根据居民的需求随时调控，避免文化资源分配、使用不均的情

① 汤文隽．我国城市社区文化建设的立体模式建构［J］．滁州学院学报，2016，(1)．

② 魏艳霞．社区文化建设中的两个“创新”［J］．群文天地，2012，(5)．

③ 蓝凡．智慧社区文化：新媒介对传统社区文化建设的影响与作用——全媒体社区文化建设的必要性与可行性研究［J］．艺术百家，2013，(2)．

况。利用物联网、云计算、智能分析技术实现对社区居民的文化喜好进行数据记录与分析，整合出符合社区整体以及每一个居民精神文化需求的文化活动方案，便于社区文化活动的开展。第五，利用社区公共宽屏、电视栏目、文化传播公司等新媒介功能，在感官上冲击唤醒文化自信与文化自觉。依托QQ、微信等社交软件，建立社区网络服务与交流平台，彻底改变以往“关起门互不相识，社区节庆外围观众”的状况，在学习交流中培养文化认同，增强社区的和谐气氛①。

4. 兼收并蓄，惠及社区所有居民

任何一种文化都不可能孤芳自赏，文化自信要求社区文化建设既要拥有海纳百川、多元共生的胸襟，同时又不失自己独特的韵味，理性对待外来文化，求同存异、融会贯通。第一，借鉴吸收国外的优秀文化，学习美国、韩国、日本等国的社区文化建设的先进经验。如美国社区学院非常重视资源的共享，特别是文化设施的共享，与工商企业界及民间力量形成了广泛的合作。社区文化工作者应时刻关注世界热点文化话题和社会文化趋势，努力与现代化、国际化接轨，为社区文化建设提供最新资讯。在融会贯通的同时，也要保持自身特色，切勿全盘西化。第二，将文化建设的成果惠及全体社区居民。随着社会流动日益频繁，许多社区的人口已不再局限于已有的原住民，外来人口的增多加大了人员的异质性，同时也加大了社区文化建设的难度。正所谓众口难调，社区应树立包容性理念，关注每一个居民的文化需求，不让任何一个居民感到文化失落。为此，社区文化建设应以开放的胸怀，融本地与外地文化于一体，制定出既符合本地社区居民的生活习惯，又能吸引外来人员的社区文化规划，使外来人口感受到家乡文化的观照，从而促进邻里和谐相处，增强文化信心。社区文化建设应广泛征求群众意见，尤其是特殊群体的文化需求，如残疾人、老年人，在文化设施以及文化活动的参与环节上都要体现人性关怀。此外，以上班族为代表的中青年居民通常被社区文化建设所忽视，他们的心理压力与孤独感并不比老人少。将中青年的文化需求纳入社区文化规划当中，吸引年

① 黄振华．地域文化融入社区教育的策略研究——以浙江省缙云县为例［J］．继续教育研究，2014，（3）．

轻人的文化参与是今后工作需要重点突破的地方。第三，开拓思路，整合多方文化资源。社区文化活动的开展要放宽眼界，不要局限于本社区的已有资源，社区附近的图书馆、青少年宫、文化宫、影院、高校、军队、开放大学、广播电视大学、职业学校等设施都可以成为社区文化建设的资源。也可以与附近相近的社区、企业强强联合，打造大型的文化活动，提升社区文化的影响力与号召力，增强居民的自豪感。

5. 三喻并举，扩大群众参与

文化自信的主体是人，人民群众是社区文化建设的主体力量，不论是老人、中年人还是青年人，甚至是儿童都可以成为社区文化建设的主角。社区文化工作者应扩大群众参与，树立“三喻并举”的社区文化发展观，激发和调动每一个社区居民参与文化建设的热情与积极性，鼓励他们自我策划、自我组织、自我开展文化活动，在活动中不断提升自己①。美国人类文化学家玛格丽特·米德从文化传递的角度提出了前喻文化、同喻文化和后喻文化的“三喻文化”理论，强调长辈、晚辈、同辈都可以成为文化传递的主体，每个主体都具有他人不可替代的优势，且三个主体的文化角色可以相互转换②。如长辈擅长于传统价值理念的传承教育，同辈倾向于相互间的价值交流、启发与帮助，晚辈易于引领新的价值导向。借鉴“三喻文化”理论，社区文化建设应使各种类型的居民都能发挥自身优势，在差异中求同，优势互补。首先，对于长辈来说，社区应充分发挥与利用年长者丰富的人生经验和文化积淀，将老一辈优秀的传统文化与优良品质通过经验交流、分享等活动于润物细无声中传承下去。其次，同辈群体的作用，需要社区营造积极上进、创新开放的文化氛围，为同辈之间传递社会正能量、相互影响、相互学习创造良好的条件。最后，创设前喻机制为年青一代的文化创新保驾护航。年轻人兴趣广泛，乐于接受新事物、新思想、新观念，勇于打破思维定式，所以增强年轻人的文化话语权有利于丰富社区文化建设的内容、创新社区文化建设的形式、扩展社区文化建设的场所等。让青年人亲自参与社区文化建设活动的策划，既是对传统代际关

---

① 王资博．习近平文化自信思想的三个维度［J］．中华文化，2016，（11）．

② ［美］玛格丽特·米德．代沟［M］．光明日报出版社．1988：260.

系的打破和挑战，又是对传统代际关系的弥补与超越[①]。年长者应积极顺应历史发展的潮流，尊重并遵循事物发展的客观规律，善于发现并接受年青一代的优秀品质，给予年轻人更多的机会[②③]。在扩大群众参与方面，还可以发挥“领头羊”的作用。社区工作者在平时工作中要善于观察，及时发现具有文艺特长并热心社区文化事业的人才，通过一定的培训将这些人才培养成社区文化骨干，提高其政治素质和业务水平，使其成为社区文化活动的主力军和带头人。通过文化骨干榜样的作用，扩大社区文化的影响力，带动更多的居民参与社区文化建设。此外，社区还应建立与培育一批高水平、高质量的志愿者队伍，增强文化活动的公益性。为鼓励与维持志愿者队伍，可以由政府公益部门买单给予他们一定的物质奖励。如每年一次的免费家政服务、免费体检等。桑榆未晚，彩霞满天，志愿者队伍需具有一定的年龄梯度，在主要以青年人为主的情况下，也要为老年人继续发挥余热开辟绿色通道。

总之，文化建设是社区建设的灵魂与核心，社区文化建设应以培育居民的文化自信为使命，扎根于中华民族上下五千年的文化土壤，汲取中华文化之钙，以开放包容的心态理性对待外来文化，为我所用。智慧社区是未来社区发展的新方向，社区应充分利用新媒体网络技术，为传统搭上“智慧”的翅膀。无论是老年人、中年人还是儿童，都应各尽其能，坚定文化信仰，积极承担社区文化建设者与传播者的责任，建立一个邻里和睦、平等互助、开放包容、充满文化底蕴的社区。

（作者简介：赵媛媛，浙江师范大学教师教育学院成人教育学专业硕士研究生；徐君，浙江师范大学教师教育学院研究员、硕士生导师。本文原载于 2018 年 2 月《当代继续教育》。）

① 骆郁廷，史姗姗．“三喻文化”视域下思想政治教育主体的多维透视［J］．武汉大学学报（哲学与社会科学版），2012，（5）．

② 何爱霞．三喻文化与成人教育探论［J］．河北师范大学学报（教科版），2006，（4）．

③ 李金．三喻文化视野下的社区教育发展［J］．河北大学成人教育学院学报，2014，（4）．

十五、新时代党建引领城市社区治理的逻辑契合和路径选择

基层社区作为国家治理体系的基本单元，其治理水平的高低直接反映着国家治理能力与治理体系的成熟与完善程度①。基层社区是维护社会稳定的第一道防线，基层社区治理是打通国家与社会“僵局”的“最后一公里”。社会结构转型和社区治理问题倒逼的双重压力，就使如何创新党建引领社区治理方式问题成为社会各界关注的热点话题。在党建创新引领社区治理的过程中，政党、政府、社区和公众的职责如何划分？基于社区治理中出现的问题，党组织如何有针对性地加以创新引领？本文尝试从“简单问题——社区自治”“复杂问题——社区共治”的类型学建构出发，在党建逻辑与社区治理逻辑契合的基础上，为新时代党建创新引领社区治理提供可行性路径选择。

（一）耦合与契合：党建逻辑与城市社区治理逻辑之间的勾连

1. 中国城市社区治理逻辑变迁：单位统治—社会管理—社区治理

新中国成立以后至改革开放之前的时期，中国城市一直以单位制来重塑社会管理体制，建构整个城市范围内的治理体系。对于国家而言，单位既是经济共同体、社会共同体，又是政治共同体；对于个人而言，单位既是工作区域、生活区域，又是政治领域，从而形成公共领域与私人领域的

① 罗文剑，阮苗苗．社区治理模式分析：权力结构变迁的视角［J］．中共山西省直机关党校学报，2018，（3）．

纠缠和重合。但是，单向的行政管理方式运行僵硬，管理抽象和笼统，管理过死过严，不能灵活应对各种复杂和危机局面，面对许多社会问题时束手无策。

改革开放以后，随着社会主义市场经济的不断发展，社会结构不断分化，社会流动资源和流动空间不断生成，推动着大量单位管控模式的不断瓦解和崩塌，社会政策改革主要面向和聚焦“趋向淡化国家在福利供给方面的角色，同时增加个人在社会保障和福利方面的责任”①。随着中国城市社区治理步入“后单位”时期，整个治理对象和治理主体都发生了巨大变化，治理生态也在发生巨变，治理模式随之也不断发生变化：一方面，强调党和政府对社会管理公共性义务和社会公共服务的兜底责任；另一方面，积极探索社会建设的主体协同和多元参与。

（1）“单位统治—社会管理—社区治理”：城市治理重心的变革和转型

社会治理是一个系统工程。“统治—管理—治理”的转变，是我国从传统社会向现代社会转变过程中国家治理社会的一个逐步实践和转型的过程。在计划经济时期，国家依靠“单位”统治社会，身处其中的每个个体都被冠之以“单位人”名号，其工作、生活等公私领域都处于单位之中，国家通过单位体制对社会实行条块统治和管理。党的十一届三中全会以来，我国各级政府进行了社会治理创新的不断探索。推动社会良性运转，实现社会善治，就必须夯实社会治理的根基。伴随着高度集中的计划经济体制解体而来的，是单位制管理模式的式微。随之而来的是为国家治理服务的“单位”逐渐消解到整个社会之中，个体逐步由单位走向社会。国家向社会放权，社会治理的自组织性、灵活性不断增强，但国家依然大量管理和控制社会资源，个体还是不同程度地依附政府。

进入21世纪以来，社会分化程度不断加强，社会流动性不断加大，现代的“流动中国”代替了传统的“静态中国”，大量“社会人”不断进入社区并成为“社区人”，条块化、区域化的治理方式开始在基层推行开来。社区作为社会的缩影，是社会生活所呈现的真实面，社会治理的所有事项

① 李泉．治理思想的中国表达：政策、结构与话语演变［M］．中央编译出版社，2014：33，56.

几乎都在社区中呈现①，社会治理的基点最终落到社区治理层面。党的十九大报告指出："加强社区治理制度建设，完善党委领导、政府负责、社会协同、公众参与、法治保障的社会治理体制，提高社会治理社会化、法治化、智能化、专业化水平。"② 并提出推动社会治理的重心向基层下移，打造共建共治共享的社会治理格局。

社区作为社会治理系统的基础单元，是国家治理体系的微观细胞，社区治理体系和治理能力现代化是国家治理体系和治理能力现代化的基础性构成。中国城市治理对象从"单位人"到"社会人"再到"社区人"的转变，推动着城市社区治理体系纵向到底、横向到边，涵盖着每一个个体。

（2）"后单位"时代的社区治理：社会转型、需求导向

随着市场经济体制不断完善和社会主义现代化建设的不断推进，中国城市社区治理理论和实践受多种因素影响，其治理有效性也受到不同程度的影响。

首先，中国社会的急剧变迁和民众需求导向发生变化。党的十一届三中全会提出"以经济建设为中心"替代"以阶级斗争为纲"。社会正在发生"静悄悄的革命"：一方面，以往由国家指令性计划配置资源的方式在很大程度上被以市场配置资源的方式所取代，国家严密管制社会的局面被打破，社会治理虽还处于国家主导之下，但社会、市场、公民个体也承担了大部分事务，社会的主动性和积极性被调动起来，社会出现了自主流动空间、自主流动资源。另一方面，随着我国户籍制度的改革和社会分化不断加深，人口流动程度加大，计划经济时代对人口的管理方式已经不适应社会的发展。同时，国家为了降低监管的交易费用，改变过去以固定户籍管理方式，形成以人口聚居地大小不一的社区管理单元，重新划分管理单元，实行党领导下社区群众自治制度，基层群众进行自我管理、自我教育、自我监督、自我服务。

其次，西方治理理论对中国社区治理的影响。大多数学者借鉴西方的

---

① 刘建军．社区治理是撬动社会治理的支点［N］．北京日报，2017-09-11.

② 习近平．决胜全面建成小康社会夺取新时代中国特色社会主义伟大胜利——在中国共产党第十九次全国代表大会上的报告［Z］．人民出版社，2017：49，62.

“国家-社会关系理论”“社会资本理论”“治理理论”等理论资源，对我国社区治理提出各种方案和设想，不同程度地影响了社区治理的实践过程。在“后单位”时代，国家需要“创造一种促进发展的环境，为私营部门承担更大责任，减少政府在生产和商业活动中的直接参与，以及从中央向下级政府分权”①。因此，治理理论符合中国社会领域急剧变化的实际，它不仅强调国家如何治理，更强调在“治理”的情况下如何实现“善治”。同时，治理理论要求国家在治理中发挥有效性的功能和角色，且不排斥其他公共部门协同参与。治理理论打破了传统意义上的“大政府小社会”和“小政府大社会”概念，提出了“强政府强社会”的双向互动模式。

西方理论的“拿来主义”诚然能够部分解释和理解中国社区的问题，但须结合中国社区的实际才能真正落地落实，正如俞可平指出的那样：尽管治理理论还不够成熟，但它“打破了社会科学中长期存在的两分法的传统思维模式，即市场与计划、公共部门与私人部门、政治国家与公民社会、民族国家与国家社会，它把有效的管理看作是两者的合作过程，它力图发展起一套管理公共事务的全新技术，它强调管理就是合作”②。因此，治理的合作主义模式尤其符合中国社会治理的实际，也更容易广泛地被中国研究者所接受。在此基础上，有学者提出了中国社会的多元治理模式：一是社会治理的主体是多元的，既包括承担主导角色的政府，也包括作为补充力量的市场组织、非营利组织等；二是社会治理手段是复合的，既要通过市场化手段和行政手段，也要通过社会动员手段提供公共产品和公共服务③。

2. 中国城市社区治理的党建逻辑：价值整合与民众诉求

政党逻辑不同于政府逻辑。政党建设主要基于政治的逻辑，如何组织群众、宣传群众、凝聚群众和服务群众才是政党建设的本质，而政府是科层制的主要载体，主要是基于效率的逻辑。当前学术界对于中国共产党引领城市社区治理的研究，基本上都是基于政党逻辑。有的学者认为，党政

---

① 李泉．治理思想的中国表达：政策、结构与话语演变［M］．中央编译出版社，2014. 33，56.

② 俞可平．治理与善治［M］．社会科学文献出版社，2009：43.

③ 孙晓莉．多元社会治理模式探析［J］．理论导刊，2005，(5)．

主导下的多元共治适应了中国社会转型期基层社会管理和发展的现实需要。在党政发挥主导作用的基础上，能够实现社会协同、公众参与、共同发展，也能够加强和巩固党对基层政权的领导，同时，有利于社区自治组织的发展，有利于基层群众实现对幸福生活的追求①。有的观点认为，依靠党组织的力量推动社区自治、共治的发展，更符合社区治理的本质②。有学者认为，社区治理主体之间的零和博弈或治理主体的缺位问题是必须面对的现实问题，如果想要解决这些问题，将社区建设成为社会生活共同体，就需要在社区中的各种政治权力和社会权力之间形成有机互动的结构性治理机制，无疑，政党逻辑主导下的社区治理模式契合了这一要求③。按照这一研究思路，如果有效发挥党建在价值引领、平台搭建、机制建设等方面的作用，就能够不断推动社区治理体系和治理能力现代化。

但是也应看到，社区治理在党建引领过程中，既取得了一些成果，也出现了亟待解决的问题。就党务工作者而言，部分党员干部将基层党建引领社区治理的工作视为“鸡肋”④，轻视党建引领社区治理的工作；就基层社区党组织而言，其战斗堡垒作用不强。一方面，党员的流动性加大，不能实施有效管理；另一方面，工作人员年龄普遍偏大，“娘子军”管理队伍过于庞大。另外，党建逻辑引领下的社区治理，出现了治理内卷化的困境，主要表现在：街道对居委会进行了不适当的过多干预，行政命令方式成为治理的主导方式，实际上形成了一种行政吸纳社会的模式；“居站分离”没有解决居委会的“去行政化”问题，反而加剧了治理内卷化的进程⑤。有些学者将社区党建与社区治理视为两个不同的部门，致使两者的结合度不高，党建和治理出现“两张皮”现象，分道而行⑥。

---

① 孙萍．中国社区治理的发展路径：党政主导下的多元共治［J］．政治学研究，2018，（1）．

② 郑杭生．中国特色和谐社区建设“上城模式”实地调查研究［M］．世界图书出版公司，2010：313.

③ 郑长忠．多元共存条件下社区治理的政党逻辑——以上海临汾社区物业管理党建联建工作为例［J］．理论与改革，2009，（2）．

④ 曹海军．党建引领下的社区治理和服务创新［J］．政治学研究，2018，（1）．

⑤ 李青文．党建引领下的城市社区治理机制研究［J］．齐齐哈尔大学学报（哲学社会科学版），2018，（5）．

⑥ 陆秀清．坚持党建引领社区发展治理的思考［J］．江南论坛，2018，（3）．

在社区治理过程中，党建创新引领要真正“下沉”到基层，组织体系实现“纵向到底、横向到边”，就是要实现党建创新引领与社区自治和共治的有效对接，实现党建逻辑与社区治理逻辑的契合和耦合。在此基础上，对城市社区治理对象进行归类划分，提出社区治理对象的简单问题和复杂问题，从而为城市社区自治和社区共治提出一种解释性框架。

（二）“治什么”：城市社区治理对象类型划分的解释性框架

社区治理必须找准治理对象，就是治理的客体是什么，即“治什么”的问题。要使社区治理实现与党建创新引领之间的精准契合，就必须把握社区自治和社区共治之间的边界。社区自治就是社区治理中不需要外部力量的强制性干预，社区中的利益相关者习惯于通过民主协商的方式合作应对社区公共事务，实现社区自我教育、自我管理、自我服务、自我监督的过程[①]。社区共治是指社区中的利益相关者通过对话、交流与协商的方式，建立起基于社区公共利益至上的多方合作治理模式[②]。学术界对社区自治和社区共治的经典性解释，都是基于行为体的自主性和广延性来判断的。在这里，笔者主要根据城市社区需要治理的对象来区分社区自治与社区共治。

根据对城市社区公共事务的治理现状分析，可以相对地把治理对象分为简单问题和复杂问题两类。在此基础上，可以构想出社区治理的两个维度和机理，提出党组织实行两种治理理路选择。

第一个维度：“简单问题——社区自治”。“社区自治不是包揽一切，而是有特定的治理范围和管理权限。”[③] 一般说来，简单问题主要涉及社区成员的价值共识和知识储备两个方面的内容。此类问题比较显性，也相对简单，社区自治可以有针对性地进行应对。这是因为，从价值共识和知识储备来看，社区公共问题具有共识度高、知识储备充分的特点，因此，不

① 陈伟东．社区自治——自组织网络与制度设置［M］．中国社会科学出版社，2004：196.

② 李友梅，等．改善民生创新治理·社会发展活力的源泉［M］．上海人民出版社，2004：42-43.

③ 徐勇．城乡社区自治实务［M］．湖北科学技术出版社，2008：2.

需要外部的过多强制干预，社区成员完全可以通过广泛参与、民主协商、讨价还价的方式达到消除分歧、解决冲突、增强共识的目的。值得注意的是，社区自治并非意味着党组织失去对社区的领导，而是领导方式由原来的直接干预转变为间接性的观念嵌入。

第二个维度："复杂问题——社区共治"。社区自治由于缺少共识支撑、专业依托，因而在此类问题的治理上常常陷入失灵的状态[①]。社区共治要发挥基层党组织凝聚共识、资源整合的作用，很大程度上能够提高复杂问题的可治理性。事实上，治理的复杂问题可以划分为三类：首先是价值分歧型。价值共识是社区治理的基础性要件，一般来说，价值共识越高，社区治理越有可能形成具有凝聚力和稳定性的治理系统[②]。社区共治能够整合社区成员之间的价值分歧、凝聚共识。对于价值分歧型问题，价值共识存在的基础不复存在，这就需要党组织在社区治理中的价值引领作用。其次是知识缺位型。由于社区成员的知识积累不够，对社区讨论的议题理解参差不齐，也可能缺乏理性认知，从而引发社区治理中的知识缺位型问题。如果这时还采用社区自治的方式，就容易造成要么治理随意、要么治理悬而未决的局面。所以，知识缺位型问题的治理不能采取社区自治的方式，而应采取社区共治的方式，通过多方参与，借助多方力量，实现"多中心治道"，共同努力并解决问题。一方面，相关负责人要尽量详细阐明议题涉及的背景知识；另一方面，详细解释议题的性质、核心观点等，提出解决议题的可能性方案。同时，对社区成员进行知识和能力培训，提升他们的政治素养。最后是复合型问题。复合型问题比较复杂，需要党组织发挥总揽全局、协调各方的作用。社区党组织需要发挥组织力功能，将组织群众、宣传群众、凝聚群众和服务群众的功能突显出来，体现出政党政治逻辑的意蕴。

总之，根据社区治理对象复杂难易程度的区分，提出社区自治和社区共治这两种方式各自"治什么"的问题。就社区治理结构而言，无论是社区自治还是社区共治，都涉及街道党工委、街道办事处、社区党组织、居

---

① 陈亮．分类引领与功能优化：新时期下党建引领社区自治、共治的逻辑与路径［J］．天府新论，2018，（1）．

② 陈亮．分类引领与功能优化：新时期下党建引领社区自治、共治的逻辑与路径［J］．天府新论，2018，（1）．

委会、业主委员会、物业公司、群团组织、社会组织以及社区群众的广泛参与，实现社区治理的主体多元化，其中最重要的是发挥党组织的引领作用。基于“简单问题”“复杂问题”来划分社区自治与社区共治的范围，实际上展现了“一核多能”社区治理结构下的社区自治和社区共治的不同方式，这就是分类引领和区别对待。

（三）“怎么治”：突出政治逻辑及其治理路径选择

中国特色社会主义已进入新时代。党的十九大报告指出，把党的政治建设摆在首位，“党的政治建设是党的根本性建设，决定党的建设方向和效果”。[①] 方向决定路径，路径落实理念。通过对社区公共事务难易程度划分的探讨，就可为以分类引领为着重点的党建创新引领社区治理方式进行有益的尝试和探索。由于“简单问题”“复杂问题”涉及的内涵不同，党建创新引领社区治理在“简单问题—社区自治”和“复杂问题—社区共治”中就呈现出不同的路径选择：聚焦重点问题，突出政治逻辑，注重类型划分，强调因地制宜，不搞整齐划一，在价值引领、凝聚共识、资源整合等多种可能性路径进行努力和探索。

1. 重点突出价值引领，推动城市社区自治不断深入

站在新的历史起点上，面对中国城市社区治理中存在的各种问题，既需要党的价值引领、方向指导，也需要在社区治理实践中充分调动社区各种各样的主体力量。在把握党建创新引领社区治理的“顶层设计”中，要厘清治理路径，摸清治理基底，明白治理主体间关系，从而不断推动社区治理工作向纵深发展。

首先，注重创新治理理念，把握好社区自治的方向。党建创新引领社区自治，不是简单地用意识形态去统领，也不是单纯宣传灌输，而是实现党建与社区自治的深度融合和有机统一。这种融合和统一，既包括党组织的价值理念与社区自治的理念相融合，也包括传统理念与现代理念的有机

---

① 习近平．决胜全面建成小康社会夺取新时代中国特色社会主义伟大胜利——在中国共产党第十九次全国代表大会上的报告［Z］．人民出版社，2017：49，62.

统一，以两者的契合点为切入点，实现治理理念的创新。值得关注的是，在社区自治的过程中，社会主义核心价值体系应始终居于主导地位。为了保证党建创新引领的有效性和社区自治的灵活性，需要将外来与本来、传统与现代的合理要素吸纳进来；同时，要实现外来与本来、传统与现代价值理念之间的平衡，将党的领导与社区自治有机统合起来，重塑社区自治的理念、体制和运行机制。

其次，注重建立社区自治的纠偏救济机制，维护社区自治的公平正义。社区自治是否有效，在很大程度上取决于社区自治程度和结果的公平正义。党组织在引领社区自治的过程中，当社区自治出现偏离公共利益、只为少数人谋取利益等现象时，可以及时召开党建联席会议，直接实现对居委会、物业公司、社区代表、社区群众的价值引领，确保社区自治的成果由社区成员共享，防止个人或团体为了自身利益诉求而侵害集体利益的行为出现。

最后，注重吸纳各类型的精英，突显“明星效应”，确保党建和社区自治的有机统一。政党的一个非常重要功能就是吸纳社会中政治精英、经济精英、文化精英和社会精英等人才进入各个岗位，正如习近平总书记强调“聚天下英才而用之”。在社区治理过程中，党组织可以将居委会、物业公司、企事业单位、社会组织等机构中了解社区真实情况、政治素养较高、业务能力较强且社会威望较高的党员群众吸收到专门的治理队伍之中，让他们在政策允许且干预较少的范围内调解邻里纠纷，缓和邻里矛盾，从而实现党建引领与社区自治的统一。

2. 加强凝聚共识、资源整合与复合引领，不断推进党建引领社区共治

在中国城市社区治理实践中，治理对象既具多样性，又具复杂性。坚持问题导向，对问题“对症下药”，才能使社区治理中的“病症”根治。在“复杂问题——社区共治”这一维度中，党组织可以根据复杂问题的不同类型进行创新引领。面对价值分歧型、知识缺失型、复合型三类不同的治理问题，要分别采取相应的措施加以有针对性的处理，从而不断加快社区有效共治的步伐。

第一，以凝聚共识为出发点，推动社区共建共治共享。随着经济体制变革、社会结构变动、利益格局调整，各类社会矛盾交互凸显，利益主体

多元化，利益诉求多样化，不同社会群体之间形成了多元的价值观念，如何在诉求迥异的多元价值之间找到其内聚的元价值，从而将其整合并达成共识，就成为社区有效共治追求的目标。依托党建创新引领，将党建联席会议的引领机制与协商会、评议会等民主协商机制有机结合，不仅为分歧价值的统合提供了对话机制，而且也提供了权威的整合机制，从而使多元价值凝聚为共识成为可能。一方面，选举居委会、物业公司、社区党组织、社会组织等方面的优秀代表组成党建联席会议，推进党建联席会议的制度化常态化发展，定期召开会议就社区共治事宜进行讨论，主要集中于社区共治大事的协商；另一方面，建立健全社区协商议事机制，将社区不同利益诉求的民意代表集中起来，就各自关心的议题在协商会上进行表达，相互之间进行磋商讨论实现共商共建共享，从而找出折中的办法，使各自所关心的利益诉求和问题都能够最终得到解决。

第二，以资源整合为基点，关注社区共治环节节点。资源整合主要是指基层党组织对专家学者、各类精英等外部力量的会聚和整合。在社区共治过程中，参与社区共治的利益相关者由于家庭环境、受教育程度的高低等因素的影响，对社区共治中出现问题的相关知识和信息的了解程度不一，这就需要借助专家学者们专业技术知识等外部力量的供给。依托党建创新引领，充分发挥党组织整合资源的能力与优势，吸纳各大高校、科研机构的专家学者，不断补全社区共治中相关利益者的知识缺口。基层党组织依托资源整合，将外部资源纳入社区共治的过程中，通过相关议题决策前的专家知识普及推广、决策中的具体咨询、决策后的跟踪反馈，实现“事前—事中—事后”全过程监管，从而实现社区共治的整体有效性。

第三，注重复合引领，激发社区治理主体活力。针对社区共治的复合型问题，必须采取复合型的手段。在社区共治过程中，在同一问题中，既会牵涉价值分歧的问题，也会面临知识缺失的现状，复合型问题是二者的叠加，既有价值理念的差异，也有对知识、能力等方面的综合要求。在这种情况下，就需要采取综合性的手段将问题分化归类处理，有的放矢，逐个解决。一方面，通过党建创新引领，充分利用党建联席会议的牵引机制与社区协商议事机制的融合；另一方面，充分发挥党组织吸纳辖区内党政机关、企事业单位、高校和科研机构、非公有制企业的专家和学者参与知识培训，利用“外脑”智慧，丰富“内在”治理方式，不断提升社区治理的系统性和有效性。

（作者简介：叶本乾，电子科技大学马克思主义学院副院长兼网络社会治理研究所所长，副教授；万芹，电子科技大学马克思主义学院硕士研究生。本文原载 2018 年 6 月《党政研究》。）

十六、智慧社区建设的难点与应对

肇始于 2012 年的智慧社区建设，目前已形成了一定的组织规模，并涌现出一批有代表性的建设模式和管理思想的智慧社区。

智慧社区建设一方面包括智慧社区各种平台的建设、管理与维护，为平台提供技术和数据支持的相关软、硬件的建设和维护；另一方面，智慧社区建设包括基层政府治理和社会公共服务管理，运用智慧社区服务平台，提升基层治理能力，完善社会公共服务功能，表现为促进基层政府、社区组织与居民群众对社区服务、环境卫生、治安管理等社区公共事务和公益事业进行自愿平等协作，整合社区内外部资源，构建社区治理机制，实现社区公共事务效率的最大化。

如今，智慧社区在国家治理现代化、“互联网+”的视野下，重新寻找正确定位并接受技术赋能，利用互联网技术加快转型升级，积极推动行业发展，发挥平台作用，从而整合社会治理资源，协调多元化的利益和社会矛盾，最终形成高效的社会治理格局。

智慧社区服务平台建设与维护是智慧社区的重要组成部分，主要包括智慧社区服务平台的创建、维护与评价等多方面内容，问题较为突出的是平台顶层设计不完善。智慧社区服务平台建设和维护中由于缺少国家统一的社区信息化法规，使得智慧社区建设和维护缺乏统一规划，同时缺少数据采集、设备接入等方面的强制统一标准，导致系统难以普及推广和融合，具体表现为顶层设计不完善、缺乏统一的技术标准、服务系统共享性差、平台整合建设能力滞后、治理主体和手段单一，智能化水平低、居民参与度低、公共服务缺乏层次等。另外，智慧社区金融、经济效益、管理模式等运营中产生的实际问题较为突出。

平台的运行存在以下问题：智慧社区治理相关的法律法规不健全，滞后于信息化进程。各职能部门协调不畅，管理过程碎片化，致使社区服务平台利用率低。同时，由于社会参与机制的缺失，企业参与社区治理的模式单一，成本偏高，盈利模式不清晰，导致企业积极性不高。这些问题直接制约着社区的治理方法、手段和运行效率。

另外基层治理人才较为缺乏，培训经费投入不足，资金供给单一，缺乏良好的科学评价晋升机制，难以留住人才，对基层政府社会治理的水平与可持续性产生了不利影响。在利用社区服务平台开展社区活动时缺乏创新性，导致居民参与的积极性不高。居民参与社区治安、社区环境、公共卫生、社会保障等社区治理事务的人数较少。社会公共服务管理事务繁重。智慧社区公共服务主要内容包括社区养老、社区教育、流动人口管理、志愿者管理、社区医疗、社区商圈管理、物业管理等。由于智慧社区提出的时间较短，社区服务体制机制不顺畅、保障能力不强，社会参与机制亟待完善，多个利益相关者主体间的有效的运营模式仍是整个产业链参与者需要积极探索的。

智慧社区建设强调“以人为本”，以推动社区和谐发展为目标，让社区居民、相关企业等都参与本地社区的管理和服务中，创造和谐的社会关系、规范社会行为、化解社会矛盾，营造更加良好的社会环境，这与每一个居民都息息相关。

为此，笔者对智慧社区建设过程中产生的问题提出以下意见和建议。

在智慧社区服务平台构建方面，首先，需要完善顶层设计，加强基础设施建设，推进社区感知网络的设备改造，合理布局服务配套设备，维护好通信网络设施设备，提高系统集成与共享能力。其次，以物联网、云计算、移动互联网等新一代信息技术为手段对信息进行全方位高效率采集，构建统一的数据采集标准，让社区数据活化，在各应用中充分共享，最大限度地避免“信息孤岛”的出现，并且针对居民的需求建立广泛参与的社区网站和论坛，提升系统活力。

在智慧社区治理方面，围绕社区治理的需求、法制建设，形成统一标准、统一平台、统一考评、多方参与的一体化社区运营模式；建立多元化的投资机制，尝试市场化运作，拓宽资金来源；有效整合信息发布、信息交流、社会管理、居民自治和社区管理数据库等功能；落实人才培养方案，理顺基层人员晋升机制，为基层留住人才。

在智慧社区公共服务管理方面，应形成多元投资、利益共享、风险共担的管理机制，充分调动政府之外的其他部门开展公共服务的积极性，把社区智慧化网络潜在价值转化为现实的价值；引进有实力的专业公司，处理好公益服务与商业盈利的矛盾。公共服务的市场化不是以牺牲公益管理为代价的，而是用商业运作的有偿管理、增值管理来支撑为社区居民提供无偿服务。政府要发挥对商业运作的严格监管作用，把握好营利的尺度，把公益管理放在首位，协调商业便民服务、志愿者服务、政务管理等关系，打造产业链健全、配套服务完善的智慧产业集群，促进智慧社区可持续发展。

当前，需要通过坚持问题导向，综合运用经济、行政、法律、科技、文化等手段，构建权责明确、服务为先、管理优化、执法规范、安全有序的社区治理体制，打造“政、产、学、研、用、资”全链条的智慧社区发展平台，探索共建共治共享的社区治理新格局，从而解决人民日益增长的美好生活需要和不平衡不充分的发展之间的矛盾。

（作者简介：汪碧刚，博士后、教授，中国社区发展协会智慧社区工作委员会主任，北京智慧社区产业技术创新战略联盟理事长，北京世纪非凡城市环境科学技术研究院院长。本文原载 2019 年 5 月 9 日《中国社区报》。）

第四部分

思考与展望篇

十七、案例总结分析

经过三轮筛选与完善，本报告共收录10篇智慧社区案例，总体来看，智慧社区建设内容涵盖硬件基础设施铺设、党建引领、治理体系创新、平台搭建、便民服务、居民参与六大方面，同时案例社区在建设规模、建设重点、社区特色、社区需求等方面具有差异性。党建与社区治理深度融合是新时代街道工作对智慧社区建设的要求之一，也是把控智慧社区发展方向的总舵。北京市丰台区方庄地区、房山区西潞街道北潞园社区、房山区西潞街道苏庄三里社区，四川省攀枝花市东区炳草岗街道阳城社区以党建为抓手，在推动党建与社区治理深度融合上具有创新性。北京市朝阳区八里庄街道社区、四川省攀枝花市阳城社区、安徽省合肥市包河区方兴社区建设内容较为综合，涉及社区治理、生活服务、社区志愿、创业就业、产业化模式创新、社区帮扶、社会组织培育等主题。四川省攀枝花市东区炳草岗街道阳城社区、湖北省武汉市江岸区社区、贵州省贵阳市南明区智慧社区建设已形成一定的规模，建设范围涵盖多个社区，并在运营、融资和盈利模式上进行了深入的探索思考。北京市东城区永外街道革新西里社区和云南省曲靖市麒麟区潇湘街道南江花园关注于智慧社区的具体的建设内容即社区安防和社区物业。

从智慧社区发展历程及趋势来看，智慧社区必将是系统化、区域化、协作化的社区网络，集成的大数据管理与服务平台在智慧社区区域化发展中逐渐发挥规模效应，各个智慧社区在人口、文化、资源、资本上各具特色、优势互补，同时又以一个地区的发展为共同的奋斗目标，在定位和战略上达成共识，汇聚各方资源形成合力，促进一个整体的进步。

为深入了解分析智慧社区建设成效，本报告选取了5个典型案例社区，由案例单位自主进行居民满意度调查。居民满意度调查采用电子版调查问卷，以二维码的形式，发送至居民微信群中邀请居民填写。5 个调查社区对象是北潞园社区、苏庄三里社区、阳城社区、方庄地区社区和方兴社区，分别是文化治理、党建引领、社会组织培育、居民参与、产业化创新的典型代表。其中攀枝花阳城社区和合肥方兴社区是新建小区，北京北潞园社区和苏庄三里社区是老旧小区。

基于智慧社区、社区治理评价相关文献梳理和对案例社区初步调研，调查问卷内容设置为五个部分，分别是智慧社区现状、社区治理、社区活动、畅想新生活以及基础信息。第一部分“智慧社区现状”包含到小区名称、居民年限、社区智能化服务类型、小区优势、现存问题、总体满意度评价以及智能化水平评分 7 个问题；第二部分“社区治理”包含治理角色、党员作用发挥、社会组织及志愿者团体等作用发挥、社区党组织职责、企事业单位以及了解或参与社区治理事务的方式 6 个问题；第三部分“社区活动”包含参与社区活动的频率、参与社区活动的类型以及社区活动的满意度评价 3 个问题；第四部分“畅想新生活”包含服务需求和美好生活实现路径 2 个问题；最后一部分“基础信息”包含性别、年龄、政治面貌、学历、工作单位以及家庭总收入水平 6 个问题。

收回问卷总计 900 份，有效问卷共 801 份，801 人中，男性 291 人，女性 510 人；党员 398 人，群众 403 人；26—50 岁有 508 人，占总数的 64.3%；本科学历有 377 人，占 47.1%；事业单位就业有 255 人，占 31.8%；家庭年总收入 5 万—10 万元有 302 人，占 37.7%。

表 4-1　基础信息表

案例社区	区位	社区	特点	面积	人口	年份
北京市丰台区方庄地区社区	北京市南二环的东南角	芳古园、芳城园、芳群园、芳星园、紫芳园、芳城东里	方庄是北京第一个整体规划的住宅区域	5.53 平方千米	3.04 万户，8.8 万人	1980

续表

案例社区	区位	社区	特点	面积	人口	年份
北京市房山区西潞街道北潞园社区	北京市西南角六环外	北潞春、北潞芳、北潞华、北潞冠、北潞馨	社区建（形成）于1999年，是建设部试点住宅小区，全国首座“环保型绿色生态小区”	0.93平方千米	8900户，3万人	1999
北京市房山区西潞街道苏庄三里社区	北京市西南角六环外	苏庄三里社区	苏庄三里社区前身为苏庄村，于2009年“村改社区”	0.9平方千米	3011户，5962人	2009
四川省攀枝花市东区炳草岗街道阳城社区	攀枝花市花城新区	12个社区	阳城社区是一个以城市新区开发为依托形成的集行政办公、商业、娱乐、居住为一体的多元化新建社区；是攀枝花市辖区面积最大、房地产开发最迅速的社区	2.5平方千米	1.7万户，5万人	2013

续表

案例社区	区位	社区	特点	面积	人口	年份
湖北省武汉市江岸区社区	武汉市中心城区（老城区）	141 个社区	江岸区是中共武汉市委、武汉市人民政府、武汉市人大常委会和武汉市政协委员会所在地，是全市的政治、经济、文化、信息中心	80.28 平方千米	户籍人口 71.11 万，常住人口 100 万	1949
贵州省贵阳市南明区社区	贵阳市老城区	沙南社区、遵义社区、新华社区、花果园社区	在老城区没有土地的境况下，南明区大力发展服务业，发展楼宇经济	209.34 平方千米	常住人口 90.77 万，户籍人口 62.4 万	2000
北京市东城区永外街道革新西里社区	北京市东城区永外地区西南角	革新西里社区	外来人口众多，商业繁荣，人民富足	0.14 平方千米	1909户，5273 人	一部分楼房于 1950 年左右建造，或于 2000 年左右建造
云南省曲靖市麒麟区潇湘街道南江花园	城南片区城郊接合部	南江花园	由曲靖市麒麟区政府针对区公务员配置的小区住房	4.63 平方千米	1081 户	2002

续表

案例社区	区位	社区	特点	面积	人口	年份
北京市朝阳区八里庄街道社区	城乡接合部	14 个社区	1983 年初，在“三自”的基础上又提出了“包卫生、包绿化、包秩序”的“门前三包”责任制	4.4 平方千米	13 万	一部分楼房于 1950 年左右建造，或于 2000 年左右建造
安徽省合肥市包河区方兴社区	合肥市滨湖新区核心区	方兴社区	2015 年，方兴社区在全省率先出台《合肥市智慧方兴试点社区建设发展规划（2016—2018 年）》	11.8 平方千米	30 万	2015

表 4-2 智慧社区建设

案例	北京市丰台区方庄地区社区	北京市房山区西潞街道北潞园	北京市房山区西潞街道苏庄三里	四川省攀枝花市东区炳草岗街道阳城社区	湖北省武汉市江岸区社区	贵州省贵阳市南明区社区	北京市东城区永外街道革新西里社区	云南省曲靖市麒麟区潇湘街道南江花园	北京市朝阳区八里庄街道	安徽省合肥市包河区方兴社区
新时代特征	1. 微信群工作机制 2. 网络直播 3. 方庄生活公众号	1. 片区联合党委 2. 文化治理	1. 党员作用发挥 2. 完善制度 3. 加强教育	1. 综合管理与服务平台 2. 新媒体 3. 社区大数据库 4. 企业化运作(居民服务公司)	1. 综合管理与服务平台 2. 居民诉求统计分析 3. 社会组织培育	1. 综合管理与服务平台 2. 楼宇经济体系 3. "外卖网购式政务服务" 4. 公信机制	1. 智能充电桩 2. 综合管理与服务平台 3. 人脸识别、车辆识别、智能门禁、烟/气/井传感器等智能终端构建物联网安防网络 4. 服务App	1. 综合管理与服务平台 2. 关注、引导居民生活方式的转变	1. "益帮服务"App 2. 全域指挥中心平台、安全生产信息化监管平台 3. 门禁报警监控联动系统、红外对射报警监控联动系统、电子巡更系统	1. 微信扫码 2. 智慧方兴App 3. 无线合肥WIFI 4. 社区数据库 5. 智能充电桩 6. 智慧门禁

续表

案例	北京市丰台区方庄地区社区	北京市房山区西潞街道北潞园	北京市房山区西潞街道苏庄三里	四川省攀枝花市东区炳草岗街道阳城社区	湖北省武汉市江岸区社区	贵州省贵阳市南明区社区	北京市东城区永外街道革新西里社区	云南省曲靖市麒麟区潇湘街道南江花园	北京市朝阳区八里庄街道	安徽省合肥市包河区方兴社区
治理问题	1. 基层党组织资源整合能力不强 2. 老旧小区普遍问题：规划、绿化、交通、停车、空间、物业收费、电梯老化等 3. 居民代表性问题	1. 社区的资金来源形式过于单一 2. 物业管理者的积极性降低 3. 社区管理工作的难度加大 4. 社区居民没有自治管理的意识 5. 社区管理工作队伍专业化程度低	1. 居民思想存在偏差，缺乏参与社区建设的主动性和自觉性 2. 党员作用出现缺位，党员教育管理缺乏针对性和有效性 3. 党组织服务不够精细，服务能力有差距	1. 社区人口构成复杂 2. 居民获取社区资讯的途径少，宣传覆盖面极为狭窄 3. 社区现有条件暂时无法满足居民多元化的服务需求	1. 居民对便捷、高效、智能的社区服务需求与日俱增 2. 智慧社区建设取得的成效还远远不够，落地过程中还存在一些不足和问题	1. 基层社区工作压力不断增大，业务素养要求越来越高 2. 居民对社区工作不理解甚至抵触 3. 基层社区的具体数据信息不全面、无效、鲜活度不够，无法共享共通 4. 网格化工作效果甚微	1. 居住人口结构多样化带来的人口和治安管理难题 2. 小区安防漏洞 3. 老旧小区消防安全存在较大隐患	1. 之前智慧社区服务平台，平台的功能闭环较差，操作体验感也比较不好 2. 业主查费缴费不便捷 3. 业主的数据信息及收费管理工作量比较大	1. 社区居民两极分化 2. 街道城市建设布局较乱 3. 人员身份构成复杂，社会矛盾集中凸显 4. 街道和社区工作者工作被动、人员不足、工作成本居高不下	1. 辖区人口多，也是安徽省委、省政府所在地，商业云集、驻地单位汇聚，外来人口多，社区治理难度较大 2. 管理和服务力量不足

续表

案例	北京市丰台区方庄地区社区	北京市房山区西潞街道 北潞园	北京市房山区西潞街道苏庄三里	四川省攀枝花市东区炳草岗街道阳城社区	湖北省武汉市江岸区社区	贵州省贵阳市南明区社区	北京市东城区永外街道革新西 里社区	云南省曲靖市麒麟区潇湘街道南江花园	北京市朝阳区八里庄街道	安徽省合肥市包河区方 兴社区
建设目标	利用微信群打破传统模式，对区域内条块之间、体制内外的资源进行横向重组，构建多元主体共同参与的基层社会治理格局，使党员真正成为基层社会治理的生力军和先锋队	促进党建与社区治理深度融合，以文化引领社区治理，打造党建品牌	提高党员的宗旨意识，加强党员管理和提升服务能力	着力构建组织健全、便民利民、环境优美、文明祥和、平安和谐的“幸福家”	实现基础设施智能化，社区治理现代化，小区管理自主化，公共便民服务多元化，社区运营可持续化	1. 形成新经济发展生态圈 2. 实现全区行政区域、人口的智慧社区服务体系 3. 实现基层社区工作持续创新和能力提升机制 4. 实现智慧社区各项工作作风改进和业务体系升级 5. 实现一套长效的信息技术体系和业务工作体系	利用信息化手段，破解社区安全防范和治理难题，保障小区安全，同时为社区居民提供智慧便民生活体验，着力打造智慧社区物联感知、动态防控、综合服务三大目标体系	通过物业管理及服务功能的在线化，实现以工具、数据、平台辅助物业管理，提升物业服务质量，实现社区科学治理，为社区业主构建安全、舒适、智慧的居住环境。改变居民的工作生活方式，实现社区生活的全面发展	通过智能化的信息系统、多元化的管理模式引导地区组织和居民参与自我管理和服务，实现“居民自治、多元共治、社区法治”	以平安法治社区、智慧创新社区、睦邻美丽社区、生态低碳社区和国际化先行社区的“五型社区”为建设目标，以期将社区打造成一个“管理层级最少、管理成本最低、管理效率最高、居民生活最优”的先进社区

续表

案例	北京市丰台区方庄地区社区	北京市房山区西潞街道 北潞园	北京市房山区西潞街道苏庄三里	四川省攀枝花市东区炳草岗街道阳城社区	湖北省武汉市江岸区社区	贵州省贵阳市南明区社区	北京市东城区永外街道革新西里社区	云南省曲靖市麒麟区潇湘街道南江花园	北京市朝阳区八里庄街道	安徽省合肥市包河区方兴社区
建设内容	1. 微信群组 2. 智能群管系统 3. “一键响应–点对点反馈”机制 4. 议事协商的工作机制;社会参与机制;网络舆论引导主动发声机制 5. 党建:在职党员组团式服务;方庄大讲堂活动;建立功能型党支部 6. 艺术馆,免费培训	1. 北潞园片区联合党委 2. 五“圆”工作体系 3. “子中心”,“双向”考核完善运行机制 4. “社区老年大学” 5. 书法一条街、文化一条街、科普一条街、文体工作一条街;“益民书屋” 6. 群众文体队伍 7. 社区展览 8. 先进典型人物推荐评选表彰	“育网式”工作法:网管、网员、网点、网格、网规	1. 新媒体云平台,社区微平台二维码,便民信息 2. 社区政务服务云平台 3. 社区O2O电商云平台 4. 社区公共服务云平台 5. 智慧党建云平台,支部进平台 6. 运营管理综合服务平台 7. 社区大数据平台	社区管家平台:一键上报、掌上居委会、找书记、找物业、群团组织、志愿服务、信息发布	1. 智慧城市门户(属地化综合服务门户) 2. 三个应用体系 3. 智慧管理平台 4. 线下实体企业评价体系 5. “爱南明·智慧共治全民共享”平台	1. 物联网感知系统 2. 动态防控平台,对接综治部门“网格化管理系统” 3. 综合服务平台,一站式便民服务	智能化管理及便捷式服务:缴费、报修、门禁、巡检、商业服务	1. “三自”体系 2. 积分管理、积分消费 3. 工作平台建设 4. 建立安全生产信息化监管平台 5. “一刻公益反哺系统	1. 创新构建“1+2+N”的组织架构,“五社”联动 2. 软件平台及电子显示屏等硬件设备建设 3. 康园菜市场–智慧农贸综管中心 4. 社区服务中心 5. 社区创客中心 6. 健康促进与教育实践基地 7. 社区服务中心 8. “共治理事会”

（一）党建引领

2019年2月26日，北京市发布《关于加强新时代街道工作的意见》，这是首个街道层面关于党建引领城市基层治理的指导纲领。该意见深刻把握新时代人民群众对美好生活的需要的新变化新特点和城市基层治理面临的新情况新挑战，将党建和基层治理深度融合和城市治理重心下移是基层治理体制改革的重点。2019年5月8日，中共中央办公厅印发了《关于加强和改进城市基层党的建设工作的意见》，指出加强和改进城市基层党建工作的重要性紧迫性，提出："加强和改进城市基层党建工作，把城市基层党组织建设成为宣传党的主张、贯彻党的决定、领导基层治理、团结动员群众、推动改革发展的坚强战斗堡垒，对于坚持和加强党对城市工作的全面领导，夯实党在城市的执政基础，推进城市治理体系和治理能力现代化，具有重要意义。"①

党建引领作为新时代的重要特征之一，在引导智慧社区落地实践中的重要地位逐渐凸显。此外，面对社会变迁导致的社区结构碎片化以及行政整合失灵，依靠中国特色政党体制和基层党组织力量，发挥党组织协调和整合作用，成为整合社区内分散的组织结构的最佳途径。北京市丰台区方庄地区、北京市房山区西潞街道北潞园社区和苏庄三里社区三个案例在党建与基层治理深度融合上做了很多积极的探索与尝试。党建引领的目的在于深入社区，融入群众，而融合的关键在于党员。从调查问卷的分析可以看出，对"党员发挥了重要作用"持有积极态度的居民中有80%以上对所在社区表示满意，说明党员在服务居民、建立信任上发挥了积极作用。

北京市丰台区方庄地区根据党员特长、兴趣、需求、年龄、文化层次建立不同类型的功能型党支部，然后通过不同主题的微信群组整合本地党员、社区报到党员、驻区单位党员、流动党员，建立起党群之间的虚拟化纽带。北京市房山区西潞街道苏庄三里社区以加强党员管理和提升服务能力为着力点，通过有效的培育方式将社区党建融入网格化管理服务，从支

---

① 新华网．中共中央办公厅印发《关于加强和改进城市基层党的建设工作的意见》［EB/OL］．（2019-05-08）［2019-05-09］．http：//www.xinhuanet.com/politics/2019-05/08/c_1124468803.htm.

委班子、党员骨干、工作基础、活动阵地、管理制度五个方面强化党员在社区治理中的先锋模范作用。北潞园社区充分利用党支部和老党员的资源和声望，与辖区单位合作建立学生劳动实践基地，开展绿植补种活动，充分发挥了党组织组织和协调作用。四川省攀枝花市东区炳草岗街道阳城社区构建了“四位一体”小区组织体系，采用“支部进小区”的路线，将城市社区党建工作纳入小区建设，整合小区内的离退休党员、流动党员、在职党员、直管党员和“两新”党员力量，建立了小区活动党支部与居民自治同规划、同研究、同部署、同步推进。此外，阳城社区以党建引领创新物业管理，通过物业公司经理任职居委会兼职副主任，以协调物业、居委会之间的分散化关系。

党建引领的关键是领导力，社区书记在推进党建与社区治理深度融合中承担着“一把手”的重要职责。北潞园社区书记劳心劳力对培育社区草根性组织和培养居民素养的付出，为创建社区党建文化品牌、弘扬社会主义核心价值观、凝聚社区资本提供了坚实的领导力量。攀枝花阳城社区党支部书记招募志愿者照顾残疾老人，带领小区志愿者团队组织小区居民群众捐款用以改造社区环境，也体现了社区书记“带头人”作用的发挥。

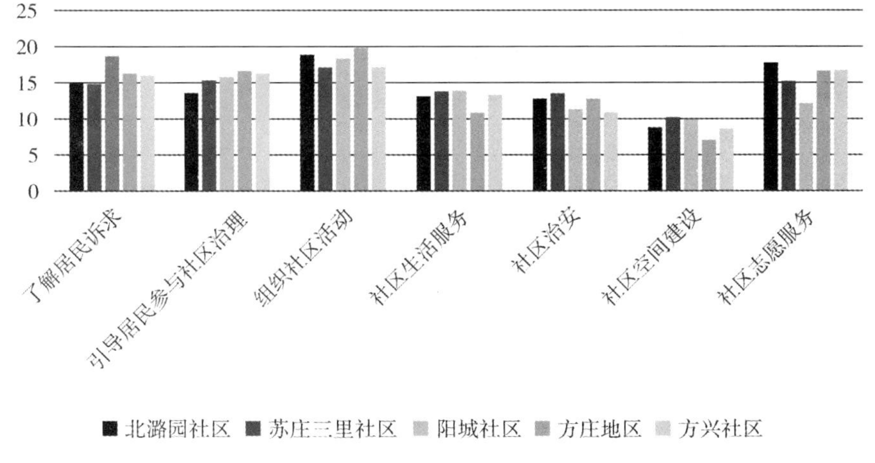

图 4-1　您认为社区党组织主要负责了哪些社区工作

居民对党组织职责的认知问题反映了 5 个案例的党组织在组织社区活动、了解居民诉求、引导居民参与上得到居民较充分的认可，居民对党组织引领社区治理的感知水平较高。与此同时，由于党建工作覆盖面不充分、资源整合有限、沟通渠道不畅等原因，导致部分居民对党组织工作不够了解，引发矛盾误会。个别居民对于党组织职责的负面回答正说明了这一问题。居民回答主要集中在内容形式化、应诉不及时、无作为等，社区党组织今后还应该更加密切与居民的关系，加强沟通，利用信息化手段保障信息传递的及时性、充分性和公平性。

表 4-3　社区党组织主要的职责是什么

您认为党组织主要职责是什么？（其他答案 ）
政府下达的临时性事务
走过场
啥也不管啥也不问
不知道
不知道党员在哪里
微信群里群众反映的问题没人响应和反馈

（二）社区智能化

就硬件设施来说，大多数案例社区都铺设了宽带网络、3G/4G 网络、传感设备、摄像头、移动智能终端、文化体育设施、市政公用设施，北京市东城区永外街道革新西里社区所投入的智能化技术以及产品种类最多，包括智能充电桩、人脸识别、车辆识别、智能门禁、烟/气/井传感器等智能终端，并构建了物联网安防网络。由于革新西里社区所在地理位置特殊性，周边商业、交通场所流动人员和信访诉求人员活动频繁，再加上老旧小区安防设施落后、居住人口结构复杂多样，社区维稳是信息化改造的主要目的。基于国家标准和自主产权产品改造的智慧社区系统是 10 个案例社区中最为成熟可控的，包括物联网感知系统、标准化接入服务、数据安全保障、小区态势实时监测预警。北京市朝阳区八里庄街道也应用了门禁报警监控联动系统、红外对射报警监控联动系统、电子巡更系统。其他社区也首先在智能化门禁、人脸识别、车辆识别等智慧安防上进行铺设。由此可见，智慧安防仍然是智慧社区建设最契合多元主体共同利益诉求的切入点，无论是居民、物业，还是居委会、街道办事处，社区的安全稳定对于社区治理主体来说是首要考虑的因素。

从调查问卷结果来看，10个案例社区中的智能化设备使用率普遍较低，居民对智慧社区产品的感知和体验较差，且不同产品的应用效果存在差异。居民主要使用垃圾分类、智能化门禁、视频监控三大智慧社区产品，垃圾分类和智能化门禁是居民日常生活中肉眼可见、伸手可触的两类设施，其感知和使用率必定很高，视频监控是社区维稳的必需品，是营造居民对于社区安全感的重要的物质化载体，其感知和使用率因此也较高。穿戴式医疗设备的使用率最低，其较低的覆盖面是主要原因。进一步比较零使用率即未填选任何一类智慧产品的选项占总数的比重，智慧养老服务的使用率普遍较低，目前市场上智慧养老产品种类繁多，但是基于老年人学习能力、感知能力和接受能力的限制，加之社区养老相关配套法律政策不完备、服务内容提供缺少个性化、服务对象覆盖不全面、服务资源整合能力不足、缺少专兼结合的社区养老服务队伍等问题，智慧养老产品在社区场景中的应用并不是很理想。其次是智慧服务，说明智慧社区产品在居民生活场景的渗透力还不充分，同时也说明智慧社区建设在提升社区生活服务体验的空间很大。攀枝花阳城社区居民对其所在社区的智慧化产品的感知和体验相对较好，同时，他们对社区生活的满意程度在5个调查社区中也相对较高。对比而言，尽管方庄地区居民参与问卷调查的人数较少，但是从比重上还是可以看出方庄地区居民对于本社区的智慧化产品不够了解，并且居民对社区生活不满意的比重在5个调查社区中相对较高。这从一定程度上说明智慧社区产品的使用与居民社区生活水平和满意度之间具有正相关关系，智慧化产品能否融入、参与、支撑居民的日常生活是社区智能化水平高低的关键。

（三）社区治理体系

当前社区建设的困境可以归因于社区结构的碎片化和政府功能的分散化，并且两者互为因果，相互影响，而在此基础上构建的社区治理体系具有治理资源供给不足、社区自我组织自我服务能力低下、行政负担过重等缺陷，严重影响社区治理的经济效益和社会效益。新时代的智慧社区促进了社区治理体系的革新，主要通过运用新一代信息技术手段，更加透彻地感知和掌握社区信息，更敏锐地洞察城市社区发展和市民生活的问题，更加畅通地进行交流与协作，从思维方式、组织架构、工作机制等方面优化与提升社区治理。

10个智慧社区实践案例在社区治理体系特别是治理理念、组织架构、体制机制均有所创新，不同程度上体现了政府管理向服务的转变。江岸区社区的“社区管家平台”从顶层设计出发，构架制度与政策保障体系、绩效考核保障体系、运营支撑体系，以面向居民为核心理念，建立起征求民意常态化机制。方庄地区社区以扁平化联络为应对当前治理难题的突破口，打破传统的管控模式，将条块之间、体制内外资源进行横向重组，建立基于微信群的需求感知、应诉即办机制，优化业务流程。阳城社区创新“一核多元，共建共治共享”的社区治理理念，并将其贯彻智慧社区建设的始终。共建共治共享本质上是权力的重新分配，阳城社区在坚持党建引领的基础上，推动社区治理资源的掌控权转移到居民手上，以居民的需求为导向，通过智慧社区平台下沉服务资源，打造“四位一体”，即建立小区党支部、组建小区业委会、创新业委会和物管定期协调会、创新支部与监事年度评估会，坚持“三社联动”机制、“四会”模式，引导多方社会力量参与社区治理。方兴社区以“一委一会一中心”三位一体的组织架构为体制基础，科学地运用“智慧”，将刚性的城市管理与柔性的社会治理有机综融，创立了基层城市治理的“大综管”模式。八里庄街道在继承“门前三包”责任制传统的基础上创新性地提出了“三纵三横”治理理念，即在做好法规、政策、制度标准的“垂直管理”的同时，大力倡导居民责任、义务、公序良俗的“横向引导”。八里庄街道全面推进“云动”全域服务中心建设，基于大数据的街道综合治理平台雏形正在形成。

大数据时代，冰冷数据与柔性治理之间的碰撞为社区治理体系创新提供新思路新视角。智慧社区平台将大数据运用与信息化管理融入社区治理工作的全过程，推动社区治理向整体联动、主动服务、扁平化管理、协作共治转变。大数据管理与服务平台是10个智慧社区案例中投入人力、物力、财力、精力最多的建设内容，综合来看，平台建设涵盖信息发布、诉求识别与研判、资源整合、业务管理、信息回馈等模块，纵向延伸对接区级政务服务与网格化管理，向下面向居民，为居民生活提供便利，向上反馈基层信息，为政府决策提供数据支撑。如方兴社区的社区综合指挥平台整合综治维稳信访中心、数字城管、天网工程等7大平台系统，指挥平台的协同能力得以保障。革新西里社区动态防控平台对接综治部门“网格化管理系统体系”提升上级政府对社区全景掌握能力，综合服务平台通过政务信息推送与交流互动促进小区居民自治。此外，数据成为深化社区服务的关键。10个案例的平台建设都涉及对社区大数据的收集、整合、分析及应用，从对智慧社区的未来展望上可以看出，数据逐渐被视为一种社区资产，需要持续积累、维护和运营。比如，南江花园在智慧社区建设中十分重视社区数据的整合和分析，通过居民需求偏好分析、居民行为数据建模进而对社区服务供需变化进行精准预测，优化服务提供者和被服务者之间的关系结构。方兴社区的“新媒体工作室”及时收集舆情信息，运用大数据分析舆情，社区得以及时核实舆情危机并进行处置。此外，居民也通过公开部分个人信息、主动显露需求、参与评价反馈直接或间接地介入社区资源配置和服务供给体系的运作之中，促进居民向公民身份的转变。

（四）居民满意度

《北京市新时代街道工作意见》将居民满意度纳入街道及社区工作考核标准体系，居民对社区的认知、了解和评价不仅反映了社区管理与服务水平，而且体现了居民自治意识的觉醒。当前智慧社区建设普遍存在居民感知度低的现象，社区工作不透明、社区治理角色职责模糊、反馈渠道缺乏、科技产品脱离生活场景等都会造成社区的体验度不高，居民对智慧社区无感。改善信息的传递与交流其实是提升感知与体验最有效最快速的方法。方庄地区在微信群进行“三亮”活动（亮身份、亮职业、亮特长）以及活动预告正是强化信息传递的一种方式。阳城社区将民生政策、创业就业、公益服务、商业服务等信息以二维码的形式渗透居民生活的每个角落，让信息随手可得，体现的正是新时代所倡导的信息权利、信息公平。

信息反馈与追踪是居民主动提供和获得信息的主要方式，也是影响居民对社区服务的感知最关键的环节。案例社区在平台建设中都对信息上报和反馈模块进行了设计，尤其是江岸区社区“社区管家平台”将互动窗口扩大化，无论是“一键上报”“掌上居委会”“志愿服务”，还是“找书记”“找物业”“找群团组织”，“社区管家平台”直面居民，给予居民充分的自主选择权和话语权，让参与互动可视化、可触化、即时化、便捷化。阳城社区“攀枝花智慧社区微平台”自媒体采用云计算核心架构，实现信息发布、网络互动、实时分享，不仅提高了信息传递的效率，而且成为社区、物业、群团组织、媒体、企事业单位展示自我的平台。

除此之外，案例社区的平台建设均以综合化、一体化、信息化为导向，旨在提高居民生活服务的便利性、宜居性、多样性、公正性、安全性。如江岸区社区的社区信息服务平台、阳城社区的智慧社区微平台、革新西里社区的综合信息平台和南明区社区的智慧社区体系通过整合政务服务、公共服务、公益服务、商业服务、物业服务等接入端口，由此可见，智慧社区平台建设首先从扩大覆盖面的角度出发与居民生活进行无缝衔接，下一步将从提升服务质量上与居民生活深入融合。

消费是社区居民生活结构的一重要构成，尤其是在生活个体化、生活精致化的现代社会，社区消费体验成为社区生活质量的决定因素之一。阳城社区的“邻里中心”摒弃了沿街为市的粗放型商业形态的弊端，也不同于传统意义上的小区内零散商铺，而是立足于“大社区、大组团”进行功能定位和开发建设，打造了真正意义上的“15 分钟便民生活圈”。方兴社区的智慧农贸市场以居民基础性消费为切入点改善居民对智慧服务的感知和体验，成为智慧社区建设的一大亮点。从智慧电子秤、商户显示屏，到后端检测中心、商户定期考核、“一户一档”快速追溯机制，再到送货上门服务，智慧农贸市场充分考虑到居民从进入市场到居家用餐这一消费过程中所有可能产生的需求和体验空间，对每一环节进行了智慧化、规范化、人性化的改造，提升了居民消费体验。

从居民满意度调查问卷分析结果来看，居民对环境卫生、邻里关系、文娱体教等社区活动、居民参与四个方面的满意度较高，而对就业服务、智能化服务以及业主委员会服务的满意度较低。借此，智慧社区建设下一步应深入社区各个生活场景，在提升智能化服务的覆盖面的同时注重居民对其的感知和体验；针对当前由于业主委员会发育不充分导致其与居民生活脱节的问题，智慧社区建设还应完善相关配套政策，为其成长提供制度机制上的保障。在问卷调查社区中，北潞园社区居民对于社区活动的满意度最高，这为以文化活动为切入点的社区治理提供了有利的群众支持。苏庄三里居民对邻里关系的满意度最高，并且其中 94.3%的居民在苏庄三里的居住年限超过 7 年，说明老旧小区确实存在长期积累起来的情感纽带，这有利于集体群力群策，进行小区智慧化改造。

此外，居民感知到的社区问题主要集中在小区硬件设施、物业管理、流动人口管理上。尤其是对于老旧小区，居民对于这三大问题的感知与反映最为明显，针对物业管理效率低下、物业与业主间的摩擦不断等问题，云南南江花园引入支付宝、钉钉第三方平台，利用支付宝既成流量和电子支付的普及化，搭建起全新的物业管理平台，不仅减轻了物业管理的时间及费用成本，而且线上缴费、服务追踪、远程开门、访客身份二维码验证等新窗口慢慢提高了居民生活的便捷程度和对物业的接受程度，物业与业主之间的对抗关系得以缓解。

新时代建设智慧社区是为满足人们对美好生活的向往，但是美好生活的实现也对居民提出了新的要求，居民首先需要明确自己想要的美好生活是什么样的以及如何实现。从调查问卷结果来看，大多数居民认为家庭和睦、邻里和谐、便捷智能多样的社区服务、安全宜居的社区环境是最美好生活最重要的四大因素，这启示我们，智慧社区建设需要立足于居民的日常生活、精神需求以及居住环境。

（五）多元主体参与

社区治理是政府、市场和社会互动的过程，智慧社区作为一种治理手段，起到了提升互动质量和效率的作用，在 10 个案例中，居民、社会组织、市场组织在社区治理的主体地位得到强调和强化，也反映出人在社区智慧化的转型进程中发挥着重要作用。智慧社区作为新时代社会发展转型的一个重要阶段和重要窗口，其核心目的是促进人的全面发展。专家认为智慧社区首先要做到人的“智慧化”，而非社区的“智能化”，技术装备可以引进和仿造，但人的素质和创新能力的提高并非可以一蹴而就。尤其是在社区空间，人的全面发展离不开人与人之间的交流和互动，社区治理亦是如此。

北潞园社区以社区文化活动为切入点和落脚地，加强居民道德文明建设，将居民素质的提升视为促进社区治理现代化的关键，以党建文化推动社区治理，是文化治理的一个典型案例。尽管北潞园社区因受制于老旧小区自身弊端以及财政现状在新一代信息技术应用上落后于其他案例社区，但是我们认为，智慧社区的智慧最终需要体现在居民素养、生活质量和社区治理效能上。北潞园社区加强文化物质载体建设，建立“德治”专班，充分利用老党员的声望、阅历、人脉等资源吸引社会资源进入社区，开办“老年大学”，培育发展非物质文化遗产，形成自己的社区文化特色，树立道德模范引导居民参与社区建设和发展，维护社区公共利益。社区治理同时也是营造社区资本的过程，无论是北潞园社区丰富的文化活动、阳城社区的社区邻里义集，还是方兴社区的康园菜市场，这些社区活动和场所作为社区治理的重要内容为居民提供生活空间的同时也塑造了社会空间，在日常生活中建立的人文关怀、情感纽带是社区治理以人为本的重要体现。

多元主体参与实质上是社会组织化的表征，学界认为社会的组织化和社会化程度与社会资本、民主程度以及社会自治水平呈正相关关系①。社区作为社会的缩影，在社区空间形成的以社区社会组织为主体的居民自组织网络对于社区建设包括智慧社区建设意义重大。攀枝花阳城社区在社区草根性组织的培育上投入了很多精力，从成立智慧社区指导团队——阳城智慧社区服务联盟，建立活动基地，到组织培训、交流学习，攀枝花阳城社区先后培育51家群团组织，为居民提供定制的、丰富的社会服务和商业服务，形成群团组织参与社区治理的新模式。在合肥市包河区委的支撑下，方兴社区成立社区治理创客中心，为培育孵化社会组织提供空间设施、培训学习机会，吸引7家社会组织入驻，开展围绕青少年和社区居民的创客服务，在培养社区居民创新意识、孵化创新项目上发挥着独特作用。

企业即市场组织也是社区治理结构中的重要组成部分，基于社会责任的企业与社区之间的互动是社区治理的重要环节，学术界将社会责任的企业与社区多中心治理联系在一起，主张倡导和鼓励企业参与社区治理。南明区智慧社区体系的核心就是采用政企民合作的服务模式，建设并运营智慧城市社群联合服务平台，打造了特有的“移动应用平台+属地服务团队”的CMC（Community Merge Community）社群互融新模式。方兴社区深入贯彻“大众创业，万众创新”战略，与大学、研究机构、地方企业建立紧密联系，促进创新就地孵化，为企业履行社会责任提供了社区入口。方兴社

① 尹浩．碎片整合：社区整体性治理之道［M］．社会科学文献出版社，2019：95.

区挂牌之时便成立了全省第一个社区创新联盟实验室，把省内外专业从事社区治理研究、智慧城市、大数据、信息化的相关企事业单位和社会团体联合到一起，以促进资源整合、沟通协作①。

就参与方式而言，调查问卷数据显示，大部分居民通过微信公众号或微信群了解有关社区治理事务的信息或参与其中，尤其是在方庄地区社区，微信这一现代通信方式俨然变成最具优势最受欢迎的社区治理参与手段。首先，新时代社区治理参与应该对互联网、新媒体加以充分利用，同时注意个人隐私泄露、国家机密泄露等问题。其次，邻居也是获取信息、创造信息的渠道，和谐稳定的邻里关系有利于加快信息的流通，孵化社区集体行动。

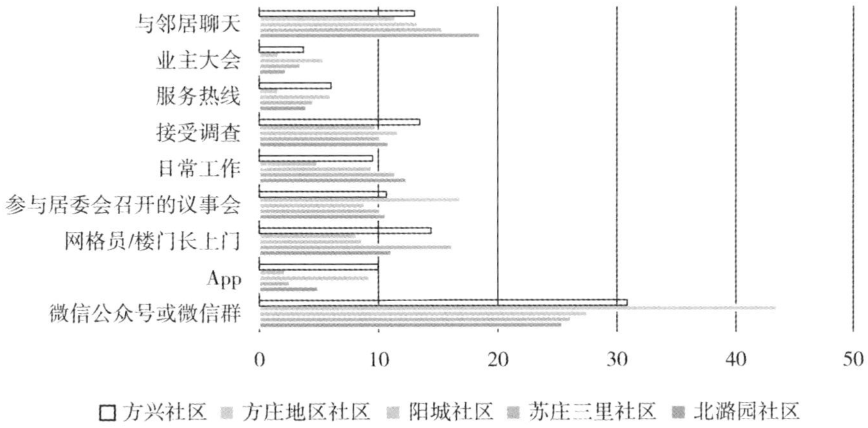

图 4-2 您通过什么方式了解或参与社区治理事务

学者李辉对上海社区积极分子政治参与的考察发现，社会报酬是影响居民参与的一个重要变量。从社会报酬上升到利益相关者理论，影响居民参与水平的因素包含利益的关联性、参与群体规模、制度预留的参与空间。现实社会中，不乏社区对利益相关者理论付诸实践，有些社区尝试建立社区积分制度和社区信用体系以激发居民参与志愿活动的热情。八里庄街道社会化服务管理平台通过“积分管理”和“积分消费”的经济手段，创立了灵活的基层公共服务社会化运营机制，引导居民参与志愿服务活动，居民企业之间实现良性互动，政府、企业、居民三者实现共赢。

① 凤凰安徽，安徽首个社区治理创客平台［N/OL］．（2017-01-11）［2019-03-01］．http：//ah. ifeng. com/a/20170111/5315713_ 0. shtml.

（六）产业化

社区经济结构作为社区结构的重要组成部分，其健康水平对于社区这一有机系统的稳定性具有基础保障性作用。南明区的智慧社区建设对新型社区经济颇为重视，在老城区土地存量紧张的境况下，南明区以都市功能核心区为定位，把具有占地面积小、环境好、见效快、单位面积产值、税收、就业高等特点的楼宇经济作为实现产业升级之路，南明区大数据聚集区政策以及楼宇经济的发展深刻影响了智慧社区的建设路径和发展蓝图。南明区智慧社区体系项目以运营为核心，通过建设一个智慧城市门户、三个应用体系、一个智慧管理平台，打造数字经济发展生态圈，促进地区经济发展。区域型的南明区智慧社区体系从规模、特征、定位、目标、建设内容上区别于为特定社区量身定制的智慧社区建设项目。

依托雄厚的行政财力支撑社区服务的案例在全国寥寥无几，智慧社区的可持续化发展离不开自身强大的造血功能。阳城社区成立新路径居民服务有限公司是社区产业化、企业化运作的有益尝试，在阳城社区“两委”的指导管理下，居民服务公司采取自主经营和与辖区房地产开发公司、物业公司、家政服务公司、社会组织等建立战略合作关系的模式，以资源集合、数字运营的思路，合伙经营社区经济，旨在增强社区造血功能，整合资源协调发展，打通服务群众“最后一百米”，既服务社区居民，又兼顾公益，共同推进社区治理。阳城社区较为雄厚的社区经济支撑着智慧社区产品的铺设和使用。

方兴社区社区治理创客平台的建立，是方兴社区“智慧社区”建设的关键一步，实现智慧社区建设项目的落地。创客平台涉及智慧社区治理、智慧社区O2O、智慧产业创业孵化三大业务领域，立足服务居民，适应社会发展，让居民享受零距离的服务，借助方兴社区的区位优势和辐射效应，并以“营销社区治理理念，引导智慧产业发展”为目标，培育智慧经济产业生态链，积极搭建“政产学研用资”智慧社区产业化平台①。

---

① 凤凰安徽．安徽首个社区治理创客平台［N/OL］．（2017-01-11）［2019-03-01］．http：//ah. ifeng. com/a/20170111/5315713_ 0. shtml.

（七）小结

我国正处于并长期处于社会主义的初级阶段，这一基本国情决定了我们需要在发展中解决发展问题，智慧社区作为一种社会问题的解决方案，在探索阶段必然会引发新的问题。尤其是在社会转型的关键时期，兼顾新旧问题的解决是新时代智慧社区建设的重要挑战。方庄地区社区 471 个微信群的应用在改善党员与居民之间的沟通联络的同时也造成管理不便、信息重复、效率低下等新的问题，小欧科技进而针对新问题研发了“智能群管系统”，实现群消息同步发送、定时发送、关键字抓取、敏感内容提醒等功能，减轻管理负担，提高了服务效能。新一代信息技术虽然是智慧社区的基础支撑，但是其效用的真正发挥需要因地制宜、灵活变通的策略。

综合全国各地智慧社区建设实践，基于建设初期的经验教训，2018 年取得了一定的成效，尤其是在智慧社区综合信息平台建设、赋能居民参与能力上颇有建树，随着新一代信息技术的发展和应用，智慧社区的感知层、网络层的建设已逐渐成熟，新时代社区治理对科技的人文内涵、人本服务的要求越来越高，科技被视为促使新的市民角色转换的低成本路径，信息和知识通过云计算、互联网、物联网、大数据等技术实现自由流通、共享，如何赋能个人以参与信息和内容的生产的能力是新时代智慧社区建设需要深入探索的。

由于智慧社区本身代表了一种较为现代的生活方式，受建设成本和消费水平影响较大，同时，社区软性条件如社区居民构成的稳定性、社区集体行动历史、居民共同的文化记忆等也对智慧社区建设成效产生很大影响。对比问卷调查社区，老旧小区的信息化改造往往局限性大，改造成本高，同时在居民的接受程度上也会与新建小区居民有异。但是老旧小区的柔性资源往往比较丰富，北潞园文化治理的探索给我们提供了软智慧化思路，智慧的价值在人，充分发挥居民的智慧也应该是智慧社区建设的一大内容。

尽管智慧社区是社区的高端化形态，但是无论是新建小区还是老旧小区，居民对于社区的基本需求都是趋同的，从对调查问卷的分析来看，智慧社区建设需要更加接地气，把社区建设的基础工作做好做细，不能一味地将重点放置于智能化改造上。美好生活是智慧社区最根本的建设动力和建设目标，立足于居民的日常生活不仅可以加快智慧社区落地，而且也是满足人们日益增长的美好生活需求最直接的路径。

十八、新时代新生活的实践探索

近年来，随着社会科学技术的不断发展、城市发展逐渐开始规模化地建设，智慧城市已成为当前城市建设的主流趋势。城市是人类文明发展的产物，社区是其最基本的组成单元，社区作为城市居民生存和发展的载体，其智慧化是城市智慧水平的集中体现。而智慧社区，是将“智慧城市”的概念引入社区，以社区居民的幸福感为出发点通过打造智慧社区为社区居民提供便利，加快和谐社区建设，推动区域社会进步。智慧社区作为智慧城市的重要组成部分，正不断地改变着人们的生活方式。智慧社区是优化城市关系和实现文明转型的巨大契机。

1991 年，民政部提出“社区建设”概念后，分别在上海、杭州、南京、武汉、沈阳、大连等地进行建设探索和实践，并形成了诸多社区研究成果。2000 年 11 月，中共中央、国务院转发了《民政部关于在全国推进城市社区建设的意见》，全国各地掀起了城市社区建设的浪潮，社区建设也从试点开始进入全面推进阶段。2014 年 5 月住房和城乡建设部颁布《智慧社区建设指南》，指南中明确智慧社区是通过综合运用现代科学技术，整合区域人、地、物、情、事、组织和房屋等信息，统筹公共管理、公共服务和商业服务等资源，以智慧社区综合信息服务平台为支撑，依托适度领先的基础设施建设，提升社区治理和小区管理水平。

全国智慧城市试点单位已经达到 484 个，根据《国家智慧城市 2014 年专项试点名单》显示，有 19 家单位参与建设的 41 个城市、区、社区被评选为国家智慧社区专项试点。我国智慧社区建设已取得了初步成就，智慧社区建设在全国范围内已经展开，全国大部分地区都开始了智慧社区的建设，总体呈现出由东向西逐渐减少的趋势。

（一）智慧社区建设是推进社区治理现代化的重要内容

我国自20世纪50年代以来，逐步形成了以街道和居委会为基础的城市社区管理体制。1986年，我国的城市社区建设开始起步，最早是在一些地方开展社区服务。1991年民政部为了开拓民政工作提出了“社区建设”概念，不少大中城市以社区服务为龙头推进城市社区建设。从2016年11月由民政部、中央组织部、中央综治办等10余个部门联合印发的《城乡社区服务体系建设规划（2016—2020年）》，到2017年6月中共中央、国务院颁布的《中共中央国务院关于加强和完善城乡社区治理的意见》，都明确表示要实施“互联网+社区”行动计划，推进全国范围内的社区智慧化建设。智慧社区的建设发展能够平衡社会、商业和环境需求，优化可用资源，通过应用信息技术规划、设计、建造和运营社区基础设施，提高居民生活质量和社会经济福利，从而促进社区和谐，推动区域进步。

推进社区治理现代化和智慧社区建设，是党中央、国务院立足于我国信息化和新型城市化发展实际，为提升基层社会治理和城市管理服务水平而作出的重大决策。近年来各地政府纷纷出台政策意见并采取系列举措推进智慧社区建设，智慧社区已经成为推动社区治理能力现代化和完善国家公共服务体系的重点方向。

积极推进智慧社区建设，有利于提高基础设施的集约化和智能化水平，实现绿色生态社区建设，有利于促进和扩大政府信息共享范围，降低行政管理成本，增强行政运行效能，推动基层政府向服务型政府的转型，促进社区治理体系的现代化，有利于减轻社区组织的工作负担，改善社区组织的工作条件，优化社区自治环境，提升社区服务和管理能力有助于保障基本公共服务均等化，改进基本公共服务的提供方式，以及拓展服务内容和领域，为建立多元化、多层次的社区服务体系打下良好基础。

（二）智慧社区建设现有开发模式

国外智慧社区的建设较国内起步早，主要有以新加坡为代表的政府主导模式、美国纽约的社区自治模式以及瑞典斯德哥尔摩的混合模式[①]。

我国虽进行智慧社区建设稍晚，但已有诸多城市结合其他智慧项目开展智慧社区实践，基本上由政府或IT企业主导，依据开发模式不同可分为政府主导型、政企合作型、企业主导型三类[②]。其中，政府主导型智慧社区的建设主要是由政府信息部门及相关派出机构承担；政企合作型智慧社区由政府部门与相关企业合作开发；企业主导型智慧社区建设主要是房地产开发商与电信运营商及相关高新企业合作开发。

（三）智慧社区的发展方向

智慧社区已成为当前推进智慧城市试点及应用的热点领域，也是未来城市社区发展和建设的重要方向。

1. 在社区治理方面，规范性、可控性、灵活性更加突出

随着政府主导的社区管理制度建设力度不断增强，社区管理制度正与社区建设同步发展，日趋完善、日趋规范；现今在社区软硬件“两手”同时抓，社区管理建设的深入与体系建设不断完善，不仅制度化建设更加合理，体系建设也与时俱进，通过多种方式的数据采集，最终在网络平台上进行在线汇总审核，可控性显著提升；在建设和谐社会的主旋律中，“以人为本”的理念深入贯彻，近几年出现的社区警务、社区公共设施管理、社区党建等网格化，使各类资源可以根据管理需求进行灵活调度。

2. 在社区服务方面，便捷性、普惠性、个性化更加明显

关注民生、重视民生、改善民生是党和政府构建社会主义和谐社会的基本原则。随着信息技术在社区的广泛采用，相关服务信息的发布、交换、接收等环节更加通畅，相关服务的制度建设也日趋完善、便捷，社区服务水平有了显著提高；随着服务的规范化、制度性的日益完善，提供服

① 顾铁军，徐柯伟．智慧社区建设模式初探——基于上海“欧风花都”的实践［J］．江南论坛，2016（5）：36-38.

② 申悦，柴彦威，马修军．人本导向的智慧社区的概念、模式与架构［J］．现代城市研究，2014（10）：13-24.

务透明度更高了，只要符合条件、有意愿，且在资源许可的情况下，都能享受同等服务，服务越来越普遍；随着社区服务提高到一定阶段，个性化服务的需求也越来越多，而随着满足个性化需求的服务能力不断提升，也促使服务需求进一步细化、深化与多样化。

3. 从发展模式看，社区发展的预见性、主动性、统合性更加鲜明

根据国际社会的主流观点，以人为本、自我管理、自我教育、自我服务是社区的基本功能。在建设“智慧城市”的战略背景下，智慧社区建设将在物联网、云计算、新一代信息设施、人工智能、数据挖掘、知识管理、网格化管理等深入发展基础上，展现出更具魅力的社区发展模式。

（1）预见性

随着社区信息化不断深入，社区层面普遍拥有信息化公共服务平台，使条、块的信息有了衔接与交换的载体，积累的各类信息资源可提供全面系统的数据信息分析与提示，比如通过人口信息库可及时掌握本社区各年龄阶段人员性别比例及分布情况，以及每年新增退休人数、新增就学和就业人员等信息，为工作决策提供科学支撑。

（2）主动性与针对性

街道建设社区服务管理信息平台，能够积累丰富的社区发展历史数据和规划建设数据。通过大量数据分析，创新工作思路、解放思想、提高社区干部综合能力等方式制定多项针对性对策：一是树立社会责任感，强化社区干部主动解决社会问题的意识；二是树立平民意识，促进社区成员或团体的自由发展和自动调适；三是针对人口工作的复杂性、艰巨性，本着立足于社区居民的公共利益，及时总结开展有效的工作方法与步骤，紧紧掌握社区工作主动权。

（3）统合性

当前，社区过多地承担行政事务，整天陷于考核、检查、评比、验收的繁杂事务，每个社区仅建立的台账就多达40—60种，社区干部需花费大量精力应付，占用了许多为民办实事的时间和精力。信息技术的广泛应用，使工作流程更加规范、信息传递更加及时、并联作业能力显著增强，增强了工作协同。随着“智慧化”程度提高，“虚拟社区”与“现实社区”有效对应，服务渠道和管理方式更多样更通畅，统合能力必定有极大

的提高，基层干部建立“社区服务管理合力机制”的愿望必将早日实现。

（四）未来社区

未来社区，是在我国物质文明、政治文明、精神文明、社会文明、生态文明全面提升，实现国家治理体系和治理能力现代化的基础上，社区居民享有更加幸福安康的生活。未来社区经济的主题是“服务+体验+共享”。社区共享经济酝酿着社区新业态、经济新模式以及社区经济发展的无限潜能，推动城市社区的社会融合。浙江正在大力推动建设未来社区。

未来社区实现居民当家做主，政府、社会、市场三者之间关系明确清晰，实现“一核多元，融合共治”，人与自然、人与人和谐共处，实现多样性、个性化、高层次、发展性的服务，实现社区服务共治共享。

未来社区的一个重要目标是学习型社区。不论是信息化技术、社区需求还是社区矛盾和冲突都自我化解，社区的智慧化在于人的智慧化。未来社区的预见预警能力和学习能力均呈现超强及再生状态，关键在于运营。

顺应新时代人民过上美好生活的新期待，综合运用经济、行政、法律、科技、文化等手段，构建权责明确、服务为先、管理优化、执法规范、安全有序的社区治理体制，打造共建共治共享的社区治理格局，从而解决人民日益增长的美好生活需要和不平衡不充分的发展之间的矛盾。“未来社区”，就是要让居民“记得住过去，看得见未来”。

十九、当前我国智慧社区建设面临的困境

近年来，在智慧城市实践的浪潮中，我国各级城市对智慧社区展开探索，构建了智慧政务、智慧产业、智慧民生等综合服务系统，提高了政府管理和服务的效率；电信、移动等通信运营商参建数字社区，借助信息化+商业模式，充分利用信息化平台覆盖社区人群并有效形成交互的优势，积极推进社区电子政务、社区电子医疗、社区电子商务等应用，多样的便民、利民、惠民等基础设施的建设，尤其是新型 B2C 商业模式逐步深入社区，实现基于传统模式的创新，普惠服务能力大大提升。

从整体上来看，我国大多数智慧社区的建设还处于探索阶段，系统效能也没有集中释放，由于顶层设计的缺失或缺陷、技术手段不成熟等系列原因，导致互联互通性差、系统不具备更新框架、迭代基础缺失等问题。尽管我国城乡社区治理“总体上适应我国国情，可以基本满足居民需求，而且有很多可供其他国家借鉴的地方”，“与人民群众新期待、与社区治理现代化新要求、与我国经济社会发展新形势相比，城乡社区治理还存在一些不足，主要表现在：城乡社区治理的法制化、科学化、精细化水平和社会活力还不够高，社区治理体系还不完善，居民参与社区治理的能力还不够强”①。

随着智慧社区建设试点工作的不断推进以及企业界和学术界对智慧社区建设的参与和推动，我国智慧社区建设取得了一定的进展，对智慧社区的认识更加深入，但总体而言，当前我国智慧社区建设还面临着以下主要困境。

---

① 张怡恬，殷鹏．提升城乡社区治理现代化水平——访中国社会学会会长、清华大学社会学系教授李强［N/OL］．人民日报，2017-07-09.

图 4-3　我国智慧社区建设中的主要困境

（一）缺乏统一规划，难以形成整体推进的态势

就目前情况而言，各个社区以及街道都承载着多个政务垂直系统，而它们又相互独立，由此而形成了一个个分散的“信息孤岛”。一方面，海量的基础数据需要社区工作人员在多个政务系统分别录入，数据标准又不统一，工作量巨大；另一方面，社区、街道等基层没有查阅和使用信息的权限，所采集的数据信息资源很难做到共融共通共享。

（二）基础设施建设相对滞后

我国地域广阔，经济条件差异较大，城乡社区类型多种多样，智慧社区的建设程度也参差不齐，社区基础设施的水平也不尽相同，总体上看，基础设施的建设相对滞后。尽管“智慧社区”建设已经在一些地区开展，社区信息资源的开发与利用依旧存在短板，在经济欠发达的城市或社区，其智慧社区建设侧重于实现信息采集的数字化、社区办公的自动化，基础设施落后且不健全，而对于发达的城市或社区，其智慧社区建设虽然已进展到精细化管理、智能化管理等层面，但信息分割、信息安全、设备维护与更新问题也很突出。

（三）社区治理的主体定位不准，现有社区治理体制仍需改革

一方面，社区居委会行政化色彩浓厚，行政负担过重。社区居委会承担了过于繁杂的行政事务，由于政府行政管理职能的延伸与惯性，无法顾及应有的自治功能及公共服务职责。另一方面，政社关系的边界模糊，缺少明确界定，社区社会组织发展受到诸多局限，多元治理体系有待建构。政府主导与多元治理融合缺少适度平衡，社区社会组织发展不平衡，力量薄弱，治理主体缺少参与动力，无法成为独立的社会治理主体。

（四）居民参与度低

在已有的智慧社区实践中也存在以系统和技术为核心，而非以居民为核心、以人为本，重管理而轻服务等现象。此外，由于缺乏社会参与机制，社区居民参与积极性不够高，企事业人力财力投资不足等原因，一定程度上阻碍了智慧社区的可持续发展与建设。政府对智慧社区建设干预过多，各类行业、企业又有自身的局限性与不同的建设角度，导致了智慧社区建设的局限性与片面性。从而难以满足社区居民与物业管理的多重服务需求。因此，社区内居民对智慧社区建设的参与积极性颇低，社区凝聚力也不强。

（五）社区人力资源缺失

智慧社区具有数字化、现代化、信息化、智能化的特点，其建设需要高素质、专业性人才作为智力支撑。就目前情况来看，一方面现有工作人员多处于综合行政岗，工作的“行政化”倾向严重，每日承担着大量的行政工作，自身素质难以适应当前智慧社区建设的要求；另一方面，社会组织人才、社会工作人才以及社区治理中的骨干，一直都是社区治理创新中需要进一步补充的人力资源。此外，社区工作量大，工作人员年龄结构老化等，也直接影响了智慧社区建设的推进。

（六）资金缺乏，缺少融资渠道

智慧社区的基础信息设施建设以及软硬件的日常运行维护都需要大量经费。但社区如何获得充足的财力资源，一直是各类社区发展的瓶颈因素。

从实际情况来看，一方面，政府资金投入不足且缺乏长期持续性；另一方面，社区建设缺乏融资渠道，自筹也缺乏力度。长此以往，缺乏连贯性的资金投入，则可能导致智慧社区建设出现“半拉子”工程，从而影响整体的建设规划与进度。

二十、智慧社区建设的对策建议

每个社会都需要创造适合于自己的治理方式，社会的演变要求更新每个时代的治理模式。这一更新的必要性在21世纪尤为迫切，因为我们这个时代的治理模式没有跟上社会发展的步伐[①]。我国地域广阔，自然、经济与人文条件差异较大，城乡社区发展多种多样，社区治理创新也多有不同，也都同样面临着社会转型的冲击。

国外智慧城市关注的焦点正在由顶层设计中硬件基础设施建设转变为技术创新、应用和服务、人文、教育等软实力的培养。此外，国外在智慧城市建设规划中注重依托当地传统优势，Belessent认为智慧城市建设应基于城市原有的基础组件进行延续发展，即基于“城市”而非基于“智慧”。

我国智慧社区建设要想切实取得成效，必须在深入认识当前面临困境的基础上，厘清思路，采取切实措施，走出困境。

（一）发挥基层党组织领导和引领作用，健全相关机制与法制

《中共中央　国务院关于加强和完善城乡社区治理的意见》的总体目标中指出，到2020年，基本形成基层党组织领导、基层政府主导的多方参与、共同治理的城乡社区治理体系，城乡治理体制更加完善，城乡社区治理能力显著提升，城乡社区公共服务，公共管理、公共安全得到有效保障。意见指出健全城乡社区治理体系，充分发挥基层党组织领导核心作用，有效发挥基层政府主导作用，注重发挥基层群众性自治组织基础作用，统筹发挥社会力量协同作用；不断提升城乡社区治理水平，增强社区

① ［法］皮埃尔·卡蓝默．治理的忧思．陈力川，译．三辰影库音像出版社．2011：1.

居民参与能力，提高社区服务供给能力，强化社区文化引领能力，增强社区依法办事能力，增强社区信息化应用能力等；强化组织保障，完善领导体制和工作机制，加强社区工作者队伍建设，完善政策标准体系和激励宣传机制等。

在社区治理创新中，要强化基层党组织的领导和引导作用。在街道、社区等不同层面，开展和加强区域化党建工作，立足社区居民需求，打破原有的党政机关、驻区单位、社区社会组织、居民之间界限，推进社区“大党建”建立基层党建议事协调委员会、联合党支部，推动物业管理、社区社会组织等党建联建工作，以社区党建为基层治理网络，探索社区多元共治、多方融合，实现区域资源的整合与配置，促进各类社区组织扎根社区、服务基层，充分动员各方力量参与社区治理创新，共同促进社区发展。

充分发挥党员模范的先锋作用。一是重视社区书记作为“带头人”的领导作用。二是加强党员队伍的建设，重视选拔一批工作经验丰富、有空闲时间、信念坚定、威望较高的社区党员，发挥他们的积极作用。三是加强党建学习，不断提高社区党员的思想认识水平。

推动社区运行的制度化、规范化与程序化。确立社区居民认可的社区规范，并遵守程序的正当性，明确议题设定、人员参与、议事规则、时间、机制、结果认定和执行等。第一，建构社区治理主体之间的合作机制，社区运行需要社区治理主体的合作，但这些治理主体的利益需求不一致，因此需要一种互动合作的机制设计，并包含了对话、信任、协商、共享等机制。第二，建立社区运行的发展、保障与监督机制，社区运行不仅需要资源支持，还需要外在力量的约束机制。

近年来，各地基层社区治理创新更加重视以党建为引领。主要采取的做法包括：第一，加强和改进党建引领社会治理创新。第二，搭建党群互动平台，促进党群机制构建。第三，拓展党建项目，并与公共服务相衔接。第四，发挥社区书记和党员的先锋作用。

（二）加强顶层设计，明确建设理念，统一指导思想，制定技术标准

加强顶层设计，促进智慧社区组织规划与标准化建设协同推进智慧社区建设的顶层设计在中央层面主要是要明确建设理念，统一指导思想，制定技术标准。推动顶层设计，理顺政府、社区和社会组织的权责关系，明确社区治理创新中各类自治组织地位，引导其他社区治理主体的参与，形成新型的社会治理格局，实现社区治理的共建、共治、共享。在操作层面，要由各城市政府在“智慧城市”建设的大框架下进行智慧社区建设的统一规划、部署和协调。

第一，在智慧社区规划建设过程中，各城市政府应该制订分工明确、权责清晰的智慧社区工作方案，建立健全的智慧社区建设协调机制。一是各城市政府应该明确智慧社区建设的目标和任务，规划落实各部门负责的业务范畴和承担的责任义务。在智慧社区建设前期规划中，需要最先打破当前城市建设中行政分割、管理分治的局面，加强各部门、各区之间沟通和协调，积极构建行政部门之间纵向和横向互通有无、协调优化的合作机制。二是在构建社区综合信息服务平台职能和结构过程中，要充分考虑信息服务平台和功能的可重构性及可复用性等柔性可扩展性特征，最大限度对政府行政管理资源和社区服务资源进行“智慧化”的整合和分享，联通“信息孤岛”，避免低效率的重复建设。

第二，推进智慧社区标准化建设，是智慧社区可持续发展的重要途径。为此，一方面应结合不同社区智慧化的建设情况，分析智慧社区在建设过程中面临的资源共享、信息交换、流程再造等方面的主要问题，研究和制定符合实际要求的标准，以规范和统一智慧社区建设的内容。政府、企业和行业协会应该加强合作与交流，推进智慧社区小区管理、基础设施与建筑环境、社区治理与公共服务、便民服务等方面的应用规范和标准体系建设，实现跨系统技术集成与信息资源共享，尽量减少“信息孤岛”，促进智慧社区建设标准化、规范化发展。另一方面，要以服务民生、转变服务职能为中心，关注智慧社区基础设施、智能水平、智慧服务等内容，建立国家标准的智慧社区绩效评价指标体系，为政府和企业参与智慧社区

建设提供参考。

（三）加强基础设施建设，构建智慧社区综合信息服务平台

在《城乡社区服务体系建设规划（2016—2020年）》重点任务中，指出加强城乡社区服务信息化建设：构建城乡社区公共服务综合信息平台，结合“互联网+政务服务”，完善数据接口和共享方式，扎实推进城市社区公共服务综合信息平台建设；推进智慧社区建设，推动“互联网+”与城乡社区服务的深度融合，逐步构建设施智能、服务便捷、管理精细、环境宜居的智慧社区。

第一，要通过综合运用云计算、物联网、移动计算等新一代信息技术，对社区基础设施进行优化升级，构建智能化的综合性服务平台，为社区居民提供更便捷、更实用的社区服务。充分调动社区人、财、物、信息等资源，实现资源整合与再开发，“以满足人们的家庭生活和公共生活需要为目标，提高社区服务效率、遵循公平原则、增强居民的参与意识是社区服务体系建设的发展趋势与方向”，即“由政府、市场和社会共同建构集商业服务、公共服务、居民参与一体的复合式服务体系”①。

第二，搭建议事协商平台，拓展辖区内各种联谊会、职业协会、同乡会等新型社会组织的利益表达功能，建立街道、社区与居民的协商与利益表达机制，将政府、社区自治组织、社区社会组织、社区居民、驻区单位、各类人群等多重利益进行充分表达、综合比较与开放式讨论。

第三，搭建街道层面的社区治理创新资源共享平台。功能定位为凝聚辖区资源、社区治理的融资、人财物等资源优化配置。建立资源平台的组织架构、运行机制与保障措施，建设平台的人才库、资金库（如建立社区基金）、资源库和项目库。将社区需求、公共议题、利益表达进行整合，通过平台进行项目整合，交由市场或社会力量承接。

---

① 陈伟东，舒晓虎．城市社区服务的复合模式——苏州工业园区邻里中心模式的经验研究［J］．河南大学学报（社会科学版），2014，54（1）：55-61.

(四) 调整政社关系，确立政府与社会权力边界，激活社区治理多元主体角色

社区治理应警惕过度市场化和资本化，政府应当在社区治理中发挥应有作用。社区治理的过度资本化，其核心表现就是在商品房社区建设与治理过程中，街道、居委会等基层组织的作用正在下降，社区相关的治理任务均由与市场化推进相关的物业企业来承担。物业公司作为营利性的企业组织，自然有其自身的经济利益追求。恰当地处理好政府监管、企业自律、社会协同、公众参与之间的关系，在他们之间建立起有机联系，通过统合各种利益需求来达成共识、推进共治。

培育社区治理参与主体，推进多元共治。多元主体合作治理格局，意味着政府、基层自治组织、社会组织、驻区单位、社区居民等不同主体之间新型合作机制，共同参与、相互信任、功能互补、资源依赖与共享。

培育社区社会组织，建立科学有效的社区社会组织管理体制和培育机制，重点培育居民自治、社会事务、公益慈善、生活服务、文体活动等社区社会组织结构体系。“政府应建立完善社区社会组织的法律框架，明确社区社会组织的地位，可以将社区社会组织定位为自我建设、自我管理、自我服务、自我发展的自治组织，作为社区建设的重要内容、社区社会服务的基本平台。同时，政府需要进一步完善社会组织管理体制机制，赋予社区社会组织更多的服务职能，减少政府直接提供社区相关服务的职能，将这种职能通过购买服务等形式交给相应的社区社会组织，在协同过程中以居民需求为导向，推动多元主体参与，建立扁平化、弹性化的互动网络。”①

完善“三社联动”机制。激励社区、社区社会组织、社会工作者，组织评优、增加社会工作者保障等，建立专业督导队伍，实行政府购买服务，为“三社联动”提供全程介入的督导。第一，“三社联动”机制构建。“三社联动”是基于居民的服务需求与利益表达，以社区为平台，以社会

---

① 郁建兴，金蕾．社区社会组织在社会管理中的协同作用——以杭州市为例［J］．经济社会体制比较，2012，(4)：157-168.

组织为载体，以社工为骨干，通过政府购买服务，通过社会组织引入外部资源和社会力量，通过社工提供专业化服务，从而在社区中供给服务、化解矛盾、解决争端。“三社联动”受到基层政府的广泛重视，并日益成为中国特色的新型社会治理模式、社会服务供给机制和社会动员手段。第二，政府购买服务与社区社会组织培育。近年来，政府购买服务日益深入，并成为社区社会组织培育的重要支撑。

创造社会组织发展的宏观制度环境，加快社会组织立法，进一步做好社会组织直接登记改革，降低社会组织准入门槛，简化登记程序，允许社会组织适度竞争。

各地区要根据发展实际，利用广泛的技术、智力、资本、政策资源，构建多元化的智慧社区建设运营模式，逐渐由政府主导的智慧社区建设向服务企业主导型、政企合作型、综合参与型等多元参与方式转变。促进居委会自治职能回归，剥离行政事务，聚集主责，厘清居委会职能，回归“群众性自治组织”身份。推动社区公民参与，实现自我管理、自我约束。

（五）营造人文“智慧”环境，推动智慧社区服务人才培养

面对智慧社区建设汇总的多样化问题，智慧社区首先要做到人的“智慧化”，而非社区的“智能化”。既有的社区治理理念大多数忽视了居民的感受，社区建设要从重物向重人转变，真正做到以人为本。在社会治理重心下移的背景下，要坚持以人为本，从满足居民的需求与发展的要求及居民的现实诉求出发，开展社区建设与治理，让社区居民愿意参与社区建设。

在智慧社区建设的过程中需要将“以人为本”放在首要位置，因为人的素质和创新能力的提高并非一朝一夕所能实现。

建设社区工作人才队伍。智慧社区的建设和有效运营，离不开社区居民对智慧社区的普遍认知和认可，以及相应行为习惯的改变，更离不开专业技术和管理人才的培养。第一，对于一些较为专业类的社区社会组织，尝试制定社区社会组织从业人员就业、薪酬、社保、培训、职业发展等政策，探索建立社区社会组织人才市场和人才库，大力开发社区非营利领域的从业人员岗位，激励专业人才到社区发展，推动社区社会组织从业人员

的职业化和专业化。第二，培育社区社会组织“领袖”，提升其引领社区社会组织健康发展的政治与专业素养。第三，积极培养和招募志愿者，理顺志愿者与社区社会组织之间关系，确保志愿者以社区社会组织为活动平台。

（六）加大财政支持力度，提升运营能力

以政府购买服务为手段，加大财政支持力度。政府要出台培育和保障社区社会组织健康发展的各项政策，加强政府购买服务力度与资源支持。政府部门要制定推动社区社会组织发展的指导意见和行动方案，降低或取消社区社会组织的登机门槛，简化登记手续，推动备案制度，建设社区社会组织孵化基地。

在运营方面，强调政府、相关产业与居民的互联与协作。在架构方面，将综合居民个体数据的数据中心作为基础；通过基于居民需求的社区规划调控设施时空布局，打造社区生活圈，实现社区规划的智慧化；通过不同部门之间的互联互通，对服务进行整合，提供智能化一站式的服务，实现管理的信息化；基于对于个体数据的分析以及移动终端，提供面向居民的移动互联应用，以实现服务的个性化；利用社交网络服务打造社交交际圈，结合共享经济理念实现虚拟社区的线上线下融合，进而促进社区交往，重构社区精神。

2018年度中国智慧社区进展大事记

1月

1月13日，2018首届中国智慧社会发展大会暨第二届新型智慧城市发展高峰论坛在北京市召开，在国家发改委高技术司的支持下，由中国信息协会主办，中国信息界杂志社承办，大会以“推进数字中国 建设智慧社会”为主题，通过“开幕式+主论坛+三个平行分论坛”的形式，探讨如何在“以人民为中心”的前提下，推动“不平衡不充分的社会发展”与“新一代信息技术发展”之间的深度融合。同时探讨：如何围绕政府治理和公共服务的改革需要，加快推进政务信息系统整合共享；如何借助新一代互联网技术和灵活有效的信息化手段，进一步推动特色小（城）镇建设，实现城镇发展的创新与可持续性；如何推动以大数据应用为先导的人工智能产业的快速发展，推动中国早日步入人工智能2.0时代等。

1月30日，中共中央政治局就建设现代化经济体系进行第三次集体学习，习近平指出，建设现代化经济体系，需要扎实管用的政策举措和行动。要突出抓好以下几方面工作。一是要大力发展实体经济，筑牢现代化经济体系的坚实基础。实体经济是一国经济的立身之本，是财富创造的根本源泉，是国家强盛的重要支柱。要深化供给侧结构性改革，加快发展先进制造业，推动互联网、大数据、人工智能同实体经济深度融合，推动资源要素向实体经济集聚、政策措施向实体经济倾斜、工作力量向实体经济加强，营造脚踏实地、勤劳创业、实业致富的发展环境和社会氛围。二是要加快实施创新驱动发展战略，强化现代化经济体系的战略支撑，加强国家创新体系建设，强化战略科技力量，推动科技创新和经济社会发展深度融合，塑造更多依靠创新驱动、更多发挥先发优势的引领型发展。三是要积极推动城乡区域协调发展，优化现代化经济体系的空间布局，实施好区域协调发展战略，推动京津冀协同发展和长江经济带发展，同时协调推进粤港澳大湾区发展。乡村振兴是一盘大棋，要把这盘大棋走好。四是要着力发展开放型经济，提高现代化经济体系的国际竞争力，更好利用全球资源和市场，继续积极推进“一带一路”框架下的国际交流合作。五是要深化经济体制改革，完善现代化经济体系的制度保障，加快完善社会主义市场经济体制，坚决破除各方面体制机制弊端，激发全社会创新创业活力。

1月30日，北京智慧社区产业技术创新战略联盟2018年工作座谈会在北京市通州区召开，北京联城安泰网络科技有限公司承办本次会议。北京市通州区政府班子成员、区政府副巡视员、区民政局党委书记储怀森代表区政府到会祝贺并讲话，会议审议了联盟2017年财务报告和联盟2018年年度工作计划安排，重点讨论了《共建共治共享——中国智慧社区2017发展报告》撰写计划安排。联盟理事长汪碧刚，副理事长陈贵民、周大良、刘建华、陈庆文、沈爱军，秘书长王力，以及联盟有关部门负责人20余人出席会议。

4月

4月10日，由中国智慧城市产业与技术创新战略联盟主办的“2018中国智慧城市产业与技术创新高峰论坛”在北京市成功召开。科技部高新司、工信部信软司领导出席会议并讲话，来自地方信息化主管领导、国内智慧城市知名专家学者、企业精英等600余人参加了大会。论坛以“慧聚产业生态、智创城市未来”为主题，聚集了国内智慧城市领域的专家学者和优秀企业代表，开展深度交流互动，共同探讨智慧城市、智慧社会、数字经济、物联网、人工智能、大数据等方面创新成果与产业趋势，交流分享智慧城市建设成效和实践经验，探讨新时代的智慧城市发展新机遇新趋势。

5月

5月12日，由清华大学建筑学院、清华大学社会科学学院联合主办，以“跨界·共营”为主题的首届清华“社区规划与社区治理”高端论坛举行。论坛围绕“社区规划与社会治理”邀请国内在相关理论研究与实践领域有突出成果的专家、学者和实务工作者，进行经验分享、跨界对话与深度研讨。

6 月

6 月 20—21 日在北京市召开“第十二届中国智慧城市建设技术研讨会暨设备博览会”，大会主题为“智慧城市 2.0：智慧发展，智能未来”。大会总结了“十二五”期间我国智慧城市建设取得的成果，探讨“十三五”期间新型智慧城市的发展趋势、模式和战略目标。研讨国内外智慧城市建设管理体制、运行机制及产业政策；研讨信息化与新型城镇化融合发展新态势，人工智能、大数据、“互联网+”、云计算、移动互联网等技术对智慧城市智能化提升的重要作用以及隐私等新社会公共问题与挑战；大会还将就新型智慧城市共性、通用、技术及应用的国家标准、国际标准及政策规范，颠覆性技术、关键技术应用，新型智慧城市信息化基础设施包括时空信息云平台、北斗卫星导航系统建设，智慧生态城市建设共性技术、城市社会化精准治理与创新服务，如韧性城市、弹性城市、智慧社区、智慧水务等内容进行交流。

7 月

7 月 4 日，第 12 届中国智慧城市建设技术研讨会暨设备博览会开幕式在北京市国际会议中心隆重召开。大会发布了我国智慧城市标准化领域最新研究成果《新型智慧城市发展白皮书（2018）——评价引领标准支撑》。该项白皮书主要研究了新型智慧城市的内涵和发展趋势，阐述了对“分级分类推进新型智慧城市建设”的目的和意义的认识，创新性地提出了基于成熟度模型的新型智慧城市评价总体架构、过程方法和实施建议等内容。白皮书的发布为我国地方城市开展新型智慧城市分级分类建设和提升提供借鉴和参考，也为产业界深度探索和建设新型智慧城市提供了新的思路和方法。在同期召开的以“智慧引领 标准护航”为主题的“新型智慧城市论坛”上，还发布了：《智慧城市顶层设计指南》《智慧城市评价模型及基础评价指标体系第 4 部分：建设管理》《智慧城市 领域知识模型核心概念模型》《智慧城市软件服务预算管理规范》《智慧城市 SOA 标准应用指南》5 项国家标准。

7 月 12—13 日，由上海市科学技术协会指导，上海大学、上海市土木工程学会、上海市人工智能学会、中国土木工程学会市政工程分会联合主办的“2018ATCI 智慧城市管理与服务国际大会”（2018ATCI）在上海市衡山北郊宾馆召开，来自全国各地以及澳大利亚、美国、德国等全世界范围的企事业单位、高校、科研院所的 350 余位代表出席大会。为期两天的会议通过近 20 个主题报告及 34 篇优秀论文，针对人工智能方法研究及其在城市管理与服务中的应用进行了全产业链深入探讨，共商智慧城市建设的发展与未来。

7 月 18 日，由湖南联通协同湖南建行、钉钉（中国）信息技术有限公司主办的“万物智能互联，科技服务社区”2018 年智慧社区峰会在湖南省长沙市举行。住房和城乡建设部、湖南省住房和城乡建设厅、湖南省房地产业协会、湖南联通、湖南建行、钉钉（中国）信息技术有限公司领导出席本次大会，与 400 余家物业企业代表以及倡导新技术、新模式的产业链企业代表共同探讨“智慧社区”建设与未来的合作发展方向。住房和城乡建设部信息中心原副主任、全国智标委秘书长王毅表示，在新形势下，遵循集约、智能、绿色和低碳的建设原则，以信息技术手段为支撑，提供多元化、社会化的公共服务，探索服务更便捷、环境更优美的绿色智慧社区新模式，成为行业发展的重要课题。

7 月 20 日，“智能，提升产品价值——2018 中国房地产智慧社区建设前沿技术暨新品研讨会”在上海市举行。相关专家、68 家开发商、9 家供应商和 2 家集成商等参与了会议。会议讨论了绿色节能政策下的智慧社区的规划与设计，提出智慧社区建设的目标包括安全、高效、规范化和绿色。提出智能家居产品的关键是外观、品质和成本。此外，智慧社区必须以人为本，发展智能建筑，让建筑更懂生活。

8 月

8 月 21 日，2018（第四届）中国智慧城市国际博览会在广东省深圳市开幕。2018 中国智慧城市（国际）创新论坛由国家发展和改革委员会、国家互联网信息办公室指导，国家发展和改革委员会城市和小城镇改革发展中心、深圳市人民政府、中国平安保险（集团）股份有限公司、智慧城市发展联盟共同主办，论坛的主题是“新时代、新征程——数字中国、智慧社会”。本届智博会为期 3 天，至 23 日闭幕，吸引超过 2 万名代表和嘉宾参会，其中，包括多位国家部委领导、40 余位院士、40 余位城市主管市长、260 余个政府组团的 1000 余位政府代表、来自 8 个国家的 250 余位国际嘉宾以及 2 万余名企业家代表，本届智博会参会参展人数超过 10 万人次，均创历史新高。

8 月 22 日，2018（第三届）中关村新型智慧城市高峰论坛在广东省深圳市举办。来自全国的智慧城市领域专家、企业代表 200 多人出席了此次论坛。本届论坛秉承“共建生态、共享资源”的理念，邀请了国家部委、深圳及相关城市代表、业内知名专家、优秀领军企业代表围绕“数字中国智慧政府服务合作与实践”来分享成果，就项目案例进行探讨；为城市与企业把握建设航向提供支撑，促进“数字中国”城市建设的健康有序发展。

8 月 28 日，第四届智慧社区国际高峰论坛在广东省广州市保利洲际酒店成功举办，10 位物业领域、科技领域的国内外顶尖创新专家及 800 名物业企业相关人员参与本次论坛。会议立足新技术、新理念、新思维、新模式，共同把脉智能 AI、智慧社区未来的发展方向。会议提出，智能化是行业转型的新动能，要打造人工智能（AI）驱动的智慧社区新生态，打造智慧写字楼，在创新技术的支撑下进入全连接的全息社区形态。

9 月

9 月 13 日，2018 中国福建互联网大会暨智慧城市高峰论坛在福建省莆田市召开。本次论坛以“新时代 · 新平台 · 新动能”为主题，关注“智慧城市”“平台经济”“人工智能”“物联网”“区块链”等领域，也关注“新经济下的新莆商”，聚焦于互联网时代下的传统实体经济转型升级及商业创新，切实为莆田市乃至福建省实体经济转型升级发挥互联网的能量。大会还通过项目及产品展示等活动，搭建交流对接的优质平台，助力福建省数字经济发展。2018 中国福建互联网大会暨智慧城市高峰论坛由福建省通信管理局、福建省互联网信息办公室、福建省数字福建建设领导小组办公室指导，由福建省互联网协会主办，并得到了莆田市人民政府和数字中国研究院的大力支持。

9 月 13 日，由中国工程院信息与电子工程学部主办，四川省彭州市人民政府和航天科工智慧产业发展有限公司承办的 2018 中国（彭州）智慧城市院士论坛在彭州市宝山文化中心举行。邬贺铨、苏君红、毛二可、钟山、周立伟、张锡祥、姜景山、高洁、于本水、赍德、叶声华、马远良、陈鲸、陈志杰、费爱国、尹浩 16 位院士聚焦“军民融合、智慧共享”的主题，深入探讨新时代下智慧城市的建设与发展。此次活动是彭州市主动融入成都市“加快建设全面体现新发展理念的城市”发展战略，抢占科技创新和产业发展高地，积极承办的一个全国性院士论坛。

9 月 20 日，2018 中国（长春）数字经济与智慧城市博览会暨长春市首届科技节、长春市科技成果展洽会在吉林省长春市农博园举办。博览会以“数字长春 智慧未来”为主题，吸引了浙江、北京、天津、广州、上海以及吉林省本地的众多优秀企业参展，涵盖了智能制造、智慧金融、人工智能、数字教育、智慧养老、智慧农业、智慧医疗、数字动漫、智能家居等多个领域，内容广泛、展品丰富、特色突出。

10 月

10 月 13 日，以“智慧城市助力高质量发展”为主题的 2018 中国智慧城市发展研讨会在中央党校（国家行政学院）举行。活动由中央党校（国家行政学院）报刊社主办，浙江大华技术股份有限公司协办。中央党校（国家行政学院）报刊社社长许宝健、副社长杨英杰，国家信息中心中国智慧城市发展研究中心副主任唐斯斯分别主持活动不同环节。

10 月 16 日，2018 年智慧城市与社会公共服务论坛在上海市科学会堂举行。论坛邀请上海市政协原副主席周太彤、上海市发展改革研究院总经济师、体改所所长赵宇刚，腾讯集团华东区政府事务总监朱洁作为演讲嘉宾。黄浦区委副书记丁宝定，上海华夏文化创意研究中心理事长苏秉公等出席论坛。论坛上，演讲嘉宾介绍了社会公共服务现代化在智慧城市建设中的重要意义，从推进政务服务智慧化的角度阐述了如何提升公共服务效率和感受度，从企业经营角度论述了优化社会公共服务的紧迫性及其发展前景。

10月19日，由亿欧主办，思贝克联合主办的“BATi智慧城市论坛”在广东省深圳市万科前海国际会议中心隆重举办。本次峰会是亿欧2018年5月举办的“GIIS安防AI创新峰会”的延续，上一次，亿欧关注人工智能等新技术对安防产业的赋能，这一次，亿欧将视野从安防扩散到整个城市。本次论坛以“智慧城市”为主题，不仅探讨了智慧安防新机遇，还将目光扩散到了智慧交通、智慧生活等智慧城市建设的多个领域。

10月19日，2018金山智慧城市论坛暨上海市科协第十六届学术年会专题活动在上海市金山区举行。论坛主题为“物联网助力智慧城市建设”。来自国内外专家学者、政府官员、企业代表等300余位嘉宾齐聚一堂，既交流了前沿的技术又介绍了翔实的案例，为落实《金山区智慧城市建设三年行动计划（2018—2020年）》，推动金山智慧城市建设提供了技术支持和案例分享。

10月26日，2018中国城市运营论坛在北京市隆重举行，论坛以“AI+城市运营：探索智慧城市运营创新之路”为主题，探讨智慧城市的打造，来自政、产、学、研界的近300名嘉宾出席论坛。同时论坛上发布了《中国人工智能城市白皮书》，中国智慧城市运营联盟正式发起成立，从理论到实践全面为中国智慧城市建设赋能。论坛由中信改革发展研究基金会、国家知识产权运营公共服务平台为指导，中国城市运营联盟主办，中信城市运营研究中心、华夏城市运营研究院承办，《经济导刊》杂志社协办，获得了清华大学互联网产业研究院、中国电子信息产业发展研究院、中国医药卫生事业发展基金会、亚太创新学院、粤港澳大湾区青少年研究院、杭州数梦工场科技有限公司、华晟科技有限公司、华智众创（北京）投资管理有限责任公司和广州数智网络科技有限公司等单位的大力支持。

10月29日，2018中国智慧社区创新论坛暨《共建共治共享——2017

中国智慧社区发展报告》发布仪式在北京市中国知识产权培训中心举行。本次论坛由中国社区发展协会主办，中国社区发展协会智慧社区工作委员会、北京智慧社区产业技术创新战略联盟、北京世纪非凡城市环境科学技术研究院承办，以“共建共治共享 创想未来社区”为主题，围绕“智慧社区”政产学研用协同创新机制、“智慧社区”创新案例、共建“未来社区”实验室等议题进行深入探讨与交流。

11 月

11 月 3 日，2018 沈阳 · 第五届中国智慧城市创新大会主论坛在辽宁省沈阳市举行。来自海内外的 800 余位专家学者、企业精英，以“智能制造，智慧治理”为主题，共同探讨新时代智慧城市建设的新思路、新模式、新技术。论坛还发布了《东北主要城市营商环境报告》《装备制造业大数据服务平台》，进行了“大数据+城市精准治理”的主题对话。当天，还举办了《工业互联网——制造业新引擎》《绿色金融助推经济创新转型》《聚焦新型智慧城市，推动大数据产业生态建设——能源+医疗论坛》三个专题论坛。

11 月 3 日，由平安城科独家冠名的“2018 智慧城市创新发展论坛”成功在广东省广州市举办。本论坛由资深媒体人林曦主持，邀请了平安集团智慧城市发展办公室秘书长吕成道、平安城科首席产品官兼技术官韦柏松、广东联邦车网科技股份有限公司 CEO 杨威、首都在线首席产品官牛继宾、中国电信广东公司大数据运营团队负责人兼副总经理荣晓丹以及数智天玑总经理叶伟刚，一同围绕着智慧城市的创新发展这一话题展开探讨。

11 月 6—7 日，习近平出席首届中国国际进口博览会开幕式和相关活动，在中共中央政治局委员、上海市委书记李强和市长应勇陪同下，深入上海的企业、社区、城市运行综合管理中心、高新科技园区，就贯彻落实党的十九大精神和当前经济形势、推进科技创新、加强城市管理和社区治理进行调研。习近平强调，城市治理的“最后一公里”就在社区。社区是党委和政府联系群众、服务群众的神经末梢，要及时感知社区居民的操心事、烦心事、揪心事，一件一件加以解决。

11 月 11 日，中国信息协会 2018 年年会暨首届中国数字经济与人工智能发展论坛在北京市中国职工之家酒店举行，此次大会得到了国家发展改革委和民政部的指导与支持，由中国信息协会主办，《中国信息界》杂志社承办，中国信息界发展研究院、中国智慧城市建设诚信联合体、中国智慧特色小镇投资联合体、中国智慧城市导刊共同协办。国家发展和改革委员会、民政部、国家信息中心等相关部门负责领导、中国工程院和中国科学院院士、国家信息化领域权威专家、数字经济与人工智能等领域知名学者、中国信息协会全体会员单位、百余全国优秀城市代表、各信息化、数字经济和人工智能相关行业以及各相关领域优秀企业代表共计 600 多人出席论坛，论坛以“推动创新引领，智享数字未来”为主题，通过“开幕式+主论坛+分论坛”的形式，政、企、产、学、研各界代表一同深入交流“聚焦新产业、发展新经济、培育新动能”，重点探讨如何在创新型国家框架下，应用新一代信息技术，有效推动传统产业的数字化、智能化转型发展。

11 月 14 日上午，由银川市人民政府携手中国电子信息产业集团有限公司共同主办的 2018 全球（银川）智慧城市峰会在宁夏银川市隆重开幕。围绕“绿色、高端、和谐、宜居”的主题，共叙智慧城市发展思路，共商网信安全发展路径，共议智慧医疗建设痛点，共话智慧公共安全趋势，共享全球先进解决方案。

11 月 15 日，由国家信息中心、国际数据集团（IDG）主办的“2018 亚太智慧城市发展论坛”在广东省深圳市举行。本次大会聚焦新一代信息技术、人工智能、数字化转型等，针对国际智慧城市发展的焦点、热点以及中国智慧城市的现状及趋势，相约探讨数字化技术加速智慧城市发展与转型、新一代信息技术如何实现场景落地、亚太智慧城市的发展模式与商机等话题，通过主题演讲、高峰对话、应用分享、展览互动等多种形式深入交流，开创中国国际智慧城市合作新局面。

12 月

12 月 21—23 日，由中国通信工业协会、中国通信工业协会物联网应用分会主办，中国智慧城市规划与建设推进联盟协办，正元地理信息有限责任公司支持的第九届中国物联网产业与智慧城市发展年会于北京市世纪金源大饭店隆重召开，工业和信息化部、国务院发展研究中心、中国工程院、国家信息中心、国家发改委电子政务工程中心、国家工业信息安全发展研究中心、中国信息通信研究院、中国电子技术标准化研究院等多所研究院及多所高校，千余位专业观众与会，数十家媒体到场。年会以“话数字经济·创物联时代·享智慧生活”为主题，共12场会议，同期举行了多项活动，进行了全面且深入的交流与探讨。

附件：

“新时代 新生活”社区居民满意度调查问卷

根据《中国智慧社区年度发展报告》编委会的要求，为了解新时代社区治理、社区服务的现状及居民需求，特邀请您参与本次居民满意度调查问卷。本问卷采用不记名填写，不涉及商业机密，并严格按照统计法的有关规定进行保密，调查内容仅限于学术研究。感谢您的参与！

第一部分：智慧社区现状

1. 您所居住的小区名称是__________

2. 您目前在小区的居住年限？A. 1 年以下；B. 1—3 年；C. 4—6 年；D. 7—9 年；E. 10 年以上

3. 社区智能化服务（多选）

您在该小区使用过哪些智慧安防服务？A. 智能化门禁；B. 视频监控设备；C. 其他______

您在该小区使用过哪些智慧家居服务？A. 燃气泄漏探测仪；B. 烟雾报警装置；C. App 遥控家居，D. 其他______

您在该小区使用过哪些智慧医疗服务？A. 穿戴式医疗设备；B. 电子病历；C. 在线挂号；D. 其他______

您在该小区使用过哪些智慧养老服务？A. 一键报警；B. 健康监测设备；C. 其他______

您在该小区使用过哪些智慧生活服务？A. 一站式政务办事平台；B. 社区电商平台；C. 其他______

您在该小区使用过哪些智慧基础设施？A. 垃圾分类；B. 智能充电桩；C. Wi-Fi；D. 智慧停车场；E. 智慧消防；F. 其他______

您在该小区使用过哪些智慧物业服务？A. App 报修；B. 电子缴费；C. 其他______

4. 目前，您比较满意小区的哪些方面？（多选）A. 环境卫生；B. 医疗服务；C. 养老服务；D. 物业管理；E. 商业服务；F. 就业服务；G. 居民参与；H. 文娱体教等社区活动；I. 智能化服务；J. 社区治安；K. 公共空间；L. 小区基础设施；M. 邻里关系；N. 居委会服务；O. 其他__________

5. 您认为您所在小区现存问题有哪些？（多选）A. 环境脏乱差；B. 医疗服务差；C. 养老服务差；D. 物业管理不善；E. 商业服务缺乏；F. 就业服务缺乏；G. 居民参与渠道少；H. 文娱体教等社区活动少；I. 楼体陈旧；J. 智能化服务水平低下；K. 治安问题；L. 公共空间缺乏活力；M. 小区基础设施陈旧；N. 邻里关系不和；O. 居委会服务质量差；P. 其他__________

6. 您对小区生活的总体满意度评价：A. 非常满意；B. 比较满意；C. 一般；D. 不太满意；E. 很不满意

7. 请您为所在小区的智慧化/智能化水平打分（最高分为 5 分，最低分为 1 分）：______

第二部分：社区治理

1. 您在本社区中的治理角色是：A. 网格员；B. 楼门长；C. 居委会成员；D. 业主委员会成员；E. 居民；F. 商户；G. 社会组织/社区组织成员；H. 志愿者；I. 其他__________

2. 您同意“党员在该社区的社区治理工作中发挥了作用”吗？A. 非常同意；B. 比较同意；C. 中立；D. 不太同意；E. 非常不同意

3. 您认为社区党组织主要负责了哪些社区工作？A. 了解居民诉求；B. 引导居民参与社区治理；C. 组织社区活动（有关党建、娱乐、教育、健康、法律等活动）；D. 社区生活服务；E. 社区治安；F. 社区空间建设（如绿地、广场等）；G. 社区志愿服务；H. 其他__________

4. 您认为在社区治理、社区活动等方面，企事业单位、社会组织及志愿者团体等是否发挥了重要的作用？A. 非常重要；B. 比较重要；C. 一般；D. 不太重要；E. 非常不重要

5. 您通过什么方式了解或参与社区治理事务？（多选）A. 微信公众号或微信群；B. App；C. 网格员/楼门长上门；D. 参与居委会召开的议事会；E. 日常工作；F. 接受调查（填写问卷、接受访问等）；G. 服务热线；H. 业主大会；I. 与邻居聊天；J. 其他__________

第三部分：社区活动

1. 您参与社区活动的频率？A. 每周1—3次；B. 每月1—3次；C. 每季度1—3次；D. 每年1—3次；E. 不确定

2. 您经常参与什么类型的社区活动？（最多选3项）A. 亲子活动类；B. 兴趣爱好类；C. 法律咨询类；D. 社区建设类（如民意调查、社区事务决策会议等）；E. 党建活动类；F. 教育培训类

3. 您对举办的社区活动的满意度评价：A. 非常满意；B. 比较满意；C. 一般；D. 不太满意；E. 很不满意

第四部分：畅想新生活

1. 您认为该社区最需要增加的服务类别有哪些？（最多选3项）A. 社区食堂；B. 金融服务；C. 社区医疗卫生服务；D. 商业服务；E. 教育培训；F. 政务服务；G. 就业咨询；H. 法律咨询；I. 救助帮扶；J. 家政服务；K. 维修服务；L. 文化娱乐；M. 社区养老服务；N. 其他__________

2. 为了实现社区的美好生活，您认为哪些方面非常重要？（最多选3项）A. 家庭和睦；B. 邻里和谐；C. 稳定充足的收入；D. 便捷、智能、多样的社区服务（养老、医疗、家政、物业、商业等）；E. 安全宜居的社区环境；F. 有领导力和责任心的社区党组织；G. 社区居委会、居民、企业、社会组织等多方力量协同参与；H. 科学的社区整体规划；I. 多样的文体娱乐活动；J. 专业的社区管理与治理人才；K. 先进的智慧社区硬件技术；L. 独特的社区文化；M. 先进的智慧社区运营模式；N. 集成的社区

治理大数据平台；O. 其他__________

第五部分：基础信息

1. 您的性别：A. 男；B. 女

2. 您的年龄：A. 18 岁以下；B. 18—25 岁；C. 26—50 岁；D. 50—60 岁；E. 60 岁以上

3. 您的政治面貌：A. 党员；B. 群众

4. 您的学历：A. 高中及以下；B. 大专；C. 本科；D. 研究生及以上

5. 您的工作单位？A. 政府机构；B. 事业单位；C. 企业单位；D. 个体；E. 待就业；F. 退休

6. 您的家庭年总收入水平是：A. 5 万元以下；B. 5—10 万元；C. 10—15 万元；D. 15—20 万元；E. 20 万元以上